《工程建设施工企业质量管理规范》实施指南

中国建筑业协会 主编

中国建筑工业出版社

图书在版编目(CIP)数据

《工程建设施工企业质量管理规范》实施指南/中国建筑业协会主编. —北京：中国建筑工业出版社，2008
 ISBN 978-7-112-10315-7

Ⅰ.工… Ⅱ.中… Ⅲ.建筑企业-质量管理-规范-中国-指南 Ⅳ.F426.9-65

中国版本图书馆 CIP 数据核字(2008)第 133520 号

《工程建设施工企业质量管理规范》GB/T 50430—2007，是我国颁发的第一个关于工程建设施工企业质量管理的国家标准，是对 ISO 9000 族质量管理国际标准的本土化和行业化，是施工企业实施质量管理、完善质量管理体系应遵循的基本准则，也是有关部门对施工企业质量管理实施监管和评价施工企业质量管理水平的依据。

本书是理解和实施《工程建设施工企业质量管理规范》的指导性工具书。全书按照《工程建设施工企业质量管理规范》的结构进行撰写，重点对条文进行了深入的分析和解读，同时说明了各章节、各条文之间的关系及其与 GB/T 19001—2000 的关系，附录了本规范与 GB/T 19001—2000 标准条款的双向对照表和《建筑工程施工质量验收统一标准》GB 50300—2001 和《建筑工程施工质量评价标准》GB/T 50375—2006 两个与施工企业质量管理密切相关的国家标准。本书是企业完善质量管理体系，进行质量管理创新培训的首选教材，也可供培训机构、咨询机构开展培训或认证审核参考使用。

* * *

责任编辑：常 燕 付 娇

《工程建设施工企业质量管理规范》实施指南
中国建筑业协会 主编

*

中国建筑工业出版社出版、发行(北京西郊百万庄)
各地新华书店、建筑书店经销
北京天成排版公司制版
北京京丰印刷厂印刷

*

开本：787×1092 毫米 1/16 印张：19½ 字数：379 千字
2008 年 12 月第一版 2011 年 4 月第五次印刷
定价：**32.00** 元
ISBN 978-7-112-10315-7
(17118)

版权所有 翻印必究
如有印装质量问题，可寄本社退换
(邮政编码 100037)

编 委 会

主 任 委 员： 徐义屏

副主任委员： 吴　涛　尤建新　靳玉英

编　　　委：（按姓氏笔划排列）

　　　　　　　王燕民　田　浩　朱长喜　佟一哲　李　君

　　　　　　　李秋丹　李　菲　杨建昶　杨瑾峰　郑伟革

　　　　　　　施　骞　顾勇新　梁　峰　龚晓海　董经纬

　　　　　　　曾宪新　葛海斌　路云岩　熊　伟　潘延平

序

  质量是工程建设永恒的主题。工程质量，既关系到企业的生存与发展，更关系到人民生命财产安全与社会和谐。长期以来，我国在工程质量管理方面积累了大量的经验，出台了一系列技术标准、规定和管理办法，但一直缺乏一部完整的、适应当前工程建设需要的、国家级的工程建设质量管理的专门标准，这对于施工企业质量管理的科学化、规范化是十分不利的。现在颁发的国家标准《工程建设施工企业质量管理规范》针对我国工程建设行业特点，遵循市场经济的规律，不仅可以满足施工企业健全质量管理和质量保证体系的要求，也是规范建筑市场秩序、从根本上提高工程质量和质量管理水平的重要保证。

  《工程建设施工企业质量管理规范》是我国首次颁发的施工企业质量管理国家标准。它凝聚了我国工程建设行业质量管理的宝贵经验，也符合现行国际质量管理原则，是 ISO 9000 标准的本土化和行业化。这部管理规范根据我国现行有关工程质量管理法律法规的要求，规定了各方责任主体的质量行为，重点规范了施工企业的质量管理活动，为施工企业构建较为完善的质量保证体系提供了依据。因此，它不仅是企业完善质量管理体系和实施质量管理所遵循的基本准则，也是有关部门监督和评价施工企业质量管理水平的依据，对促进企业质量管理水平和工程质量水平的提高有积极的推动作用。

  标准规范颁布后，关键在于学习，重点在于执行。认真搞好宣传培训工作，全面系统理解和掌握进而实施这个规范，是当前的一项重要工作。《〈工程建设施工企业质量管理规范〉实施指南》的出版，无论对各级协会开展培训和咨询服务工作，推动企业有效实施规范，还是对各级建设主管部门开展工程质量监管工作，都很有意义。我相信，《工程建设施工企业质量管理规范》的实施，必将促进施工企业不断完善质量管理体系，规范质量管理行为，为全面提高工程建设质量管理水平作出新贡献。

前 言

《工程建设施工企业质量管理规范》GB/T 50430—2007 已于 2008 年 3 月 1 日正式实施,这是我国工程建设施工企业的一件大事。

改革开放三十年,我国工程建设取得了举世瞩目的成就,创造出了"中国奇迹"。但是,施工企业质量管理整体水平不高,也是一个不争的事实。回顾质量管理的发展历程,施工企业从 20 世纪 80 年代开始贯彻执行 ISO 9000 族质量管理国际标准,并且迅速在整个行业内普及。但是,为什么工程建设施工质量仍然存在许多问题呢?原因是多方面的。其中最主要的是,ISO 9000 族质量管理标准是以欧美制造业为基础产生的,虽经多次修订,可以适用于各种行业,但由于在具体贯彻执行时未能解决结合行业特点进行改造的问题而缺少可操作性和行业实质性的指导,给许多施工企业有效实施 ISO 9000 族质量管理标准造成了困难。如何改变这种状况,快速提升工程施工的质量水平是一个非常迫切需要解决的问题。而解决这一问题的基础在于完善工程建设施工行业的质量行为规范,并由此促进企业健全质量管理体系。这就需要一个比 ISO 9000 族质量管理国际标准更具有行业特征的质量管理规范给予支持,以利于工程建设施工企业开展质量管理和实施对工程建设施工企业质量管理活动的监督。从长远看,将有助于进一步推进工程建设施工企业的现代化发展进程。

鉴于此,原建设部在 2003 年召开"全国建筑市场与工程质量安全管理工作会议",明确提出要制订一个关于施工企业质量管理的标准。这个标准是对 ISO 9000 族质量管理国际标准的本土化和行业化,要有中国特色,要适合施工企业的特点,并正式立项为国家标准开始编制。经过几年的努力,《工程建设施工企业质量管理规范》在社会各方的支持下终于完成了。

国家标准《工程建设施工企业质量管理规范》GB/T 50430—2007 的颁布,是工程建设施工企业质量管理进一步深化的开始,任务艰巨,但意义重大。在实践中快速有效地贯彻执行这个规范,需要一个学习、理解和掌握的过程。为了有助于更好地学习、理解和广泛宣贯《工程建设施工企业质量管理规范》,主编单位中国建筑业协会在住房和城乡建设部工程质量安全监管司和标准定额司的支持和指导下,组织撰写了《〈工程建设施工企业质量管理规范〉实施指南》。

本书是理解和实施《工程建设施工企业质量管理规范》的指导性工具书。全书共分十三章,按照《工程建设施工企业质量管理规范》的结构进行撰写,重点对条文进行了深入的分析和解读，同时说明了各章节、各条文之间的关系及其与 GB/T 19001—2000 的关系，为此专门列出了本规范与 GB/T 19001—2000 标准条款的双向对照表，以帮助读者更好地理解、掌握和实施本规范。同时，本书在有关章节中编入了来自施工企业实践的 12 个案例，附录了《建筑工程施工质量验收统一标准》GB 50300—2001 和《建筑工程施工质量评价标准》GB/T 50375—2006 两个与施工企业质量管理密切相关的国家标准，并通过培训实践完善了书稿。本书是企业完善质量管理体系，进行质量管理创新培训的首选教材，也可供培训机构、咨询机构开展培训或认证审核参考使用。在使用过程中，应注意联系本企业的实际，准确理解各条款的含义，使《工程建设施工企业质量管理规范》真正成为指导企业建立和改进质量管理体系的依据。

《〈工程建设施工企业质量管理规范〉实施指南》由参与规范编写的主要执笔人编写。其中，第一、三章由龚晓海执笔编写；第二、四、五、七、十三章由施骞主要执笔编写；第六、八、九、十、十一、十二章由李君主要执笔编写。全书由靳玉英、施骞统稿，尤建新审定。在拟定编写大纲、撰写和审稿期间，主编单位多次组织专题研讨，得到有关认证机构和专家的大力支持，谨此表示感谢。

由于作者水平有限和时间紧迫，《〈工程建设施工企业质量管理规范〉实施指南》一书中还存在许多不足，恳请各位读者予以批评指正。同时，也欢迎各位专家、读者奉献更好的企业案例，丰富本书内容，提升本书水平，共同为进一步推动建筑业的质量管理发展和实现现代化作出应有的贡献。

本书编委会

目 录

序
前言
1 总则 1
2 术语 5
3 质量管理基本要求 8
   3.1 一般规定 8
   3.2 质量方针和质量目标 11
   3.3 质量管理体系的策划与建立 13
   3.4 质量管理体系的实施和改进 17
   3.5 文件管理 19
4 组织机构和职责 22
   4.1 一般规定 22
   4.2 组织机构 23
   4.3 职责和权限 25
5 人力资源管理 31
   5.1 一般规定 31
   5.2 人力资源配置 33
   5.3 培训 34
6 施工机具管理 38
   6.1 一般规定 38
   6.2 施工机具配备 39
   6.3 施工机具使用 44
7 投标及合同管理 46
   7.1 一般规定 46
   7.2 投标及签约 46
   7.3 合同管理 52
8 建筑材料、构配件和设备管理 56
   8.1 一般规定 56

8.2 建筑材料、构配件和设备的采购 …… 57
  8.3 建筑材料、构配件和设备的验收 …… 63
  8.4 建筑材料、构配件和设备的现场管理 …… 66
  8.5 发包方提供的建筑材料、构配件和设备 …… 69
9 分包管理 …… 86
  9.1 一般规定 …… 86
  9.2 分包方的选择和分包合同 …… 88
  9.3 分包项目实施过程的控制 …… 97
10 工程项目施工质量管理 …… 103
  10.1 一般规定 …… 103
  10.2 策划 …… 105
  10.3 施工设计 …… 125
  10.4 施工准备 …… 132
  10.5 施工过程质量控制 …… 134
  10.6 服务 …… 143
11 施工质量检查与验收 …… 147
  11.1 一般规定 …… 147
  11.2 施工质量检查 …… 148
  11.3 施工质量验收 …… 153
  11.4 施工质量问题的处理 …… 156
  11.5 检测设备管理 …… 162
12 质量管理自查与评价 …… 164
  12.1 一般规定 …… 164
  12.2 质量管理活动的监督检查与评价 …… 164
13 质量信息和质量管理改进 …… 176
  13.1 一般规定 …… 176
  13.2 质量信息的收集、传递、分析与利用 …… 179
  13.3 质量管理改进与创新 …… 183
附录1 《工程建设施工企业质量管理规范》GB/T 50430—2007
      与 GB/T 19001—2000《质量管理体系 要求》条款对照表 …… 185
附录2 GB/T 19001—2000《质量管理体系 要求》与《工程建设
      施工企业质量管理规范》GB/T 50430—2007 条款对照表 …… 186
附录3 建筑工程施工质量验收统一标准 GB 50300—2001 …… 187
附录4 建筑工程施工质量评价标准 GB/T 50375—2006 …… 221
参考文献 …… 300

1 总　　则

　　《工程建设施工企业质量管理规范》（以下简称《规范》）是根据2003年"全国建筑市场与工程质量安全管理工作会议"上提出的"要强化施工企业的工程质量安全保证体系的建立和正常运行"指示精神，正式立项编制的国家标准。

　　建国以来，我国在工程建设质量管理方面积累了大量的经验，出台了多种技术标准、规定和办法。改革开放以来，特别是自20世纪90年代初，建筑业企业开始贯彻执行ISO 9000国际标准，使工程建设质量管理水平大大提高。但由于工程产品生产和施工企业质量管理工作的特殊性，我国仍然缺乏一个系统的、完整的、适应市场经济的工程质量管理专业标准。因此，建设部提出制定一个适应质量管理形势发展，全面指导施工企业实施系统化质量管理的规范。这个规范既要便于企业操作，能够切实地解决和消除企业质量管理工作中存在的问题或弊端，同时也能作为对企业进行监督管理的依据。

　　ISO 9000标准是被世界各国各行业所公认的质量管理专业标准，是在西方制造业质量管理的基础上产生和发展起来的。20世纪90年代初，为适应市场经济的需要，我国建筑业企业开始贯彻执行ISO 9000族标准。建设部对此高度重视，为推动这项工作的开展做了大量工作，针对1994年版标准制订了《建筑企业贯彻GB/T 19000—ISO 9000系列标准实施细则》，针对2000年版标准编制了《GB/T 19000—ISO 9000质量管理体系专业应用指南——建设工程施工》，不仅为企业贯彻这一国际标准提供了指导，还有效地提高了企业贯标的积极性。但是，"实施细则"和"应用指南"仅仅是ISO 9000族标准在建筑行业应用的指导性文件。随着市场经济体制的不断健全完善和中国加入WTO的要求，政府部门的管理职能开始从行业管理转向市场监管。加强市场监管就要加强法规建设，就要把以往行业管理中一些有效内容纳入到管理规范中，成为政府依法监管的依据；同时，随着《建设工程质量管理条例》的颁布实施，质量监督机构由原来偏重于对实体质量的监督，转成同时对各责任主体的质量行为进行监督，其中很重要的内容就是要监管企业是否具备质量保证能力。因此，为提高施工企业的管理水平和管理素质，结合行业特点和管理的复杂性，制订工程建设施工企业系统、全面的质量管理标准，作为对企业管理的基本要求，成为一种必然。

　　根据"全国建筑市场与工程质量安全管理工作会议"的精神，本《规范》是ISO 9000标准的本地化和行业化，是以ISO 9000标准作为制定《规范》的理论依据，并与现行的质量法律、法规要求紧密结合的产物，而不是单独另外创建一套质量管理标准。本规范全面涵盖了 GB/T 19001—2000《质量管理体系 要求》的内容，详见附录1和附录2。ISO 9000标准建立在世界公认的质量管理理论基础上，是目前国际质量管理标准中比较完善、从实践中总结出的质量管理的规律和法则，无疑应该成为我国各类企业实施质量管理所遵循的基本准则。采用该标准所确定的管理思想，有利于解决施工企业质量管理中出现的各类问题，使施工企业的质量管理尽快与国际接轨。

本《规范》的逐步推广和应用，将有效地提高施工企业质量保证能力，而质量保证能力是施工企业进入建筑市场的必备条件，也是企业细化和落实质量责任，形成企业质量管理的自律体系和机制的依据；同时，随着政府职能的逐步转变，《规范》将成为质量监督机构监督工作的重要依据。《规范》的出台和使用，必将为促进我国施工企业质量管理水平的普遍提高，对规范建筑市场、减少质量事故的发生起到重要的作用。

本《规范》的编制，是在"应用指南"和"实施细则"的基础上进行的，遵循了以下原则：

1《规范》紧密结合当前我国已发布的建设管理各项法律法规的要求，以便通过该规范的实施推动工程建设管理法制化的进程；

2《规范》的编制不是从狭义的"质量"角度出发、仅局限于工程（产品）质量的控制，而是从与工程质量有关的所有质量行为的角度即"大质量"的概念出发，全面覆盖企业所有质量管理活动；

3《规范》是对施工企业质量管理的基本要求，并不是企业质量管理的最高水平。因此在执行本规范的同时，鼓励企业根据自身发展的需要进行管理创新，如实施卓越绩效模式等，提升企业的竞争能力。

【条文】

1.0.1 为加强工程建设施工企业（以下简称"施工企业"）的质量管理工作，规范施工企业质量管理行为，促进施工企业提高质量管理水平，制定本规范。

【条文解读】

本规范是针对施工企业的质量管理活动作出的规定，确定了与工程质量形成密切相关的各项管理工作内容和要求。规范中的要求覆盖了企业各个层次的各项质量活动，而不仅是工程项目的质量管理工作。因此，企业执行本规范应首先明确本标准在本企业的覆盖范围。

本规范制定的依据是 GB/T 19001：ISO 9001标准，同时，也依据了现行的与企业质量管理有关的国家标准和规范，是将 GB/T 19001：ISO 9001标准中的要求，结合我国建筑行业的特点和施工企业的管理特点，转化成为施工企业可执行的管理要求。执行本规范是企业工程质量符合法律、法规要求的基本保证。已经贯彻 GB/T 19001：ISO 9001 标准的企业应依据本规范评价本企业的质量管理体系是否有必要进一步完善和改进。

本规范全面提出了施工企业的各项质量管理要求。不进行施工设计的企业在使用本规范时可不执行第 10 章第 3 节施工设计的有关要求。

在执行本规范的同时，企业应建立质量管理创新机制，提高企业质量管理创新的能力，形成新的动力源，为工程建设施工企业的持续、稳定、健康发展提供有力保障。因此，在执行本规范的同时，企业应将质量管理创新作为质量管理的重要内容之一。

【条文】
1.0.2 本规范适用于施工企业的质量管理活动。

【条文解读】
本规范适用于所有工程建设施工企业，包括总承包企业和专业承包企业都应执行本规范的要求。施工企业还应根据本规范的要求，结合企业自身的管理水平、工程产品特点，制定和完善适合本企业的规章制度，不能照搬照抄其他企业的管理要求。

【条文】
1.0.3 本规范是施工企业质量管理的标准，也是对施工企业质量管理监督、检查和评价的依据。

【条文解读】
不同企业的质量管理的内容、水平各有不同，本规范仅规定了施工企业质量管理的基本要求。施工企业实施质量管理时，可以以本规范为基础，根据社会经济发展和企业发展需要，增加其他管理要求，并纳入企业质量管理体系中，建立企业自律管理机制。

各级建设行政主管部门、建设单位，可以将本规范作为监督、检查和评价施工企业质量管理水平的依据。

本规范仅规定了施工企业质量管理应达到的基本要求，在对企业进行质量管理、监督、检查、评价时，应同时依据相关的国家法律、法规和标准规范以及各地区、行业的具体要求。

【条文】
1.0.4 施工企业的质量管理活动，除执行本规范外，还应执行国家现行有关标准规范的规定。

【条文解读】
　　本规范是施工企业质量管理的基本规范,虽全面覆盖了施工企业质量管理的各个方面,也仅仅是提出了企业质量管理的基本框架和思路,企业质量管理的行为在各个方面还必须同时符合国家和地方相关的法律、法规、标准规范的要求。

2 术 语

【条文】

2.0.1 质量管理活动 quality management action

为完成质量管理要求而实施的行动。

【条文解读】

质量管理活动是为满足相关的质量要求而采取的各项行动。质量管理活动的目的是满足质量要求。施工企业的质量管理活动应围绕活动的定义、活动的测量、活动的改进为主线展开。

为了实施的需要,质量管理活动应通过合理的形式进行分解。

施工企业质量管理的主要活动可以分解为质量方针和目标的建立;组织机构和职责的设置;人力资源管理;施工机具管理;投标及合同管理;建筑材料、构配件和工程设备采购管理;分包管理;工程项目施工质量管理;施工质量检查与验收;工程项目竣工交付使用后的服务;质量管理自查与评价;质量信息管理和质量管理改进等子活动。每个子活动还可以进一步分解为更细一级的活动。

质量管理活动的分解结果应该能保证活动过程的可控性以及活动结果的可测量性。分解后的质量活动在具体实施过程中可以根据情况进行整合,使活动的过程和结果能更为有效地满足相关的质量要求。

【条文】

2.0.2 质量管理制度 quality management statute

按照某些质量管理要求建立的、适用于一定范围的质量管理活动要求。质量管理制度应规定质量管理活动的步骤、方法、职责。质量管理制度一般应形成文件。需要时,质量管理制度可由更加详细的文件要求加以支持。

【条文解读】

施工企业质量管理的各项制度应根据质量管理的需要建立。

施工企业质量管理制度的制定必须符合我国相关法律法规的规定。在建立过程中,应充分考虑企业的自身情况和外部的环境条件。

质量管理制度是企业管理制度的一个组成部分,应该与企业的其他管理制度结合制定。同时，出于工程项目管理的需要，施工企业的质量管理制度还应与建设单位的质量管理要求相协调。

质量管理制度一般应形成文件，并传达到所有的相关部门和个人。为了使质量管理制度得以贯彻实施，应通过文件的形式规定制度的目的及要求、实施的步骤和程序、实施的主要内容以及相关的措施等。质量管理制度所形成的文件按照管理的层次可以分为控制性、指导性和实施性的文件。

【条文】

2.0.3 质量信息 quality information

反映施工质量和质量活动过程的记录。

【条文解读】

质量信息的概念可以分为狭义的和广义的两种。狭义的质量信息是指反映施工质量和质量活动过程的记录；广义的质量信息是指实施质量管理活动和反映施工质量所使用的各种声音、图像、文字、数字和符号等。

质量管理的信息可以分为组织类、管理类、经济类、技术类和法规类信息。

质量信息应通过收集、整理、加工、存储、传递等过程的管理使其在合适的时间、以合适的方式传递给合适的人。

【条文】

2.0.4 质量管理创新 quality management innovation

在原有质量管理基础上，为提高质量管理效率、降低质量管理成本而实施的质量管理制度、活动、方法的革新。

【条文解读】

施工企业的质量管理创新是指在质量管理中通过对制度、活动或方法的革新为企业、顾客、社会创造新的价值的活动。施工企业的质量管理创新既包括原始创新，也包括集成创新和引进消化吸收后的再创新。质量管理创新能力是企业的核心竞争力之一。施工企业应通过建立良好的激励机制引导各管理层次和部门开展质量创新活动，通过强化创新意识、营造创新环境、发展创新文化、培育创新团队、加大创新投入、激发创新活力、增强创新动力等措施，全面推进企业的质量管理创新工作。

【条文】

2.0.5 施工质量检查 quality inspection

施工企业对施工质量进行的检查、评定活动。

【条文解读】
施工企业开展质量检查的各项活动必须以相关法律法规为依据。

施工质量检查不仅包括对施工过程和结果的检查和评定，而且包括对施工检查前检查标准的分析和制定。

施工质量检查的目的是及时发现质量活动中存在的隐患和问题，并为实施质量改进提供依据。

施工质量检查所形成的各项记录是开展施工质量管理活动的依据，也是企业进行质量管理策划的依据，同时还是企业进行质量管理改进和创新的依据。

在工程建设领域，施工企业对施工质量进行的检查和评定活动并不是孤立存在的，施工企业的质量检查和评定活动必须和建设单位、监理单位、政府相关主管部门等的质量检查和评定活动相一致。

施工企业的施工质量检查活动应从检查的依据、内容、人员、时机、方法和记录等方面入手进行策划和实施。

3 质量管理基本要求

3.1 一般规定

【条文】

3.1.1 施工企业应结合自身特点和质量管理需要,建立质量管理体系并形成文件。

【条文解读】

施工企业质量管理的各项要求是通过质量管理体系实现的。质量管理体系是组织建立质量方针和质量目标并实现这些目标的相互关联或相互作用的一组要素,在质量方面起指挥和控制作用。建立健全质量管理体系,是企业经营管理的重要内容之一。为确保工程质量满足国家有关法律、法规、强制性标准、合同要求及企业自身的要求,必须在企业内部将与工程质量有关的所有质量活动予以规范。各施工企业应将所建立的质量管理体系的要求形成必要的文件,作为质量管理的依据。

任何企业都有自身的质量管理体系,都需要不断调整和完善。本规范提出了施工企业质量管理体系的基本要求,各企业应在原有质量管理体系基础上,对照本规范的要求,根据自身的管理需要进一步完善。已经贯彻 GB/T 19001：ISO 9001 标准的企业也可以根据本规范的要求进一步完善原有体系。

企业的质量管理体系应是在一个系统的质量管理思想的指导下建立并有效运行的。企业不应根据不同的质量管理标准建立不同的质量管理体系,或质量管理制度(文件)与实际脱节,最终形成质量管理的"两张皮"或"多张皮"。按照本规范建立的质量管理体系可以消除上述现象。

施工企业应将本规范作为建立、保持和改进质量管理体系的基本依据,并可以成为企业文化的一个重要组成部分。本规范中确定的质量管理体系要求符合国际通用的质量管理原则。企业在执行过程中应关注以下内容：

1. 企业应识别、确定发包方的需求和期望,员工在工作过程中应始终将"满足发包方要求"作为工作的基本原则；同时,由于发包方的需求和期望在不断地变化,企业的质量目标也应随之进行动态管理,与发包方的需求和期望始终保持一致并努力超越其要求。

2. 施工企业的最高管理者应确立企业统一的质量目标及宗旨、方向。最高管理者应在企业范围内创造并保证使员工能充分参与实现企业目标的内部环境，重视人才，尊重员工，为员工提供发展机会并给予资源支持，承认他们为企业所作的贡献并鼓励他们继续努力。

3. 施工企业员工应树立工作责任感，清楚自己的职责、权限，做好本职工作，为企业发展做出贡献；企业要创造一个良好的、宽松的环境，让员工的创新精神得到尽情发挥；在制定质量方针和目标、工程施工及各项质量活动中，鼓励员工积极参与，提出合理化建议，并参与适当的决策和过程改进。

4. 施工企业的质量管理是通过对企业内各种过程进行管理来实现的。企业需要确定自身与工程质量相关的各项管理过程，并确定各过程实施的方法，配备充足的资源，检查和分析各项工作的过程和结果，使工作效率不断提高。

5. 施工企业应明确各项工作之间的关系，协调好企业的所有过程，建立和不断完善质量管理体系，通过该体系的运行，有效地实现质量方针和目标。

6. 发包方的需求和期望不断提高，导致持续改进成为施工企业一个永恒的目标。持续改进应始终注重过程改进，从而完善质量管理体系，最终提高工程质量。施工企业的最高管理者在强调持续改进时，应建立机制，营造环境，提供资源。同时，在制定质量方针和目标时就应考虑持续改进的机会和需求，并定期评审以达到持续改进。企业的其他员工也应积极参与到开展创新性持续改进的活动中来。

7. 正确的决策依赖于真实、充分的事实，而事实由一组组的数据和信息构成，企业的管理者要做出各种决定，需要大量的数据和信息。质量管理体系的实施与改进应注重对数据和信息的收集、分析、传递、汇总、沟通和应用，达到施工企业中某一过程以至整个体系的改进。

施工企业应采用适宜的统计方法对收集到的数据和信息进行科学、客观的分析，得出定性或定量的分析结果，找到企业的差距，将它作为改进依据，输入到决策过程。

施工企业应建立信息传递网络，将数据、信息和分析结果及时传递到各相关职能部门及决策者，相互沟通。决策者汇总、运用有关的数据、信息及分析结果而做出决策。

8. 施工企业与供方、发包方的关系密不可分。在社会分工日益细化的今天，供方已成为施工企业不可缺少的资源之一，它提供的产品质量不同程度地影响着施工企业提供给发包方的工程实物质量。施工企业应将供方作为企业经营战略中的重要组成部分，这样有利于企业之间的专业化协作，以及培养适应市场的快速反应能力，形成共同的竞争优势，同时可以优化本企业的成本和资源。

【条文】
3.1.2 施工企业应对质量管理体系中的各项活动进行策划。

【条文解读】
策划是指为达到一定目标，在调查、分析有关信息的基础上，遵循一定的程序，对未来某项工作进行全面的构思和安排，制订和选择合理可行的执行方案，并根据目标要求和环境变化对方案进行修改、调整的活动。质量管理活动应体现计划—实施—检查—处理的持续改进的原则。对质量活动的策划，是保证质量活动能在受控状态下进行的基础。各项质量活动策划应在质量活动开展前进行，以明确质量活动的目的、步骤和方法。

质量活动的策划可以采取以下方法：

各项质量活动的展开应按照策划的要求进行。

实施质量策划时，要明确质量活动的目的、范围、质量活动的过程和方法；企业可根据需要，将质量策划形成适合于操作的文件。

1. 制订相关管理制度，在制度中确定质量活动的准则和方法；
2. 制订质量活动计划、方案或措施。

【条文】
3.1.3 施工企业应检查、分析、改进质量管理活动的过程和结果。

【条文解读】
对质量管理活动的过程和结果应采取适宜的方式进行检查、监督和分析，以确定质量管理活动的有效性，明确改进的必要性和方向。企业应根据质量管理体系运行规律和质量活动策划的结果，对质量管理活动的过程和结果进行检查和评价。

对质量活动的过程或结果进行检查，使质量活动的结果达到策划的目标，可以采取以下方式进行：

1. 对管理活动过程的监督；
2. 各种方式的工作检查；
3. 计划完成情况的报告和测评；
4. 质量管理活动结果分析。

对检查结果进行分析的目的是明确质量活动的有效性，以便通过改进活动的实施使质量管理水平得以不断提高。

3.2 质量方针和质量目标

【条文】

3.2.1 施工企业应制定质量方针。质量方针应与施工企业的经营管理方针相适应,体现施工企业的质量管理宗旨和方向,包括:

1 遵守国家法律法规,满足合同约定的质量要求;
2 在工程施工过程中及交工后,认真服务于发包方和社会,增强其满意程度,树立施工企业在市场中的良好形象;
3 追求质量管理改进,提高质量管理水平。

【条文解读】

质量方针是企业经营管理总方针的重要组成部分,是由施工企业的最高管理者制订的企业总的质量宗旨和方向。质量方针必须与经营管理总方针保持一致。

企业建立质量方针有以下目的和意义:

质量方针是统一全体员工质量意识和质量行为的准则。质量方针的制定与发布,可以将员工的质量意识提高到一个统一的水平上来,并且能运用其来规范员工的质量意识和各种活动;

质量方针是建立质量管理体系的基础。质量方针为质量管理体系的建立规定了方向和原则;

质量方针是检验质量管理体系运行效果的最高标准。质量管理体系运行的各方面是否符合要求,运行效果是否达到预期的目的,都应该用质量方针进行分析和评审。

质量方针制定的步骤会由于企业原有的质量管理体系基础、企业的机构设置和在建立质量管理体系的过程中所安排的步骤的不同而有一定的差别,但基本有以下不可缺少的步骤:

1. 分析企业的内外部环境。在分析内外部环境时,尤其是要注意分析顾客的要求和期望,分析企业自身的产品历史和现状,分析企业管理水平。通过分析,确定本企业的质量管理和产品所应遵循的原则以及在市场中的地位和水平。

2. 明确企业的质量管理思想。根据对企业内外部环境的分析结果来确定企业的质量管理的发展战略。

3. 经过反复讨论、修改形成质量方针。质量方针应能反映企业的质量管理特点,而且应使各部门员工加深对企业质量方针的认识和理解,形成质量行为的依据,便于今后的顺利贯彻。

4. 质量方针必须形成文字,经过最高管理者批准后才能生效。质量方针可以单独发布或并入企业的特定管理文件中发布。

质量方针的内涵应清晰明确，便于员工对质量方针的理解、传递和实施。

【条文】

3.2.2 施工企业的最高管理者应对质量方针进行定期评审并作必要的修订。

【条文解读】

对质量方针的评审和修订是施工企业质量管理改进的重要手段之一。施工企业应根据内外部条件的变化，保持质量方针的适宜性。评价质量方针的贯彻落实是评价员工质量意识和理念是否符合企业要求的重要方法，也是衡量质量方针是否符合内、外部环境要求的手段。对贯彻实施质量方针的效果进行评价需收集以下信息：

1. 质量目标的实现情况；
2. 各项质量管理制度的执行情况；
3. 发包方对工程质量和质量管理水平的评价；
4. 各项质量管理要求与外部环境的适应性。

对质量方针的调整会涉及质量目标、组织机构、职责权限、管理的范围、管理制度等方面的调整，应予以重视并确保与各项工作协调一致。

【条文】

3.2.3 施工企业应根据质量方针制定质量目标，明确质量管理和工程质量应达到的水平。

【条文解读】

质量管理目标的建立应能为企业及其员工提供质量管理工作的方向，合理分配和利用资源，达到规定的结果。

质量目标的制订应能实现以下目的：

1. 激发员工的积极性；
2. 提高工程质量，使实现质量目标的过程成为质量改进的过程；
3. 提高作业的有效性；
4. 提高财、物业绩，增加预防成本，降低故障成本；
5. 增强发包方的满意度。

质量目标可以有各种表现形式，包括长期目标、阶段性目标、年度目标等，并且可以与各类工作计划相结合，所确定的各类质量管理目标中的指标，应通过适当的方式明确其内涵并尽可能量化，以便于理解、执行及考核。

质量管理目标必须在相关职能和各层次机构中分解展开，建立各自的质量管理目标，使其能在相关职能和层次中具体落实，增加质量管理目标的可操作性和可评审性。质量目标可以结合各部门、各岗位的工作职责和计划加以分解和展开，具体施工项目的工程质量目标应作为企业质量管理目标分解展开的结果之一。

施工企业可通过定量、排序或水平对比等方法体现质量目标的可测量性。

【条文】
3.2.4 施工企业应建立并实施质量目标管理制度。

【条文解读】
质量目标管理制度的建立和实施是实现质量目标的重要保证。

施工企业各管理层次应按照质量目标管理制度的要求监督、检查质量目标的分解、落实情况，并对其实现情况进行考核。

实施质量管理目标考核时可以采取针对各管理层次由下至上的方法，质量管理目标的考核应符合既定的质量管理目标中各项指标的内涵，质量目标考核结果既应成为质量管理水平评价和质量管理改进的依据，又应成为重新确定和修订质量管理目标的依据。

质量目标管理的机构应贯穿于企业的各个管理层，以监督管理质量目标的落实和分解，并对目标实现情况进行考核，同时将考核结果按照规定的要求传递，保证企业总体质量目标的考核评价信息的准确性。

3.3 质量管理体系的策划与建立

【条文】
3.3.1 最高管理者应对质量管理体系进行策划。策划的内容应包括：
1 质量管理活动、相互关系及活动顺序；
2 质量管理组织机构；
3 质量管理制度；
4 质量管理所需的资源。

【条文解读】
企业最高领导者是质量管理体系的建立、实施与改进的第一负责人，应结合本企业的实际确定管理的方针和方法。最高管理者也可委托管理层中的其他人，负责质量管理体系的建立、实施和改进活动，并通过适当的方式明确其责任和权利。

最高管理者应在明确质量管理体系范围的基础上进行策划。质量管理体系的范围是根据与工程质量相关的各项工作的覆盖面来确定的，应根据质量管理工作范围确定质量管理的职能范围、策划组织机构及相互关系，并合理地进行职责划分，确定各职能机构的管理范围及管理的深度与方法。

应明确所有各项工作之间存在的接口关系，以便确定各项管理工作的合理顺序。必须合理地确定工作流程，使其高效地达到期望的工作效果。应防止出现管理的死角，并避免出现交叉、重复的管理步骤。

资源管理也是质量管理内容的重要组成部分。应根据管理的范围、深度及方法和人员、技术、资金、设备、信息等方面的情况合理地确定资源的需求。

最高管理者应对所有质量管理活动都采取适当的方式进行检查与监督，明确检查、监督的职责、依据和方法，将检查、监督的结果进行分析，并根据分析结果明确改进的目标，采取适当的改进措施，提高质量管理活动的效率。

质量管理体系的策划可以采取以下方法：
1. 制订相关制度，确定质量管理活动的准则和方法；
2. 制订质量管理活动的计划、方案或措施。

应在原有管理基础上，在确定的管理范围内建立管理所需要的、适用的管理制度，使所有工作都有章可循。这些制度应具有可操作性，并符合企业自身的需要，应考虑原有管理基础的完善程度、管理工作的复杂程度、人员的素质等方面的因素。质量管理制度的结构、层次、格式以及篇幅等都可根据需要确定。编制质量管理制度要考虑企业的职能分工，并注意制度之间的接口关系，以防止产生矛盾和扯皮现象。

各项管理制度内容应侧重于对各项工作的操作性规定，当某些质量活动可以用相关法规、标准、规范来表述时，制度中可以直接引用。

一定数量的文件化制度是必须的，这与制度使用者掌握制度的熟练程度有关。文件化质量管理制度可以采用任何媒体形式。

有效实施是制度制订的目的，最高管理者应在原有管理基础上采取有效措施推行质量管理制度，应使员工明确推行质量管理制度的意义和目的，必要时，可以辅以适当的奖惩机制。

【条文】

3.3.2 施工企业应根据质量管理体系的范围确定质量管理内容。施工企业质量管理内容一般包括：

1 质量方针和目标管理；
2 组织机构和职责；

3　人力资源管理；
4　施工机具管理；
5　投标及合同管理；
6　建筑材料、构配件和设备管理；
7　分包管理；
8　工程项目施工质量管理；
9　施工质量检查与验收；
10　工程项目竣工交付使用后的服务；
11　质量管理自查与评价；
12　质量信息管理和质量管理改进。

【条文解读】
企业质量管理是针对与工程质量形成有关的各项工作的管理，明确管理内容是确定管理目标和方法的前提。施工企业应分别就以下与工程质量相关的工作实施质量管理：

1. 确定和落实质量管理方针，制订质量目标，明确组织发展的方向，并通过目标的落实、分解及考核，确定改进的方向；
2. 根据质量管理的范围和内容确定组织机构，明确管理职责；
3. 实施人力资源管理，确保人员能力满足质量管理要求，各项质量活动的职责得以落实；
4. 对工程项目实施全过程管理，切实履行工程承包合同；
5. 对工程分包、劳务分包、设备租赁、技术服务等实施管理；
6. 对工程施工所需的材料、设备实施管理，保证项目施工资源的充分；
7. 按照国家和地方的有关规定在施工全过程中对质量进行检查和验收；
8. 收集、传递、分析和利用工程质量、质量管理信息，评价工程质量和质量管理水平并确定改进方向；
9. 对质量管理和工程质量实施改进，从而不断提高质量管理效率。

施工企业应明确上述各项管理工作的工作内容、顺序以及与其他工作之间的相互关系，结合企业自身的实际情况，明确具体的管理手段和措施，并制订有效的管理制度，在管理制度中合理、高效地确定其工作流程。应根据确定的质量管理内容明确质量管理的范围，质量管理范围涉及工程产品范围及相应的职能范围，质量管理范围的确定应与所承揽的工程项目类别相适应。

【条文】
3.3.3　施工企业应建立文件化的质量管理体系。质量管理体系文件应包括：

1 质量方针和质量目标；
2 质量管理体系的说明；
3 质量管理制度；
4 质量管理制度的支持性文件；
5 质量管理的各项记录。

【条文解读】

编制和完善质量管理体系文件是建立和完善管理体系的重要任务之一，是一项动态性的高增值的活动。质量体系的建立、健全要从编制、完善体系文件开始。质量体系的运行、审核与改进，都是依据文件的规定进行的，实施的结果也要形成文件，这是证明产品质量符合规定要求及质量体系有效运行的证据。

质量管理体系说明是企业质量管理体系的第一层次文件，它在质量管理体系文件中具有统帅的作用，是企业内最高的质量法规和准则。质量管理体系说明是对企业的质量管理体系作系统、具体而又是纲领性的阐述，规定质量管理体系的基本结构，应能反映出企业质量管理体系的总貌，因而是企业实施和保持质量管理体系应长期遵循的、具有法规、政策效力的指导性文件。在企业内部，它是指导质量管理活动的行动准则；对企业外部，它是企业质量保证能力的文字阐述，是顾客或第三方(质量监督或质量认证机构)对施工企业质量管理体系乃至其所承建工程(产品)的质量是否能达到规定要求的评价依据。

质量管理体系说明的内容应包括：质量管理体系的范围，各项质量管理制度(或引用)，各项质量管理活动之间相互关系、相互影响的说明。质量管理体系说明可采取适宜的形式和结构，可单独形成文件，也可与其他文件合并。

当企业规模较小且管理层次较少时，质量管理体系说明可以和质量管理制度合二为一。

为使在用的质量管理体系文件始终保持一致性和适用性，必须制订管理程序，对文件的编制、发布、修改、转换、废止和归档进行严格控制(符合 3.5.2 的要求)。

质量管理制度是以往实践经验的结晶，所规定活动的方法应是恰当和有效的，只要连续地按质量管理制度执行，便可排除人为的随意性，连续地保持各项质量活动的有效性，恰当而连续地控制各项质量活动；同时，质量管理制度明确规定了每个活动过程的输入、转换、输出，以及活动之间的接口关系，而且事先对失控时的纠正方法和预防措施作了安排，减少了发生质量问题的风险，确保整个体系运行具有最佳的秩序和最佳的效果，使质量管理体系具有预防控制和及时纠偏的能力；质量管理制度上承质量管理体系说明，下接作业文件，它通过对质量管理体系要求的策划，将质量管理体系说明规定的原则进行具体展开，成为质量管理体系说明的支持性文件。在质量管理体系文件中，质量管理制度起到主体作用，部分质量管理制度，在合同环境下，还可作为质量管理体系适用性证实之用。

质量管理制度的支持性文件的对象是质量活动中的某项作业。其内容是该作业的操作、控制、验证的方法和管理要求，是技术或管理性文件。质量管理制度的支持性文件可以分为两类：

1. 用于生产活动的操作指导文件，如工法、操作规程等；
2. 用于指导具体作业管理的规章制度、工作细则等。

一个质量管理制度需要进一步编制的支持性文件由企业根据需要自主确定。

3.4 质量管理体系的实施和改进

【条文】

3.4.1 施工企业应确定并配备质量管理体系运行所需的人员、技术、资金、设备等资源。

【条文解读】

资源是质量管理体系的物质基础。为了实施质量方针并达到质量目标，管理者应确定资源要求并提供必须的、充分且适宜的基本资源。这些资源包括但不仅限于：

1. 人力资源和专业技能；
2. 设计和研制设备；
3. 制造设备；
4. 检验、试验和检查设备；
5. 仪器、仪表和计算机软件。

企业领导应尽量在满足以下原则的基础上，配置质量管理体系所必需的资源：

根据设计、施工(生产)、质量检验、试验等方面的实际需要，配备必需的设备、仪表和各种必要的手段；

重视人员的素质因素，积极创造学习条件，不断提高技术水平，特别应注意其职业道德和质量责任心的教育；

适应企业今后技术开发的需要，有利于技术引进和技术改造。

【条文】

3.4.2 施工企业应建立内部质量管理监督检查和考核机制，确保质量管理制度有效执行。

【条文解读】
质量管理体系的建立是为了能稳定地提供满足顾客和法规要求的产品,最终达到顾客满意,企业的质量管理体系是否达到了这一目的,需要进行评价。顾客和第三方认证机构都可以对企业的质量管理体系有效性进行评价,但最重要的是必须建立自己的评价机制,对所策划的体系、过程及其实施的符合性和有效性进行评价,对质量管理活动进行监督检查,就是对质量管理体系进行评价的有效途径。

明确规定各管理层次对各项质量管理活动监督检查的职责、依据和方法是正确评价质量管理活动的基础。应当注意的是,监督检查的方法应密切结合企业的实际工作需要灵活加以规定。

【条文】
3.4.3 施工企业应评审和改进质量管理体系的适宜性和有效性。

【条文解读】
质量管理体系的适宜性是指质量管理体系能持续满足内外部环境变化需要的能力。由于企业所处的客观环境不断变化,包括法律法规、所处市场、新技术的出现、质量概念及顾客的要求和期望的变化,客观上要求组织的质量管理体系也要不断地变化,以达到持续地与客观环境变化的情况及顾客要求的变化情况相适应。这种适宜性既来自于企业的外部环境变化的要求,也来自于企业的最高管理者为树立组织的良好形象,达到长期成功的自身要求及组织内部产品、过程、资源等变化的要求,所以企业应及时调整原有的为实现质量方针和目标而构成的一组关联的或相互作用的质量管理体系过程。

另外,由于质量方针、质量目标的变化,必然导致为质量方针和质量目标而策划的质量管理体系的变更,为确保质量管理体系与质量方针和质量目标的持续适宜性,可能需要对质量管理体系过程重新予以识别和确认。

质量管理体系持续的有效性是指通过完成质量管理体系所需要的过程(或活动)而达到质量方针和质量目标的程度。这就需要把顾客反馈、过程绩效、产品的符合性等作为评审的输入与规定的质量方针、质量目标进行对比以判定质量管理体系的有效性。

企业可以确定适合于本企业的评审方式,通常可以采用以下方法:
1. 专题研讨评审法;
2. 集体讨论评审法;
3. 采用有效、实用、简便、科学、能达到评审目的和要求的其他方式。例如印发征求意见提纲或专题采访等。

3.5 文件管理

【条文】

3.5.1 施工企业应建立并实施文件管理制度，明确文件管理的范围、职责、流程和方法。

【条文解读】

企业应对与质量有关的文件进行管理，包括：规定产品要求（包括发包方的法律法规和相关标准的要求）和质量管理体系及作为各项活动依据的所有文件、规定记载所完成的活动及结果的记录表等。

文件的媒体可以是纸张、计算机磁盘、光盘、电子媒体或它们的组合。管理制度、规范、图样、报告或标准等均是文件。文件是实施并保持体系的基础，适宜的文件会促使质量管理体系的有效运行。

【条文】

3.5.2 施工企业的文件管理应符合下列规定：
1 文件在发布之前经过批准；
2 根据管理的需要对文件的适用性进行评审，必要时进行修改并重新批准发布；
3 明确并及时获得质量管理活动所需的法律、法规和标准规范；
4 及时获取所需文件的适用版本；
5 文件的内容应清晰明确；
6 确保各岗位员工明确其活动所依据的文件；
7 及时将作废文件撤出使用场所或加以标识。

【条文解读】

文件管理是指对文件的编制、审批、发放、使用、更改、作废、回收等的管理工作，但首先要明确所控制的文件的范围，施工企业应控制的文件很多，如质量手册、程序文件及作业指导书，国家的法律、法规、标准、规范、图纸、图集等，合同文件及施工组织设计、施工方案或质量计划也是应控制的文件。企业在管理这些文件时，应建立文件控制体系，确定各类文件的控制过程，建立和保持文件控制的管理制度。建立文件控制体系时，也应注意要根据上述那些文件的种类和来源，确定不同的管理方式：

1. 对于组织内部生成的文件，管理制度中要考虑：标识、编制、审查、批准、发放、使用、更改和废止，以及评审和其后之更新和再批准诸阶段。其中，更改阶段包括了更改和文件修订状态的标识、编制、审查和批准，及其后之发放和使用，审批时也应注意对发放范围的确定。

2. 对于外来文件，如标准、规范、法律、法规、建设单位图纸等程序中要考虑、收集、识别采用、标识、审查、批准、发放、使用、更改（包括更换和补充）和其后之更新和再批准诸阶段。要建立一个渠道，确保能适时收集到适用文件的最新版本或修改信息。上述的审批，不是对文件内容的审批，而是对本组织识别、采用该文件的适宜性的审批。

3. 为便于检索和识别有效版本，对有些文件采用建立和保持文件总目录的方法进行控制是合适的。总目录要表明文件的修订状态和分发、持有的场所。

对于越来越多的电子文件，应制订相应的管理办法。电子文件的管理与纸质文件具有相同的管理环节，但需采用有效的管理方式。

【条文】

3.5.3 施工企业应建立并实施记录管理制度，明确记录的管理职责，规定记录填写、标识、收集、保管、检索、保存期限和处置等要求。对存档记录的管理应符合档案管理的有关规定。

【条文解读】

记录是指阐明所取得的结果或提供所完成活动的证据的文件。记录是实施质量保证，向组织内外部提供信任用的证据，用以证实产品和质量管理体系符合规定的要求。记录还是确保追溯产品质量和测量装置溯源的依据，并可用作验证，以及分析不合格原因、采取预防措施的依据。

记录也是特殊形式的文件，各企业在日常管理活动中都会形成大量的不同媒体形式的记录，如电子媒体、纸质媒体等，各类媒体的记录也有多种类型，包括工程质量的有关记录（如验证资料）、一般的工作日记、文件批示以及各项工作所产生的音像资料等，对于这些不同类型的记录，应充分考虑其所起的作用不同而规定不同的管理办法。

应建立和保持记录控制的管理制度，在管理制度中明确规定各层次、部门和岗位在记录管理方面的职责和权限，明确各岗位的质量活动应形成的记录及其内容、形式、时机和传递方式，记录的形成和传递均应作为各岗位的职责内容之一，以达到建立和保持所需的记录的完整、清晰、容易识别和可检索的目的，并确保需要时可以得到。

记录的管理应该考虑的环节包括：用编号、颜色等的记录进行标识，储存在适宜的环境中，对编目、归档和查阅加以规定以便于检索；根据工程特点、相应法规以及合同的要求规定各类记录的保存期限，另外，各类记录到期后如何销毁也是不容忽视的一个环节。应规定记录从收集至处置的全过程，形成一个完整的工作体系。

应根据工程建设需要及档案管理制度，设置档案管理部门和档案管理人员。

贮存于计算机系统数据库内的记录，应注意计算机应用软件的更新以及为调用记录所必须的硬件和软件的可获得性，同时要规定各类记录调用的授权和设置防火墙，以及其他所需的信息安全措施。要注意所复制的记录备份，无论是存入数据库的，还是单独的硬盘或光盘，均应予以控制。

以后各章有形成记录的要求时，均应符合本条款的要求。

同前条款一样，电子记录的管理也应符合记录管理的要求，但需要制订适宜的管理办法。

4 组织机构和职责

4.1 一 般 规 定

【条文】

4.1.1 施工企业应明确质量管理体系的组织机构，配备相应质量管理人员，规定相应的职责和权限并形成文件。

【条文解读】

合理划分管理层次、建立组织机构、配备质量管理人员并规定相应的职责是保障各项质量管理活动高效、有序运行的前提。质量管理组织机构的建立、人员的配备以及相关职责的确定应该与企业的管理组织体系相一致。企业组织机构的设置，要坚持集权与分权统一、专业分工与协作的统一、管理层次与管理跨度的统一、管理职责和权力的统一、运行效率与运行成本的统一等原则。另外，组织机构的设置还需要具有一定的弹性。

组织机构的结构形式有直线式、职能式、矩阵式、复合式等，企业的最高管理者应确定适合施工企业自身特点的组织形式，合理划分管理层次和职能部门，确保各项管理活动高效、有序地运行。施工企业可以综合考虑自身的特点、企业的规模、工作的开展方式等因素采用合理的组织结构形式。企业的质量管理组织结构形式应力求扁平化，以便提高运作效率。同时，质量管理人员的配备应纳入到企业的人力资源规划中进行统筹安排。

大型的建筑施工企业应进行质量管理的组织策划。质量管理组织策划包括质量管理组织结构形式的选择、工作任务分工和管理职能分工的确定以及工作流程的设计与优化。这三项内容应该统筹考虑，目的是能够贯彻企业的质量方针和目标、分清质量管理的权力和责任、明确质量管理工作的主要环节及流程。具体应注意以下几点：

1. 组织机构的结构形式选择要考虑企业管理层、项目部层、分包层等不同层次；

2. 工作任务分工和管理职能分工要明确划分出各管理层次中各工作部门、岗位及人员的权力和责任；

3. 工作流程的设计和优化应以组织机构的设置和工作任务及管理职能分工为基础，明确各部门和岗位在质量工作中的组织关系和工作关系，以及工作的开展程序。

施工企业质量管理的组织机构要与项目管理的组织机构相一致，最终目标是保证项目质量目标的实现。

施工企业对所建立的组织机构的运行效率要进行定期评审，以便发现潜在的问题，及时进行调整和完善。

另外，在质量管理体系的组织机构设置、质量管理人员的配备以及规定相应的职责和权限时，还要注意一个重要问题，即应与目标管理相结合。目标管理是一种综合的、以工作为中心和以人为中心的管理方法。在目标管理过程中，首先由一个组织中的上级管理人员与下级管理人员、员工一起制定组织目标，并由此形成组织内每一个成员的责任和分目标，明确规定每一个人的职责范围，最后又用这些目标来进行管理、评价和决定每一个部门和成员的奖惩。目标管理与组织管理相辅相成，组织管理的最终目的是实现企业的质量管理目标。因此，在组织管理中必须采用目标管理的方法来建立企业的组织机构，进行人员配备并规定岗位职责和权限。

本条款的主要目的是要求企业在质量管理过程中首先应通过合理的组织设计为质量管理工作奠定良好的基础。一个优秀的施工企业除了需要具备满足施工生产所需的技术和管理能力之外，还应注意组织价值观、组织凝聚力、组织成员的忠诚度、组织的智商、组织的学习能力、组织的应变能力等方面的问题。

4.2 组织机构

【条文】

4.2.1 施工企业应根据质量管理的需要，明确管理层次，设置相应的部门和岗位。

【条文解读】

施工企业质量管理组织机构的设置应考虑岗位和部门的分工与协作问题。在质量管理中，要通过合理的分工来明确各质量管理部门和岗位的工作任务、职能、所履行的职责等。部门和岗位的设置，首先要满足质量管理的需要，其次要考虑经济性问题，另外还要考虑有利于工作的协作问题，并通过合理的分工机制和良好的协作机制促进企业的质量管理。

组织机构设置与部门划分应遵循的基本原则是：

1. 确保企业质量管理目标的实现；
2. 实现质量管理职责的明确性和均衡性；
3. 力求质量管理部门精干和高效，避免机构臃肿；
4. 保持一定的弹性和应变能力；
5. 确保部门之间要有良好的协调和配合。

施工企业质量管理相关部门的划分方法可以结合企业的特点，针对企业的人员数量、职能划分、工作程序、业务要求、区域范围等方面的情况加以确定。

施工企业的质量管理组织机构的设置还要考虑集权与分权的统一问题。在部门和岗位的设置过程中，尤其不能将质量管理的权利完全集中于某一部门或岗位，一定要通过合理的授权和分权，发挥多部门或者多岗位在质量管理中的作用，在授权的同时明确相应的职责，最有效地实现企业的质量管理任务。

施工企业质量管理组织机构的设置应与质量管理制度的要求相一致。施工企业在确定组织机构时，所设置的管理层次、管理部门和岗位均应与质量管理的需要相适应。

施工企业在使用本条款时应注意以下几点：

1. 施工企业质量管理组织机构应综合考虑企业的战略规划、质量管理的需要、质量管理工作人员的工作能力和效率、质量管理工作的方式和手段、管理成本等因素加以设置。

2. 管理层次的设置应力求适中。如果管理层次过多，则会引起指令路径过长、工作效率低、信息反馈速度慢，进而影响决策的及时性。如果管理层次过少，则会使每一层次上各管理部门的管理跨度过大，也会造成管理效率的降低。因此，管理层次的设置要充分考虑如何有利于提高质量管理工作效率的问题。

施工企业质量管理层次可考虑设置为三层：第一层是最高管理层，是质量管理的决策层。第二层是各职能部门层，是质量管理的辅助决策层和协调层。第三层是项目部层，是企业质量管理的执行层和操作层。施工企业也可以考虑专门成立跨部门的机构如管理推进部或六西格玛小组等加强质量管理，促进部门间的横向沟通，通过信息共享和协同工作来加强企业各部门间的合作，营造合作创新的质量管理文化。

3. 在部门和岗位的设置过程中，要注意各部门和岗位工作界面的划分问题，做好界面管理。在界面划分过程中，如果各部门和岗位的工作重叠严重，则不仅会造成工作分工不清楚，工作责任无法落实等弊端，同时还会影响管理工作的效率和经济性；如果出现工作的盲区，则会造成工作无人负责，工作无法顺利开展的情况，对于质量管理也是十分不利的。因此，对于涉及多项质量管理工作的部门和岗位以及涉及多部门和岗位的质量管理工作都应明确各部门和岗位的工作界面划分，并且做到权责一致。

4. 质量管理部门和岗位的设置要兼顾人力资源管理、项目管理等其他管理工作的需要。需要注意的是，设置了合理的管理部门和管理岗位，还要为各部门和岗位配备能力和职位相称的工作人员。各部门和岗位的工作人员配备中，要充分考虑工作部门和岗位的职责和特点以及工作人员的知识、经验、能力、兴趣、执业资格和相关要求等因素，做到人尽其才，才尽其用，用得其所。

【条文】
4.2.2 施工企业应在各管理层次中明确质量管理的组织协调部门或岗位，并规定其职责和权限。

【条文解读】
质量管理的组织协调部门或岗位是指根据需要在各管理层次上设置的负责质量管理组织和协调工作的部门或岗位。在质量管理工作的组织分工中，施工企业可以根据需要设置专门的部门负责质量管理的组织协调工作，也可以将质量管理组织协调工作作为某个部门的工作职能之一。同时，质量管理组织协调岗位的设置也可以采用专职或兼职的形式。需要注意的是，无论是专职还是兼职岗位，在岗位职责中一定要写明其在质量管理组织协调工作中的职责和权限，并且做到权责一致。

4.3 职责和权限

【条文】
4.3.1 施工企业最高管理者在质量管理方面的职责和权限应包括：
1 组织制定质量方针和目标；
2 建立质量管理的组织机构；
3 培养和提高员工的质量意识；
4 建立施工企业质量管理体系并确保其有效实施；
5 确定和配备质量管理所需的资源；
6 评价并改进质量管理体系。

【条文解读】
最高管理者在施工企业的质量管理中起着十分重要的作用。对最高管理者职责和权限的规定应以贯彻质量方针、实现质量目标、不断增强相关方和社会满意度为目的。

本条提及的最高管理者在质量管理方面的六项职责和权限，有一项是从战略规划的层面作出的规定，即"组织制定质量方针和目标"。质量方针是企业的总的质量宗旨和方向，企业质量方针的确定一定要与企业的发展战略相结合。而质量目标应是可测量的，并与质量方针保持一致。企业的最高管理者在组织制定质量方针和质量目标中行使的职责是不一样的。对于质量方针而言，最高管理者应行使的职责是制定质量方针。对于质量目标而言，最高管理者应行使的职责是确保在企业的相关职能和层次上设置质量目标。质量目标应是可测量的，尤其在作业层次上应尽可能作出定量的规定。

本条提及的另外五项职责和权限是从战略实施的层面作出的规定，包括"建立质量管理的组织机构"；"培养和提高员工的质量意识"；"建立施工企业质量管理体系并确保其有效实施"；"确定和配备质量管理所需的资源"；"评价并改进质量管理体系"。最高管理者在履行这五项职责时要注意与各管理层次进行有效的沟通和交流。例如在确定和配备质量管理的资源时，通常应该首先采用自下而上的方法，经过充分的调查和研究，在收集足够的信息并确定各管理层次所需的资源后，再采用自上而下的方法对质量管理的资源进行统筹规划和分配。

本条规定的最高管理者的职责仅仅是最基本的职责。作为企业价值观、发展方向和绩效目标的制定者，施工企业的最高管理者对于企业发展和质量管理还应肩负更为重要的责任。施工企业的最高管理者在质量管理中应密切关注用户和其他相关方的需求信息，通过合理授权、组织治理、主动参与、不断学习、快速反应及勇于创新在企业内部营造良好的质量管理环境，使企业的质量管理工作能够不断地创新和发展。同时，施工企业还应将履行社会责任作为企业质量文化的一部分。

为了更好地实现规范化的质量管理，施工企业的最高管理者应约束自身的行为。当由于自身的管理原因造成工程质量或者质量管理活动出现问题时，应主动承担相应的经营、管理、道德和法律责任。同时，还要通过不断提高企业的质量管理水平来维护股东、员工、合作者和用户的权益。

另外，组织的最高管理者还有一项重要职责，就是通过不断创新，使企业的质量管理从满足基本的质量要求走向追求卓越绩效。这就要求企业的最高管理者要具备创新的意识和素质。一个具有创新性的企业领导应该具备的基本素质是兴趣广泛、善于学习、对环境有敏锐的洞察力、思想独立、自信。同时，建立学习型组织，激发组织的创新能力，也是最高管理者的职责。

本条款对施工企业最高管理者在质量管理方面的职责和权限作出的规定，是企业质量管理的关键内容。为了更好地履行质量管理方面的职责和权限，管理者还须要通过不断的学习以获得素质和能力的提高。

4 组织机构和职责

【条文】

4.3.2 施工企业应规定各级专职质量管理部门和岗位的职责和权限,形成文件并传递到各管理层次。

【条文解读】

施工企业在设置各级专职质量管理部门和岗位的职责和权限时,应注意与企业的质量管理制度相一致,并且均应形成文件。

当不同的部门或岗位涉及同一项质量管理活动时,应明确主要负责该项质量管理活动的部门或岗位,其他部门或岗位则负有支持和协助的责任。这一点在采用矩阵式组织结构的施工企业必须加以注意。

施工企业在规定各级专职质量管理部门和岗位的职责和权限时应与各相关部门和人员进行有效的沟通,必要时要召开专题会议,通过充分的沟通和调查研究使职责和权限的设置更趋合理,从而确保质量管理工作的有效开展。职责和权限设置的结果应以正式文件的形式,通过培训、会议、宣传栏、内部局域网、企业内部报刊等及时传达到企业的各部门和人员。

需要注意的是,在职责和权限的设置中,一定要遵循权责一致的原则,并且避免出现矛盾指令的问题。例如,我国大型的建筑施工企业普遍采用矩阵式的管理组织结构,在矩阵式的管理组织结构中,容易出现横向与纵向指令矛盾的情况。因此,企业应规定公司的某一职能部门统一负责公司的质量管理工作,并有权对项目部的质量管理工作进行策划、实施控制、检查和监督。项目部必须积极配合该部门完成质量管理的各项工作。这样就明确了在质量管理工作中,各项目部应接受该部门的统一领导,使该部门具有开展质量管理工作所必需的权利。

【条文】

4.3.3 施工企业应规定其他相关职能部门和岗位的质量管理职责和权限,形成文件并传递到各管理层次。

【条文解读】

施工企业在设置其他相关职能部门和岗位的职责和权限时,也应考虑与企业的质量管理制度相一致,并且均应形成文件。

施工企业其他相关职能部门和岗位的质量管理职责和权限的设置应与施工企业各级专职质量管理部门和岗位职责和权限的设置相协调,两者间应权责分明、互为补充,并且覆盖到所有的质量管理活动。

施工企业在规定其他相关职能部门和岗位的质量管理职责和权限时也应与各

相关部门和人员进行有效地沟通,必要时应召开专题会议。另外,在设置质量管理相关部门的职责和权限的过程中,应经过充分的讨论,投入必要的时间,反复推敲,一定要做到职责和权限的设置不出现盲区,不出现交叉,不出现含糊不清的规定。否则将会给质量管理工作造成负面影响。

本条款与4.3.2结合使用,其核心目的是在条款4.2.1和4.2.2的基础上使企业明确质量管理的组织结构,设置质量管理的相关部门和岗位,并明确各自相应的职责和权限。对质量管理相关部门和岗位职责的规定,可以分为主要职责和监管职责。通常情况下,主要职责应该保持一定的稳定性,不应因时间、上级变更、人员变更等原因而变化;而监管职责可以根据质量管理要求的变化而动态调整。这样既可保证管理职责的落实,又具有一定的应变性。例如,随着我国施工企业信息化工作的全面开展,许多企业成立了专门的信息化部门。信息化部门的主要职责是全面负责企业的信息化工作,而监管职责中可设置负责企业的质量信息集中管理工作。

案例 4-1

某施工企业质量管理的组织机构

Ⅰ. 案例背景

某施工企业为了保障施工质量,提高质量管理的效率,特别成立了专门负责质量管理的部门—质量保证部,该部门在企业中的位置如图4-1所示:

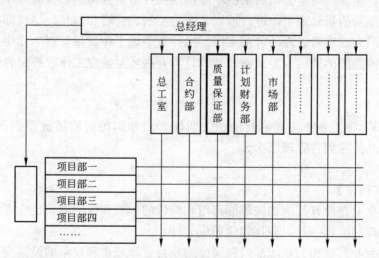

图 4-1 某企业质量管理的组织机构

该企业对质量保证部的职责做出了明确的规定,具体如下:
(1) 负责组织制定企业的质量管理制度;

(2) 负责组织技术培训工作；

(3) 负责对分包商/供应商进行评估；

(4) 负责企业计量用器具及工具的校准及维修；

(5) 负责企业的贯标工作；

(6) 负责上级交办的其他工作。

但是，经过一段时间的运行之后，该企业发现，各项质量管理工作不但没有很好地贯彻执行下去，反而遇到了各种各样的问题。例如，当企业质量保证部在项目部检查工作时得不到项目经理的配合，而当项目遇到重大施工技术问题时，项目经理会将难题提交质量保证部，并要求质保部必须按时完成对施工技术方案的审核，并对该方案负全部责任。这种情况下，该企业有必要对目前的组织机构和质量管理部的职责进行重新认识和梳理，尽快解决遇到的各种问题。

Ⅱ．案例分析及解决方案

经过对该企业质量管理组织机构的分析，可以看出该企业的组织结构为矩阵式组织结构，项目部属于纵向组织部门，质量保证部属于横向组织部门，该企业组织机构和职责设置中最主要的问题是没有明确纵横向的两个部门在质量管理中的界面划分，并未在职责规定中加以详细说明。结果造成了权责不明，管理混乱。

经过反思，该企业认为对质量保证部职责的定义中，关键是明确工作界面，分清权责关系，而在质量管理中，质保部的职责与总工室、项目部等部门的职责都有一定的交叉，因此，质量保证部的职责不能完全孤立地设置，必须与总工室、项目部等其他部门一起结合制定。同时，应绘制专门的职责分配表，明确各自的权力和职责，具体如表 4-1 所示。

质量管理的职责分配矩阵　　　　　　　　　　　表 4-1

工　作　说　明	总工室	合约部	质保部	计划财务部	市场部	项目部	……
组织制定企业的质量管理制度	S	S	P	S	S	S	
组织技术培训工作			P			S	
对分包商/供应商进行评估		S	P			S	
企业计量用器具及工具的校准及维修			P			S	
企业的贯标工作	S	S	P			S	
重大施工技术方案的论证	P		S			S	
工程质量检查与评比			P			S	
施工现场工序的质量控制			S			P	
……							

表中，P 是指负责的部门，S 是支持的部门。标注 P 的负责部门在执行该项工作中，对工作的结果负责，同时拥有相应的权力，而标注 S 的支持部门需要全面配合、支持负责的部门完成该项工作。通过绘制职责分配表，该企业明确了各部门在质量管理中的主要职责和权限，贯彻了权责一致的原则，对于今后的工作开展奠定了良好的基础。

【条文】

4.3.4 施工企业应以文件的形式公布组织机构的变化和职责的调整,并对相关的文件进行更改。

【条文解读】

施工企业在确定质量管理组织机构和岗位职责时应遵循一定的弹性原则。质量管理的组织机构和职责可以根据内外部条件的变化和质量管理需求的改变进行适当调整。当施工企业组织机构出现变化或职责发生调整时,有关制度也必须做出相应调整。调整的结果应及时通知到相关的部门和岗位。

施工企业质量管理组织机构的变化和职责的调整应该在企业组织机构变化和调整的相关要求中加以明确规定。

5 人力资源管理

5.1 一般规定

【条文】

5.1.1 施工企业应建立并实施人力资源管理制度。施工企业的人力资源管理应满足质量管理需要。

【条文解读】

与质量管理相关的人力资源管理应纳入到施工企业的人力资源管理制度中。与质量管理相关的人力资源的规划、招聘、培训和考核等均应与企业的人力资源管理制度相一致。施工企业应该通过有效的人力资源管理，获得具有一定的教育、培训、技能和经验背景，并能胜任质量管理工作的人力资源。

施工企业人力资源管理的工作内容包括：
1. 根据企业发展战略编制人力资源规划；
2. 通过合理的方式甄选合适的人员；
3. 制定有效的制度进行人员的管理；
4. 为员工的业务提高和发展创造良好的条件。

施工企业所编制的人力资源规划必须以企业的发展战略为依据。企业的发展战略分为近期、中期和远期规划。企业在人力资源的招聘、工作部门和岗位配置与优化时都应以贯彻企业的发展战略为基本出发点。

施工企业应该通过合适的方式甄选合适的人员从事相关部门和岗位的工作。甄选的方式可以通过外部招聘、内部调动等方式进行。施工企业要建立人员甄选的相关制度，并且按照相应的管理制度开展人员甄选工作。

施工企业应确定从事质量管理相关工作的人员所必备的能力。同时提供培训或采取其他措施使这些人员获得并不断提高这些能力。施工企业应建立与质量管理相关的人力资源的约束和激励机制，包括人力资源的配置、劳动纪律、培训、考核、奖惩等。同时明确人力资源管理活动的流程和方法。施工企业应建立和保存与质量管理相关的人力资源管理的记录。

为了使人力资源管理更好地满足质量管理需要，施工企业应通过人力资源的开发和管理，充分调动员工在质量管理工作中的潜能，为充分发挥员工的质量管理能力和质量创新能力营造良好的环境。

施工企业的人力资源管理与其他行业的人力资源管理有着很大的不同。施工企业的员工流动性较大，工程建设的一次性特征决定了人力资源的配置要不断地动态变化，这就给企业的人力资源管理带来较大的困难。因此，施工企业应有意识地为员工提供比较好的职业规划和发展路径，并通过各种激励机制的设计和实施，使企业能拥有一批稳定的优秀人才和队伍。

施工企业应定期对质量管理相关的人力资源管理制度进行评审，不断改进和提高人力资源管理制度。施工企业应注重从以下几个方面进行人力资源管理的改进和提高：

1. 人事选拔；
2. 工作设计；
3. 信息共享；
4. 绩效评估；
5. 晋升系统；
6. 态度评估；
7. 奖励系统；
8. 申诉程序；
9. 劳资管理。

另外，施工企业还应有意识地将人力资源管理的相关成本分析纳入到人力资源管理制度中，通过对员工工作成本、离职成本、替换成本、培训成本以及员工消极工作成本的量化分析，为提高人力资源管理的效率提供参考和依据。

人力资源是保证质量的前提，本条款的目的是要求施工企业必须建立健全人力资源管理制度，为企业开展质量管理工作和保证工程质量创造良好的条件。随着市场竞争的日益加剧，企业面临着越来越激烈的竞争环境，而企业的竞争主要是人才的竞争。企业必须通过人力资源管理，获得优秀的人力资源，并且通过不断的培训，提高员工的素质，并通过良好机制实行优胜劣汰。同时，还要制定相应的制度，确保人员的稳定性。

【条文】
5.1.2 施工企业应根据质量管理长远目标制定人力资源发展规划。

【条文解读】
施工企业最高管理者应根据企业发展的需要制定人力资源的发展规划，并将质量管理的人力资源发展规划纳入到企业人力资源的发展规划中。企业人力资源的发展规划不仅应为与质量管理相关的人力资源管理提供依据，而且要为质量管理人员提供良好的职业发展路径。为实现可持续发展，企业应将质量管理的长远目标作为核心，正确处理短期目标与长期目标之间的关系。企业质量管理的长远目标要与企业的质量方针保持一致，人力资源的发展规划要符合质量管理的长远目标的要求。

5.2 人力资源配置

【条文】

5.2.1 施工企业应以文件的形式确定与质量管理岗位相适应的任职条件，包括：

1 专业技能；
2 所接受的培训及所取得的岗位资格；
3 能力；
4 工作经历。

【条文解读】

施工企业可以采用岗位说明、职位说明书等方式明确质量管理相关岗位的任职条件，作为企业招聘、任命质量管理人员的依据。

施工企业质量管理相关岗位任职条件的规定应具体明确。本条所提到的"专业技能"、"所接受的培训及所取得的岗位资格"以及"工作经历"都是比较容易做出明确规定的任职条件。而关于"能力"的任职条件，应根据岗位的特点进一步细化为领导能力、管理策划能力、组织能力、协调沟通能力、控制能力、资源优化与配置能力、学习能力等。

本条所规定的质量管理岗位的任职条件既是企业招聘的依据，也是内部资源调整、分配以及相关人员考核的依据。

【条文】

5.2.2 施工企业应按照岗位任职条件配置相应的人员。项目经理、施工质量检查人员、特种作业人员等应按照国家法律法规的要求持证上岗。

【条文解读】

施工企业可采取包括招聘、调岗、培训等措施配置人力资源，其结果都应使人力资源满足质量管理的需要。施工企业应明确招聘与录用岗位的职责和权限，并确定录用标准及考核方式。企业获取人力资源的途径通常有以下两种：

1. 内部招聘：如发布工作布告、开展员工推荐、进行内部调岗等，有条件的可以建立临时工库管理制度。

2. 外部招聘：通过猎头公司、招聘代理机构或者发布招聘广告进行招聘，也可以与相关的教育机构或单位建立良好的长期合作关系。

获取合格乃至优秀的人力资源是保证施工质量的最基本因素。因此，无论是采用何种途径获取的人力资源，都应在简历筛选、面试、试用期考核等各环节做好控制工作。

施工企业的项目经理以及质量检查、技术、计量、试验管理等人员的配置必须达到有关规定的要求，规定要求注册的必须经注册后方能执业。特种作业人员应按照相关法律法规和管理制度的要求进行配置并持证上岗。

【条文】

5.2.3 施工企业应建立员工绩效考核制度，规定考核的内容、标准、方式、频度，并将考核结果作为人力资源管理评价和改进的依据。

【条文解读】

施工企业宜根据实际情况确定绩效考核的时间、频度、方法和标准，并按规定的要求进行考核。绩效考核的标准应与质量管理目标的有关要求相协调。对员工绩效考核的依据可包括质量管理制度、各岗位的工作标准以及工作目标等。考核的内容包括工作能力、工作效果、既定目标的实现程度等。人力资源考核的结果应按照本规范 3.5.3 条的规定形成记录，作为企业质量管理信息的一部分，为企业质量管理的改进提供依据。

对员工进行绩效考核的方法通常分为两类：一类是行为导向的评估方法。另一类是结果导向的评估方法。行为导向的评估方法包括描述式评论、排序法、配对比较法、强制分布法、行为核查清单、关键事件法、评价量表法等；结果导向的评估方法主要以目标管理为主。具体工作中，施工企业可以结合两种方法有针对性地制定员工绩效考核方法。

5.3 培　　训

【条文】

5.3.1 施工企业应识别培训需求，根据需要制定员工培训计划，对培训对象、内容、方式及时间作出安排。

【条文解读】

施工企业应将增强员工的质量意识、提高员工专业技术知识和职业技能作为培训的目标。

培训需求的识别是培训工作的第一步。识别培训需求时应考虑施工企业发展的要求、市场环境的变化、法律法规和相关管理制度的要求、企业人力资源状况、员工职业生涯发展的要求等。

施工企业的培训计划应明确培训范围、培训层次、培训方式、培训内容、时间进度以及教师和教材等。

培训需求的识别与培训计划的制定应符合人力资源管理制度的相关规定。培训可以根据质量管理的要求采取定期或不定期的方式进行。施工企业的质量管理培训计划应与其他的培训计划统筹制定。对员工的培训可以根据情况采取委托培养、短期培训、研讨会、网络教育、实习指导等形式进行。

培训的方法通常有以下几种：

1. 信息呈现技术：如讲座、会议、系统化课程、光碟、远程学习、行为建模、系统观察、项目指导、智能训练、敏感性训练等；

2. 模仿方法：如案例教学、角色扮演、虚拟团队的互动、工作游戏等；

3. 在岗培训：如上岗培训、师徒关系、在岗培训与指导、相关岗位培训、工作轮换、预备角色安排等。

另外，为了避免员工在被动学习情况下影响学习效率，施工企业应在制定培训计划时充分考虑员工的职业发展路径，并通过与员工的沟通来确定培训计划，以此来激发员工学习的潜能和兴趣，增强学习的主动性，从而取得更好的学习效果。

【条文】

5.3.2 施工企业对员工的培训应包括：

1 质量管理方针、目标、质量意识；
2 相关法律、法规和标准规范；
3 施工企业质量管理制度；
4 专业技能和继续教育。

【条文解读】

施工企业对员工的培训是可以获得丰厚产出的投资。施工企业应通过培训使员工明确岗位的职责和在质量管理体系中的作用和意义，提高员工的岗位技能。

本条中所提到的继续教育的培训内容包括：质量管理发展趋势、行业新动态、市场环境的变化、新规范、新工艺、新技术、新材料、新设备、有关法律法规的规定等。

施工企业应特别注意对新员工、特种作业人员等的培训工作。对于新员工的上岗培训，应按照相关制度的要求规定新员工培训的方式和内容。对于特种作业人员的培训应符合相关管理制度的要求，并进行专项管理。

培训可以视情况分类进行。培训的种类包括管理类培训、技术类培训、上岗培训、岗位技能提升培训、升职或者转岗培训等。施工企业应针对培训对象的不同制定不同的培训内容。对于处于管理层的质量管理人员，培训中应注重对质量管理知识的培训；对于处于操作层的质量控制人员，培训中应注重对质量控制要点的培训。另外，培训内容的制定不能仅局限于员工本人所从事的工作，应该有计划地组织一些交叉培训，使员工对有关的其他人员的工作有所了解，以便更好地实施本职工作。

【条文】

5.3.3 施工企业应对培训效果进行评价，并保存相应的记录。评价结果应用于提高培训的有效性。

【条文解读】

施工企业对员工进行质量管理培训的主要目标有三点：第一是增强员工的质量意识，使员工能认识到自己所从事的工作对质量管理的重要性；第二是使员工明确质量管理的基本思路，掌握保证本职工作质量的知识和技能，同时熟悉与本职工作相关联的其他工作的质量管理的方法和手段；第三是掌握如何为贯彻企业的质量方针和目标以及实施质量管理改进做出贡献。

施工企业可以通过笔试、面试、实际操作等方式以及随后的业绩评价等方法检查培训效果是否达到了培训计划所确定的培训目标。

另外，对培训效果的评价可以从以下几个方面进行：

1. 是否能激励受训者改进他的绩效；
2. 是否清晰地展示了期望的技能；
3. 是否允许受训者积极参与；
4. 是否提供了实践的机会；
5. 是否及时收集和分析了反馈信息；
6. 是否将培训成果应用到了具体的工作中。

培训的结果应形成相应的记录，记载教育、培训、技能、经历和必要的鉴定情况等内容。记录的管理应符合本规范 3.5.3 条的规定，并作为质量管理信息的一部分，为质量管理改进提供依据。

5.2 所提到的人力资源的配置以及 5.3 所提到的培训工作，都是企业人力资源管理工作的一部分。需要注意的是，在质量管理人员的配置和培训工作中，需要人力资源管理部门和质量管理部门的共同参与，并且两个部门之间应该有明确的分工。

案例 5-1

某施工企业质量管理人力资源的管理

Ⅰ．案例背景

某施工企业在质量管理中，发现质量管理的人力资源总是不能满足质量管理的需要，经调查研究发现，质量管理部门和人力资源管理部门存在缺乏沟通和管理职责混乱的情况。为此，企业决定要通过理顺质量管理部门和人力资源管理部门的职责，提高企业的管理效率，为质量管理工作奠定基础。

Ⅱ．案例分析及解决方案

经研究，该企业明确了质量管理部门与企业人力资源管理部门职责的分工。如表 5-1 所示。

质量管理、人力资源管理的分工　　　　　　　　　　表 5-1

工作内容	质量管理部门的职责	人力资源管理部门的职责
人员配备	为质量管理的相关工作进行工作分析和最低资格要求提供数据； 整合单位层面（如部门或者分公司）的质量人力资源计划； 参与面试应聘者； 整合企业质量管理的人力资源信息； 提供对质量管理的人力资源进行考核和提升的标准	工作分析； 人力资源计划、招聘； 参照法律法规、编制申请表格、笔试、操作测验、面试、背景调查、证件检查、体检
维护人才队伍的稳定	公平对待质量管理的人员； 进行开放式沟通，解决潜在的问题冲突； 促进质量管理团队建设； 提供基于业绩加薪的标准	制定薪酬福利； 处理员工关系； 制定健康安全保障计划； 为员工提供相应服务
人才开发	提出在职培训的相关要求； 参与制定质量管理人员的激励策略； 对员工的质量管理工作业绩进行考核，为人力资源管理部门提供依据	开发合法的绩效管理系统； 组织培训； 制定员工职业生涯计划； 进行员工的职业生涯咨询； 制定企业人力资源开发的总体战略
人员调整	对质量管理人员的离职、解雇、换岗问题提供意见	处理对质量管理人员的离职、解雇、换岗等问题

通过表 5-1 所示的分工，可以明确质量管理部门和人力资源管理部门对于质量管理、人力资源管理的工作分工和责任，这就为质量管理相关人员的配置、培训、考核等工作奠定了良好的基础。

6 施工机具管理

6.1 一般规定

【条文】

6.1.1 施工企业应建立施工机具管理制度,对施工机具的配备、验收、安装调试、使用维护等作出规定,明确各管理层次及有关岗位在施工机具管理中的职责。

【条文解读】

施工机具是指在施工过程中为了满足施工需要而使用的企业自有、租赁和分包方的各类机械、设备、工具等。施工机具的配备、进场验收、安装调试、使用维护等的管理过程是施工企业质量管理的重要组成部分。

施工企业应分析由于性能差异和磨损程度等技术状态导致的设备风险,策划对施工现场的设备提供、租赁和分包施工机具的管理要求,完善企业施工机具管理制度。

施工企业应明确主管领导在施工机具管理中的具体责任,规定各管理层及项目经理部在施工机具管理中的管理职责及方法,明确相应的责任、权利和义务,保证施工机具管理工作符合施工现场的需要。施工机具管理职责,可包括计划、采购、安装、使用、维护和验收等内容。

关于施工企业各管理层次及有关岗位的管理职责的规定如下:

1. 管理层次

(1) 企业主管部门:负责制定施工机具的配备、进场验收、安装调试、使用维护的管理制度,策划特殊施工机具的配备计划,评价和选择企业的施工机具合格供应方,对项目施工机具的配备、进场验收、安装调试、使用维护活动进行指导、监督和管理。

(2) 项目经理部:执行企业的施工机具管理制度,评价和管理项目使用的施工机具合格供应方,策划企业授权的施工机具配备计划,落实项目施工机具的配备,实施进场验收、安装调试、使用维护活动。

2. 重要岗位

（1）项目经理：具体组织项目施工机具的管理，审批项目的施工机具配备计划和合格供应方，审核批准项目施工机具的配备计划。

（2）施工机具管理员：负责编制施工机具的配备计划、设备维修保养计划，具体实施进场验收、安装调试、使用维护的管理活动。

3. 分包方

根据合同要求，执行施工企业施工机具的管理规定，从施工机具的采购、维护、使用和报废等方面实施控制活动。

本条文是本章的基本条款，对施工企业建立施工机具管理制度提出了基本要求，包括应对施工机具的配备、验收、安装调试、使用维护等做出规定，明确各管理层次及有关岗位在施工机具管理中的职责等。本条文与第3章、第4章直接相关，是第4章组织机构和职责的具体实施。

作为施工机具管理的基础要求，科学建立施工机具的管理制度是有效实施施工机具管理的必备条件。如果没有明确有关管理层次及有关岗位在施工机具管理中的职责，就会在施工机具的配备、验收、安装调试、使用维护等方面出现职责不清、分工不明、使施工过程无法及时得到施工机具的有效支持、甚至导致工程质量的重大隐患。

6.2 施工机具配备

【条文】

6.2.1 施工企业应根据施工需要配备施工机具，配备计划应按规定经审批后实施。

【条文解读】

合理地配备施工机具是实现项目质量管理策划要求的重要活动之一。配备计划是具体的落实手段。本条款规定了制定和批准配备计划的要求。

施工机具配备计划可以分为企业和项目经理部两个层次进行。自有、购置和租赁施工机具的配备与企业、项目经理部不同层次的配备计划之间要有机地进行衔接。

1. 配备计划的依据

（1）施工技术和工艺；

（2）施工进度；

（3）工程量；

（4）人员素质；

（5）施工风险。

2. 配备计划的内容

(1) 施工机具的性能；

(2) 数量；

(3) 进场和退场时间等；

(4) 施工机具作业和维护人员。

施工机具配备计划应根据施工企业的特点，专门制定或在项目管理策划的其他文件中作出规定。

施工机具配备计划的审批权限应符合管理制度的要求。施工机具配备计划应按照规定进行批准，重大配备计划由企业主管领导或其授权人员批准，一般配备计划由项目经理或其授权人员批准，并及时传递到有关部门实施。

本条文是对施工机具管理条款的策划要求，是后续条款的基础性条款。同时又是第 10 章工程项目质量管理 10.2 策划部分的重要关联内容。

施工机具配备计划是有效实施施工机具管理的基础。没有科学合理的配备计划，将会造成工程项目施工机具的性能、数量、进场和退场时间、施工机具作业和维护人员等环节的管理缺陷，甚至出现因为没有配备计划而中断正常的施工过程的情况。

【条文】

6.2.2 施工企业应明确施工机具供应方的评价方法，在采购或租赁前对其进行评价，并收集相应的证明资料和保存评价记录。评价的内容包括：

1 经营资格和信誉；

2 产品和服务的质量；

3 供货能力；

4 风险因素。

【条文解读】

本条款体现了施工机具风险管理思想，旨在通过对施工机具供应方的管理立足预防事故和事件的发生。

施工机具供应方的信誉和能力往往决定了施工机具的技术特性和质量水平。施工机具供应方的评价、选择是保证施工机具供应方质量的基础，特别是在市场上购买或租赁施工机具时更是如此。

施工企业可根据施工机具的类别和对施工质量的影响程度，分别确定各类施工机具供应方的评价和选择标准。

评价施工机具供应方一般应考虑：

1. 供应方的经营资格和信誉。主要是其在行业中的诚信度和影响力。

2. 供应方所提供产品和服务的质量。包括施工机具的性能、效率和持续能力，提供的维护和使用服务水平等。

3. 供货能力。一般包括：生产能力、运输能力、贮存能力、交货期的准确性等。供货能力通常体现在为施工企业提供产品和服务的绩效上。

4. 风险因素。包括机械设备质量缺陷、供货迟到和服务不到位等不确定的因素。

当施工机具出现事故或是不合格的趋势时，还应考虑从供应方的以下方面进行进一步评估：

1. 质量管理体系。供应方生产或供应产品的质量管理体系。
2. 人员素质。供应方生产和管理人员的专业文化程度、工作经验和工作作风。
3. 技术水平。供应方的工艺技术特点和研发创新能力。

必要时，可对施工机具供应方进行再评价。再评价的内容是重点分析施工机具供应方提供的产品和服务的变化情况、可靠程度等。具体包括：

1. 技术更新水平；
2. 管理服务提升层次；
3. 应急响应能力；
4. 信息沟通渠道；
5. 风险预防措施。

施工企业在评价过程中发现施工机具供应方出现质量和服务问题时应了解产生的原因，并进行评价。

施工机具供应方的选择要在经过评价或再评价的合格供应方范围内进行。

选择供应方的结果应由施工企业的主管领导或授权人员批准后，按照采购的程序加以落实。

施工机具供应方的评价、再评价和选择应是动态的、持续的。要在选择前、使用前和使用中等关键过程及时实施施工机具供应方的评价、再评价和选择，发现风险应立即采取预防措施。施工机具供应方的评价、再评价和选择的参加人员应是专业和经验的互补，必要时应邀请作业人员参加。

施工企业应负责要求分包方明确其施工机具供应方的评价方法，在采购或租赁前对其进行评价，并收集相应的证明资料和保存评价证据。评价的内容和方法应该与施工企业的管理要求相一致。

本条文是 6.2 条款中的重要控制环节，是第 10 章 10.4 施工准备的实施性条款。施工机具供应方的评价选择一般是在施工准备过程中实施的。

施工企业明确施工机具供应方的评价方法,在采购或租赁前对其进行评价,并收集相应的证明资料和保存评价记录是十分必要的,是保证施工机具质量的基础。如果不实施评价,不考虑供应方的经营资格和信誉、产品和服务的质量、供货能力和风险因素,就存在因为供应方的风险而导致质量事故的可能性。

【条文】

6.2.3 施工企业应依法与施工机具供应方订立合同,明确对施工机具质量及服务的要求。

【条文解读】

为了保证施工过程能力的要求,经过施工机具供应方的合格评价、再评价并选择以后,施工企业要按照法律要求和工程建设行业规定订立合约,规定相应的合作条款。

合同内容包括:

1. 施工机具质量;
2. 施工机具服务要求;
3. 施工机具租赁或购买价格;
4. 施工机具进场和退出时间;
5. 施工机具事故的应急责任(事故发生后,供应方应紧急提供的服务);
6. 其他。

施工企业的合同审核和批准应考虑施工现场的管理能力,供销双方的责任、义务、服务范围和标准的合理性,约定的相关约束条款符合规定要求的程度等。

为了确保满足施工过程的需要,施工机具采购或租赁合同应符合经审批的配备计划。

施工企业应建立一套对施工机具供应方履行合同的管理制度和方法。包括合同履行、检查、诊断、纠纷处理和合同中止等。合同项目管理人员应定期对施工机具供应方履行合同的过程进行检查,发现违反合同规定时,要及时按照合同要求进行处理。

本条款中的"依法"是指依据法律法规和政府、行业协会和其他授权单位的要求。

本条文与第7章关系密切,这里的合同是施工企业采购施工机具的采购合同,订立合同是按照投标及工程合同的要求实施的合同管理活动。

施工机具采购是一项比较复杂和风险较大的工作。如果不按照有关要求及时签订合同,那就有可能不仅造成较大的经济损失,而且导致施工进度和质量无法得到保证。

【条文】

6.2.4 施工企业应对施工机具进行验收，并保存验收记录。根据规定施工机具需确定安装或拆卸方案时，该方案应经批准后实施，安装后的施工机具经验收合格后方可使用。

【条文解读】

本条款体现了施工企业进行施工机具进场验收的基本要求。

施工机具的进场验收是十分重要的管理环节。不仅关系到使用过程的能力水平，而且关系到施工机具的安全风险。施工企业应根据施工机具配备计划、采购或租赁合同、工程施工进度等对施工机具进行验收。有关管理人员必须按照施工机具的性能和特点实施进场验收，内容包括：

1. 数量；
2. 技术参数；
3. 安全防护装置；
4. 使用手册；
5. 维修说明；
6. 备用件；
7. 其他特殊要求。

施工企业应明确参加验收的人员的职责和验收方法。对于购置的施工机具，验收人员应根据合同及"装箱清单"或"设备附件明细表"等目录进行清点，包括设备、备件、工具、说明书、合格证等文件；重要施工机具的随机文件应作为施工机具档案按照相关制度的规定归档管理。

项目经理部应保存验收记录以便需要时进行追踪。自有、购置或租赁的施工机具均应根据合同、设备清单、使用手册和附件明细表等进行清点、验收。

施工企业要明确参加验收人员的职责和验收方法，项目经理部应落实相应的人员职责和验收方法。

有些特殊施工机具应该按照有关规定实施专门验收。需编制安装或拆卸方案的施工机具，包括盾构机、塔吊、外用电梯、脚手架和搅拌机等，其安装（或拆除）方案的内容由安装（或拆除）的方法、验收和安全保护措施等组成。该方案应按照规定要求经批准后实施。需要按照方案通过专门试验的施工机具，经过国家有关授权单位或监理验收合格后方可使用。

施工企业对于租赁的设备应按照合同的规定验证其施工机具型号、施工机具技术状态、随行操作人员的资格证明等。对于安装试运行出现问题或验收不合格的施工机具应按照合同的约定予以处理。

本条文是检查性条款,是第10章10.4施工准备的具体体现,与第9章9.3条款的关系十分密切。

施工企业应对施工机具进行严格验收,特别是对分包方施工机具进行严格验收,否则分包方的不合格施工机具将可能造成安全事故。特别是在根据规定施工机具需确定安装或拆卸方案时,该方案应经施工企业批准后实施,安装后的施工机具经验收后方可使用。在某施工企业的水利项目,就出现了因为对分包方施工脚手架没有进行严格验收,导致当场死亡3人的事故。

6.3 施工机具使用

【条文】

6.3.1 施工企业对施工机具的使用、技术和安全管理、维修保养等应符合相关规定的要求。

【条文解读】

施工机具的使用、技术管理、维修保养等不仅是施工现场管理的重要环节,而且是企业技术和安全管理的组成部分。本条款规定了对施工机具的使用、技术和安全管理、维修保养等要求。

施工企业应建立施工机具技术和安全管理制度,明确在使用过程中要符合定机、定人、定岗、持证上岗、交接、维护保养等规定。包括:

1. 所有施工机具使用过程中应符合定机、定人、定岗、持证同上岗、交接、维护保养等规定。作业之前都应实施安全技术交底和施工机具安全装置的检验。由于技术和安全风险管理的需要,施工企业应建立必要的施工机具档案,重点是建立大中型施工机械(如:搅拌机等)和关键过程、特殊过程的施工机具(如:电焊机等)的档案。

2. 重要施工机具的使用应由施工企业或项目部制定专项技术方案,把施工活动和设备特点结合起来,核定设备运行的技术参数,规定合适的作业方法,确保施工机具的安全运行。

3. 重要设备的技术状态和安全防护设施应该及时检查,评价相关设备的可靠性。比如:塔式起重机、施工升降机和物料提升机的主要结构、安全保护装置、安装与拆除,以及安全使用等过程都关系到设备的可靠性。应特别注意在使用前进行设备的安全可靠性检查。

4. 项目经理部的重要施工设备(塔吊、外用电梯、泵车、搅拌机等)必须按照运行的结果记录台班时间,以决定设备维修和报废的时间安排。

5. 项目施工机具的计划和使用应符合施工过程控制的要求。要根据施工作业的特点，在开机前检查设备的完好情况，在使用中按照施工方案的运行规定操作，按照操作说明实施人员交接，在使用后及时进行维护和保养。

作为关键和特殊过程的施工机具运行应符合施工过程能力的要求。

施工企业施工机具的具体控制重点：

（1）当自有或租赁的施工机具出现机械问题时，应该对现场管理和控制的方法、设备的技术、质量状况，包括设备的报废程度做出评估。

（2）当由租赁的施工机具供应方提供的随机操作人员出现问题时，应对设备供应方的服务水平和人员素质做出评估。

（3）当购置的施工机具出现机械问题时，应对现场机具的管理能力、采购过程的风险和供应方的技术质量能力做出评估。

（4）当购置的施工机具售后服务出现问题时，应该对供应方的服务水平做出评估。

（5）当多种类似的施工机具事故发生以后，应该全面评估施工机具的管理风险。

项目经理部要根据分析评估的结果实施项目施工机具管理的改进工作。

6. 有效确保项目施工机具的维修工作。要在施工准备阶段就制定施工机具的维修计划，内容包括：设立简易的维修现场，配备维修设备、维修配件和人员，确定维修的专业方法。维修方法有：定期维修（大修、中修和小修）、状态维修、抢修等。项目的维修工作应该立足风险预防，实施以计划规定的定期维修和以机件状态决定的状态维修，使机械事故得到避免。

7. 及时完善针对施工机具的应急管理措施。项目经理部要针对施工现场风险的特点制定应急措施，内容包括：紧急处置、报警、撤离、抢修、恢复运行和事故调查等，应准备必要的备用施工机具或协调有关合作方实施应急配合，训练应急的相关人员，确保当施工机具发生突然事故时能够及时响应，减少施工的质量和安全风险。

8. 强化针对分包方施工机具的控制和管理工作。项目经理部应根据合同要求对分包方的关键和特殊过程的施工机具实施管理。包括对分包方施工机具的采购和租赁过程、使用和维修过程、进场验收等过程的监督和指导。发现问题必须及时采取改进措施。

本条文是实施性条款，是第 10 章 10.4 和 10.5 的具体运行，与第 9 章的关系也十分紧密。

没有施工机具的有效控制和管理必将严重影响工程施工支持过程的提供质量。施工企业应该严格按照本条款对施工机具的使用、技术和安全管理、维修保养等实施管理，这是保证施工现场质量目标的客观需要。

7 投标及合同管理

7.1 一般规定

【条文】

7.1.1 施工企业应建立并实施工程项目投标及工程承包合同管理制度。

【条文解读】

投标及合同管理是施工企业质量管理工作的重要环节，也是项目质量管理的重要内容。施工企业承接项目之前的投标、承接项目过程中的合同谈判、承接项目后的合同履行管理构成了一个完整的投标及合同管理体系，施工企业应建立一套有效的管理制度用于规范企业的投标和合同管理。

【条文】

7.1.2 施工企业应依法进行工程项目投标及签约活动，并对合同履行情况进行监控。

【条文解读】

我国在《中华人民共和国招投标法》中对招标投标活动做出了专门的规定。为了保障自身利益，施工企业应在投标或签约前对工程项目立项、招标等行为的合法性进行验证。同时也要保证自身依法进行工程项目的投标和签约活动，并对合同的履行进行监控。对合同履行情况的监控包括对合同实施情况进行跟踪、收集合同履行中的各项信息，为及时发现合同履行中的问题和制定改进措施提供依据。施工企业需要通过依法进行有效的投标和合同管理确保工程符合业主所提出的工期和质量等方面的要求。

7.2 投标及签约

【条文】

7.2.1 施工企业应在投标及签约前，明确工程项目的要求。包括：

1 发包方明示的要求；
2 发包方未明示、但应满足的要求；
3 与工程施工、验收和保修等有关的法律、法规和标准规范的要求；
4 其他要求。

【条文解读】
施工企业在投标及签约前，应确保充分了解发包方及有关各方对工程项目施工和服务质量的要求，并有能力实现这些要求。

本条中提到的"发包方明示的要求"是指发包方在招标文件及合同中明确提出的要求；"发包方未明示、但应满足的要求"一方面是指施工企业以行业的技术或管理要求为依据，必须满足的要求。另一方面指业主由于在施工领域的知识欠缺、信息不对称等原因，可能出现在招标文件中没有明确提出相应的要求，但隐含存在某些需求的情况。通常情况下，作为施工的主要组织者，施工单位在施工技术和施工组织方面都比业主能更加及时地跟踪和了解施工领域的技术、管理发展的最新动态，这时施工单位应该从履行社会责任或追求卓越绩效的角度出发，以更高的质量服务意识，识别并满足业主隐含的需求，为业主提供精品工程，以此树立施工企业的良好形象。例如，施工单位采取传统的施工方案，其噪声控制符合主管部门的相关规定及合同的要求，但是施工单位在施工过程中又发现了一种改进的施工方案，使施工过程中能够有效地降低噪声污染，虽然在合同中并未明确要求采取进一步降低噪声的措施，但是施工单位应从履行社会责任和维护业主利益的角度，采取这种改进的施工方案，达到减低噪声的目的。这也是和企业质量管理的长期目标相一致的。

本条中提到的"其他要求"包括：施工企业对项目部的要求；为使发包方满意而对其做出的承诺；对质量的创优要求等。

【条文】
7.2.2 施工企业应通过评审在确认具备满足工程项目要求的能力后，依法进行投标及签约，并保存评审、投标和签约的相关记录。

【条文解读】
施工企业在投标及签约时，首先应对该项目建设单位所采取的承发包模式进行分析，然后针对不同的招标方式，按照规定的程序进行投标及签约，并保存相关的记录。

1. 承发包模式与投标
施工企业应根据建设单位所采取承发包模式的不同，有针对性地对本企业履行合同的能力进行评价。

通常情况下，建设单位所采取的传统的承发包模式有平行承发包模式、设计或施工总分包模式以及项目总承包模式。

（1）在平行承发包模式下，建设单位将建设工程的设计、施工以及材料采购的任务经过分解分别发包给若干个设计单位、施工单位以及材料、设备供应单位，分别与各方签订合同。

（2）在设计或施工总分包模式下，建设单位将全部设计或施工任务发包给一个设计单位或者施工单位作为总包单位，然后由总包单位在符合国家相关法律法规要求的情况下进行任务的分包。在这种模式下，对于承担施工总承包的企业，还可以细分为两种不同的类型，一种是传统意义的施工总承包，即建设单位委托一个施工单位或由多个施工单位组成的联合体或合作体作为施工的总包单位，然后由总包单位依法根据需要将施工任务的一部分分包给其他的分包单位；另一种是施工总承包管理模式，在施工总承包管理模式下，建设单位委托一个施工单位或由多个施工单位组成的联合体或合作体作为总包管理单位，建设单位另委托其他施工单位作为分包单位进行施工。施工总承包管理单位通常不参与具体工程的施工，而是负责协助建设单位对所有的分包方进行管理、组织和协调。

（3）在项目总承包模式下，建设单位将工程设计、施工、材料及设备供货等工作全部发包给一家承包单位，然后由该承包单位作为总包单位统一负责设计、施工、材料及设备采购等工作。项目的总承包模式又可以进一步划分为设计—施工（Design-Build）模式，简称DB模式；以及设计—采购—施工（Engineering-Procurement-Construction）模式，简称EPC模式等。在DB模式中，总承包单位按照合同的约定承担工程设计与施工任务，并对承包工程的质量、安全、工期和造价全面负责；在EPC模式中，总承包单位按照合同的约定承担工程项目的设计、采购、施工、试运行服务等工作，并对承包工程的质量、安全、工期和造价全面负责。

在业主所采取的不同承发包模式中，施工单位所担任的角色和所履行的合同义务是不同的。因此，施工单位要根据不同承发包模式，结合自身的特点，评价自身的履约能力并制定不同的投标策略。

近年来，随着建筑市场的发展以及建设单位需求的多元化，在我国逐渐出现了很多新型的建设项目承发包与组织管理模式，对施工单位如何进行投标、谈判和合同管理提出了新的课题。例如在Partnering模式中，施工企业与建设单位通过强调共同的目标和利益，通过签订传统的具有法律效力的合同外加非合同性的Partnering协议，建立长期合作的关系，为实现共赢创造条件。这就要求施工企业完善自身的管理机制，提高自身的服务质量，通过发展高质量合作伙伴促进管理水平的提高和实现企业的发展。

2. 招标的方式

工程项目的招标方式包括国际竞争性招标、有限国际招标、国内竞争性招标、询价采购、直接签订合同等。我国招投标法中规定，招标分为公开招标和邀请招标两种方式。公开招标是指招标人在公开媒体上发布招标公告，提出招标项目和要求，符合条件的法人或者组织都可以依法进行投标，参与竞争。邀请招标是指招标人事先经过考察和筛选，将投标邀请书发给某些特定的法人或者组织，邀请其参加投标。对于公开招标和邀请招标的项目，施工单位制定的投标策略是不一样的。但是，无论是在公开招标或者邀请招标的项目中，施工单位都应精益求精地做好技术标的编制工作，在邀请招标中，施工单位可以更多地根据竞争对手的情况制定有针对性的商务标的投标策略。

3. 投标的程序

(1) 熟悉招标文件

施工单位在取得投标资格并获得招标文件后，应首先仔细研究招标文件，对招标文件所包括的投标人须知、合同条款、设计图纸、技术规范、工程量表等内容认真阅读和分析。

(2) 调研

施工单位应该对将要投标工程的自然环境、市场环境、社会环境等信息进行调查，并安排相应的考察。内容包括施工现场的考察，如施工所在地的自然条件、工程地质条件、交通条件、供水供电条件等；工程所在市场环境的考察，如原材料的供应条件、劳动力供应条件、分包队伍的供应条件、施工机械设备的供应条件等；建设单位及相关单位情况的考察，如建设单位的资金落实情况、监理单位的能力和素质、政府主管部门的相关要求等；潜在竞争对手情况的考察等。

(3) 复核工程量

对于提供工程量清单的项目，施工单位需要认真复核工程量。在核算工程量时，应结合招标文件中的技术规范分析工程量中各子项和条目的具体内容和含义，避免出现错误和遗漏。

(4) 编制投标文件

投标文件的编制包括技术标与商务标的编制。

技术标编制的关键是制定合理的施工方案。施工方案的制定是体现施工单位技术能力的重要内容，也是制定投标报价的依据。施工单位应根据项目调研的结果选择相应的施工方法，配备相应的施工机械、设备、管理人员和操作人员。确保所制定的施工方案能够有效保证工程的质量、安全和工期等方面的要求。并在保证工程质量、安全和工期等要求的前提下，选择经济合理的施工方案。

商务标编制的关键是投标价的计算，投标价的计算应以施工方案、进度安排为依据，另外还需要根据建设单位的要求选择合理的计价方式。

（5）确定投标策略

施工单位应根据自身的条件和对竞争对手的分析制定合理的投标策略，投标策略的制定会直接影响到中标的可能性以及施工单位在该工程中将会取得的利润。在不同的背景情况下，施工单位可采取低价、缩短工期、改进设计、提供多种配合服务等方式获得中标。另外，投标策略的制定要与企业的发展战略相一致。

大型工程建设项目投标策略必须在企业的决策层负责下，安排有关部门参与，共同制定。

（6）投标

确定投标策略后就可以进行正式投标。投标时应注意投标的截止期，务必在投标截止日期前提交标书。另外，在投标中还要注意投标文件的规范性和完整性，按规定进行签章和密封，并按要求提交投标担保。

4. 投标和签约应注意的问题

（1）履约能力的评价

施工企业应在投标和签约的过程中，对企业自身的履约能力进行评价。同时在对项目的内外部环境进行充分调查的基础上，对履行合同的风险进行识别、分析和评价，并通过适宜的方式进行评审，以确认是否有能力满足合同的要求。

项目的内部环境包括企业所具备的资源、组织机构、管理制度、工程实施的能力等；外部环境包括自然环境、社会环境、政策环境、市场环境等。

在确认是否有能力满足合同要求时，施工企业的投标与合同管理部门应该与其他部门进行有效沟通，充分掌握其他部门对合同的评审意见，并将其作为投标的依据。

当施工企业联合其他企业共同投标某一项目时，施工企业应充分了解合作伙伴的现状，并在对合作伙伴的履约能力进行评估后再进行投标。

（2）合同谈判与签约

在合同谈判和签约前，施工单位应与建设单位就技术要求、技术规范、施工方案等问题进行进一步的讨论和确认。同时，应特别注意合同中的价格调整条款以及支付条款，必要时与建设单位进行磋商和确认。另外，对于工期和维修期、违约罚金和工期提前的相关奖励、场地移交及技术资料的提供等相关条款也应通过谈判在签约前加以明确。

（3）记录的保存

投标及签约的有关记录应能为证实项目施工和服务质量符合要求提供必要的追溯和依据。施工企业需保存的投标及签约的有关记录一般包括：对招标文件和施工承包合同的分析记录、投标文件和承包合同及其审核批准记录、工程合同台账、合同变更、施工过程中的各类有关会议纪要、函件等。投标和签约记录的管理应符合本规范 3.5.3 条的规定，并作为企业知识管理系统的一部分。

在 7.2 节所述的投标及签约过程中，需要特别强调一点，即风险管理是投标阶段最重要的工作之一，如果在投标阶段没有对风险进行准确的识别、分析并制定相应的防范对策，则一旦风险事件发生，将会给施工企业带来很大的损失。在投标阶段进行有效的风险管理规划可以为后期项目的实施奠定良好的基础，也会为质量管理创造良好的条件。

案例 7-1

投标风险分析

Ⅰ．案例背景

某企业 A 拟在某城市兴建一超高层建设项目，并公开发布了招标公告，施工企业 B 获得了这一消息，经研究，认为该项目是该城市的标志性建设项目，承建该项目有利于提高企业的声誉，并且能够获得稳定的项目回报。因此，企业 B 决定投标该项目。在投标前，经调查分析，企业 B 认为存在着很多风险和不确定情况，需要进行进一步的风险分析。

Ⅱ．案例分析及解决方案

在风险分析过程中，该企业首先邀请了相关的专家对项目实施的风险进行了识别和评价，然后制定了相应的风险对策。风险识别、评价和对策如下：

1. 风险的识别

该项目的风险主要包括以下方面：

(1) 技术风险：设计风险、施工风险；

(2) 管理风险：业主的素质和能力、相关单位的素质和能力、项目组织的风险；

(3) 环境风险：自然环境条件、工程地质条件；

(4) 经济风险：汇率风险、业主融资和支付能力的风险、市场风险；

(5) 社会风险：当地治安情况。

2. 风险的评价

施工企业对每一种风险都进行了详细的评估，对其发生的可能性和对企业造成的潜在损失的严重程度进行了测算，从而得出该风险的高低情况，作为采取应对措施的依据。评价结果如表 7-1 所示。

施工企业投标某项目的风险分析与评价　　　　表 7-1

风险类别		风险情况描述	风险评价结果
1. 技术风险	1.1 设计风险	设计图纸内容具体，设计单位力量较强	低
	1.2 施工风险	施工难度比较大，有些新材料和新设备需要进行国际采购	高

续表

风险类别		风险情况描述	风险评价结果
2. 管理风险	2.1 业主的素质和能力	业主是具有良好信誉的国际化大企业,有着很好的素质和能力	低
	2.2 相关单位的素质和能力	业主聘请了水平较高的项目管理公司负责项目的管理,当地政府管理部门工作效率较高	低
	2.3 项目组织	该项目的投资方较为单一。业主没有指定专门的分包单位	低
3. 环境风险	3.1 自然环境风险	该地区自然环境较好,为非地震区,雨量小,冬季最低温度不低于0℃,有利于工程的施工	低
	3.2 工程地质条件	工程地质条件比较复杂,地下为软土,土质较差,但是施工单位对软弱土施工具备比较好的施工经验	中
4. 经济风险	4.1 汇率风险	该项目要求用美金结算,有较大的汇率风险	高
	4.2 业主融资和支付能力	业主资金实力雄厚,有较强的融资能力	低
	4.3 市场风险	材料、劳动力价格波动较大,不利于施工单位的成本控制	高
5. 社会风险	5.1 当地治安情况	当地治安情况良好	低

3. 风险的应对策略

对于风险等级高的问题,施工单位专门制定了应对措施。具体内容如下:

(1) 施工风险:由于施工难度比较大,施工企业决定专门组织专家制定合理的施工方案,确保工程施工过程中的质量和安全问题。另外,某些材料需要国际采购,由于涉及国际运输等复杂问题,该企业决定将委托专门的海上运输和物流企业负责该种材料和设备的运输问题。

(2) 汇率风险:由于美金持续贬值,用美金结算可能会带来一定的汇率损失,施工企业决定在合同谈判时尽量要求采用人民币结算。

(3) 市场风险:由于材料和劳动力的价格波动较大,施工单位决定在合同谈判阶段力求增加相应条款,要求对部分材料和劳动力的价格波动给予相应的调价和补偿。

7.3 合 同 管 理

【条文】

7.3.1 施工企业应使相关部门及人员掌握合同的要求,并保存相关记录。

【条文解读】

在合同履行前,施工企业应根据需要采用合同文本发放、会议、书面交底等多种方式使相关部门和人员掌握合同的要求，熟悉合同履行中的注意事项。在使相关部门和人员掌握合同要求的过程中，应该进行有效的沟通，及时取得各部门和人员的反馈意见，并根据需要召开相关的专题会议，形成会议纪要，作为合同履行的内部依据。

施工企业应向各管理层次进行合同交底。在交底过程中，应通过组织相关人员学习合同条款，熟悉合同中的主要内容、规定和要求，了解相关的管理程序，明确合同规定的工作范围和相关责任、违约后的法律后果等。使企业相关人员对合同内容的理解相一致，将工作内容和责任落实到负责具体工作的部门和个人。

在按照本条款的内容实施合同管理的过程中应注意针对不同的合同类型实施针对性合同管理。

施工合同按照施工单位承包工程范围的不同可以分成不同的类型。目前我国的施工合同主要可分为施工承包合同、专业工程分包合同和劳务分包合同。施工企业要根据不同的合同类型以及企业在项目中所担任角色的不同实施合同管理。施工单位作为总包单位承包该工程的，应履行的义务和责任通常包括：

1. 按照合同约定的质量完成施工任务；
2. 按照合同约定的工期完成并交付工程；
3. 按照合同约定向发包人提供施工场地的办公和生活设施；
4. 遵守相关政府主管部门的要求；
5. 负责保修期内的工程维修；
6. 做好施工现场的职业健康安全与环境管理；
7. 接受发包人、工程师或其代表的指令；
8. 负责照管施工现场的材料、设备和未交付的工程；
9. 按要求做好工程的检查和验收工作。

如果施工单位是作为分包单位承担工程的，则应在总包单位的统一管理下履行合同的权利和义务。

【条文】

7.3.2 施工企业对施工过程中发生的变更，应以书面形式签认，并作为合同的组成部分。施工企业对合同变更信息的接收、确认和处理的职责、流程、方法应符合相关规定，与合同变更有关的文件应及时进行调整并实施。

【条文解读】

变更管理是合同履行管理中的一项重要内容。施工过程中产生的变更主要包括：设计方提出的变更、发包方提出的变更以及施工企业提出的、经认可的变更。这三类变更的执行都应符合相应的程序。施工企业对于这三类变更应该进行分类管理，并注意变更过程中可能发生的索赔事件，在维护自身利益的同时，不损害业主的利益。

产生工程变更的原因有很多种，包括业主提出了新的要求，如业主修改了原来的功能要求、工期安排等；设计原因造成的工程变更，如设计出现了纰漏、设计规范发生了修订等；工程实施环境变化造成的变更，如现场条件发生了变化、市场条件发生了变化、自然环境发生了变化、政府主管部门的管理制度提出了新的要求等。

施工单位对发包方提出的变更、设计方提出的变更以及施工企业自身提出的变更这三类变更，应执行不同的变更程序。无论何方提出的变更，施工单位都要在收到总监发出的变更指令后才能执行变更。

在履约过程中，施工企业应随时收集与工程项目有关的要求变更的信息。这些信息包括法律、法规、标准、规范中所规定内容的变化、施工承包合同的变化以及本企业要求的变化，并在规定范围内加以传递。必要时应修改相应的项目质量管理文件。这些信息应作为质量管理信息的一部分用于质量管理。

【条文】
7.3.3 施工企业应及时对合同履约情况进行分析和记录，并用于质量改进。

【条文解读】
合同履约情况的信息可能来源于不同的部门，施工企业应设置专门的部门或岗位负责合同履行信息的收集、整理、存储和传递工作，确保各层次的管理部门能够及时掌握合同履行情况并采取相应的措施。合同履行的各种信息应作为施工企业知识管理的一部分，用于企业的质量改进。

在合同履约情况的分析中需要做好以下工作：

1. 及时发现合同履行中的问题

施工企业首先要对合同的履行情况进行跟踪。跟踪的依据包括合同文件、工程进展中形成的各项文件和记录等。合同跟踪的方式有现场巡视、会谈、专题会议、组织检查等。

合同跟踪的内容主要包括本企业所承包的工程范围及其质量、进度和成本的执行情况，如工程范围是否按要求执行，是否有遗漏；建筑材料、构件、制品和设备等的质量以及施工安装质量是否符合要求；工程进度是否能符合规定的工期要求；工程的成本是否有增减等。

另外，在合同跟踪中应该对特殊条款的履约（如知识产权保护）等情况进行重点跟踪。

2. 采取有效的处理措施

在发现合同履行出现偏差之后，首先要对产生偏差的原因进行分析。分析时应采用定性和定量相结合的方法进行。分析的内容包括偏差产生的原因、责任人是谁、对工程最终的实施结果有何影响、企业将会承担何种后果等。偏差的原因可能有很多种，在偏差原因分析中，要区分内在和外在的原因，内在的原因是由于自身管理的问题造成了合同履行出现偏差，而外在原因则是由于外界因素的影响造成了合同履行出现了问题。这些因素包括自然环境、市场环境、法律制度环境的变化等。同时，建设单位的因素引起的合同偏差也属于外界因素引起的合同偏差。

对工程最终实施结果的影响分析包括是否会造成总工期的延误、质量不能达到预定的目标、总成本的超支等。企业将要承担的后果包括罚款、被索赔等直接损失和信誉下降、影响企业发展战略等间接损失。另外，还要注意一点，当合同偏差是由于建设单位的原因引起时，如建设单位未及时提供施工现场、图纸、技术资料；对施工中施工单位提出的问题未给予及时的回复、确认和及时发出指令；未及时足额支付工程款等，也应进行深入的合同偏差分析，为合同索赔提供依据。

3. 做好分析和处理的记录

合同履行情况的分析与处理结果都应形成记录，这些记录首先可以作为本项目执行后续工程的依据；其次可以作为处理本工程合同索赔的依据，另外，还可以作为企业对于今后投标其他工程和进行项目管理的依据。

【条文】
7.3.4 在合同履行的各阶段，应与发包方或其代表进行有效沟通。

【条文解读】
施工企业在履行合同过程中，应与发包方进行及时有效的沟通，了解发包方或其代表对施工企业合同履行的意见和建议，为改进施工和服务质量提供依据。沟通的形式可以采用书面或者口头方式进行，也可通过例会或根据情况召开专门的会议进行沟通。

8 建筑材料、构配件和设备管理

8.1 一般规定

【条文】
8.1.1 施工企业应根据施工需要建立并实施建筑材料、构配件和设备管理制度。

【条文解读】
建筑材料、构配件和设备是形成工程项目的基本生产要素，占工程总造价的60%~70%以上，建筑材料、构配件和设备质量管理的重要性是十分明显的。本条款中的建筑材料、构配件和设备是指形成工程组成部分的基本生产要素。施工企业应按照本条款的要求，建立建筑材料、构配件和设备管理制度，明确各管理层次管理活动的内容、方法及相应的职责和权限。

建筑材料、构配件和设备管理制度应包括管理策划、管理职责、供方评价、采购过程、搬运、采购验证、储存、施工控制和半成品保护等。在市场经济条件下，我国的物质供应和采购渠道逐渐多元化，各种建筑材料、构配件和设备管理过程的风险明显增加。同时随着建筑工业化生产步伐的加快，建筑半成品工业化生产的发展趋势越来越明显。

为了保证施工过程质量，施工企业应在建筑材料、构配件和设备管理制度中，明确在这些过程中的相关管理范围和职责等，包括管理职责、供方评价、采购计划、采购过程、搬运、储存、成品保护和施工现场管理等。

施工企业各管理部门和岗位的主要职责是：

1. 企业主管部门：策划企业建筑材料、构配件和设备管理制度，审查各种重大采购和管理文件，指导检查项目经理部建筑材料、构配件和设备管理的工作。

2. 项目经理部：组织项目经理部在授权范围内的建筑材料、构配件和设备管理工作，编制项目需求计划，组织对建筑材料、构配件和设备进场的验证。组织对不合格的建筑材料、构配件和设备继续处置。组织对与本项目发生建筑材料、构配件和设备管理合作关系的供应方的年度评价，并向企业主管部门报告。

3. 项目经理：组织供应方的评价工作，审核和批准项目建筑材料、构配件和设备采购和现场管理计划，代表项目签署项目建筑材料、构配件和设备自采购的采购合同，批准项目上报的建筑材料、构配件和设备需求计划。

4. 项目部主管人员：实施建筑材料、构配件和设备的采购、验证、现场管理等项工作，根据授权处理不合格的建筑材料、构配件和设备。

施工企业应按照本规定要求分包方制定相应的管理制度，包括重要建筑材料、构配件和设备的采购范围、管理方式、使用方法和不合格处理权限等，并检查分包方的实施情况。

本条文是本条款的基础要求，也是第 3 章 3.3 条款和第 4 章 4.3 条款的具体实施性要求。

施工企业如果不建立完善的建筑材料、构配件和设备管理制度，则可能导致在管理策划、管理职责、供方评价、采购过程、搬运、采购验证、储存、施工控制和半成品保护等方面出现管理的空白区域。

8.2 建筑材料、构配件和设备的采购

【条文】

8.2.1 施工企业应根据施工需要确定和配备项目所需的建筑材料、构配件和设备，并应按照管理制度的规定审批各类采购计划。计划未经批准不得用于采购。采购计划中应明确所采购产品的种类、规格、型号、数量、交付期、质量要求以及采购验证的具体安排。

【条文解读】

工程项目所需的建筑材料、构配件和设备采购应作为项目质量管理策划内容的组成部分。可以在施工组织设计、质量计划和施工方案等文件中体现建筑材料、构配件和设备的采购管理要求。

建筑材料、构配件和设备的采购方式应该按照分层次、分种类的方式进行，重点把握影响工程核心质量的关键采购过程。各类建筑材料、构配件和设备采购计划审批的权限和流程应在制度中明确规定。

施工企业可根据需要分别编制建筑材料、构配件和设备（需求）申请计划、采购计划和供应计划等，应确定所需计划的类别，明确各类计划中应包含的内容。计划编制人员应明确各类计划编制的依据和要求，并确定各类计划编制和提供的时间要求。

本条款明确规定了建筑材料、构配件和设备采购计划中应包括所采购产品的种类、规格、型号、数量、交付期、质量要求以及采购验证的具体安排。采购信

息可以体现在建筑材料、构配件和设备申请计划或采购计划中。项目专职技术人员，根据施工图及方案编制其负责区域的建筑材料、构配件和设备申请计划。

申请计划应明确：需要的建筑材料、构配件和设备名称、类别、规格、等级、计量单位、数量、技术质量要求、交付期、涉及的图纸编号或样本(品)的编号等。

项目经理部的采购主管部门负责将项目经理部的申请计划实施汇总，并按照规定及时传递信息。

施工企业采购主管部门对项目经理部提出的建筑材料、构配件和设备申请计划实施审核、汇总和平库以后，编制形成采购计划和供应计划。采购计划包括：需采购的建筑材料、构配件和设备名称、类别、规格、等级、计量单位、数量、技术质量要求、涉及的图纸编号或样本(品)的编号等、建筑材料、构配件和设备的交付期。供应计划包括把建筑材料、构配件和设备供应(含企业内部调剂的物资)到现场的安排。

各种(需求)申请计划、采购计划和供应计划等在实施前必须得到授权人的批准。

本条文是第10章10.2施工质量管理策划的具体体现，是质量策划的应用性条款。

施工企业应根据施工需要确定和配备项目所需的建筑材料、构配件和设备，并应按照管理制度的规定审批各类采购计划。否则，一是可能造成建筑材料、构配件和设备不能及时提供，二是如果计划未经批准就采购，所采购产品的种类、规格、型号、数量、交付期、质量要求可能无法得到满足，甚至造成工程质量事故。

【条文】

8.2.2 施工企业应对供应方进行评价，合理选择建筑材料、构配件和设备的供应方。对供应方的评价内容应包括：
 1 经营资格和信誉；
 2 建筑材料、构配件和设备的质量；
 3 供货能力；
 4 建筑材料、构配件和设备的价格；
 5 售后服务。

【条文解读】

本条款明确了施工企业对供应方进行评价，合理选择建筑材料、构配件和设备供应方的要求。施工企业可根据所采购的建筑材料、构配件和设备的重要程度、金额等分别制订评价标准和规定评价的职责。应分别针对供货厂家、经销商制订不同的评价标准。

供应方的信誉可从其社会形象、其与本施工企业合作的历史情况等方面反映；供货能力包括储运能力、交货期的准确性等。

供应方的评价与采购的建筑材料、构配件和设备的种类、规格、数量、质量要求有关，特别是与这些物资使用的工程部位有关。重点是评价影响工程核心质量的如水泥、钢筋、钢构件、焊条等材料、构配件以及电梯、空调、生产设备等的供应方。其他一般物资的供应方则应根据对质量的影响程度采用灵活的方式进行评价。

1. 对供应方的评价内容

（1）经营资格和信誉。包括国家工商部门批准的经营许可和建设部门核准的企业资质、经营业绩和影响力。

（2）建筑材料、构配件和设备质量。包括供应方采购的建筑材料、构配件和设备的质量。必要时应考虑安全健康和环保的要求。

（3）供货能力。包括数量和交付能力。

（4）建筑材料、构配件和设备的价格。包括相应的性价比。

（5）售后服务。包括服务的及时性和满意程度。

（6）人员素质。包括人员的专业文化程度、工作经验和培训情况。

（7）质量管理体系。包括过程能力的情况。

根据所提供产品的重要程度不同，对供货厂家评价时，一般应在如下范围内收集可以溯源的证明资料：

（1）资质证明、产品生产许可证明；

（2）产品鉴定证明；

（3）产品质量证明；

（4）质量管理体系情况；

（5）产品生产能力证明；

（6）与该厂家合作的证明。

对经销商进行评价时，一般应在如下范围内收集可以溯源的证明资料：

（1）经营许可证明；

（2）产品质量证明；

（3）与该经销商合作的证明。

对发包方指定的供应方也应进行评价。当从发包方指定的供应方采购时，发包方在工程施工合同中提出的要求、直接或间接地在各种场合、以各种方式指定供应方的记录都应成为选择供应方的依据。

2. 施工企业对建筑材料、构配件和设备采购的方式
(1) 按采购实施主体划分，可分为：
① 企业采购，即施工企业物资管理部门组织采购；
② 项目经理部采购；
③ 发包人采购（属于顾客提供财产范畴）；
④ 分包方采购。
发包人采购的方式和范围应在工程承包合同中规定。分包方采购和管理的方式应在分包合同中规定。
(2) 按采购方法划分，可分为：
① 招标采购。施工企业以招标文件的方式，约请采购策划名单中的多家供应方投标，经过评标，选择最佳供应方。对于大宗物资、工程设备以及采购金额较大的，宜采用招标采购。
② 邀标采购。施工企业以招标的方式邀请特定的供应方投标，用招标方式确定供应方。对于批量小、价值较低以及不宜招标的，可采用询价招标。
③ 直接采购。对于零星材料或较困难实施质量、价格对比的，或单项物资价值低的（如低于 10 万元）可考虑直接采购。

3. 施工企业选择和确定建筑材料、构配件和设备供应方和采购的要求
选择和确定提供影响工程核心质量的水泥、钢材、钢结构、焊条等建筑材料、构配件，以及电梯、空调、生产设备等的供应方，必须采用以下(1)和(2)方式中的一种，其他供应方的选择和确定可以灵活些，包括直接采购。
(1) 招标采购：施工企业组织编制招标文件。招标文件包括：投标邀请书、投标方须知、技术标准及要求、合同文本等。招标文件经项目经理、采购负责人会审后，报送具有相应权限的采购决策人批准。实施公开投标、开标，并与供应方作技术及价格谈判。
(2) 邀请采购：采购主办人员组织编制并向拟定供应方发出投标邀请函。其内容主要包括：项目概况、报价范围、报价要求、报价时间、技术质量要求、合同文本等。采购主办人会同有关人员，与供应商进行价格及合同谈判。
(3) 直接采购：直接采购应在合格供应方范围内进行，在保证质量的基础上关注价格和服务的水平。采购人员按批准的供应方和价格，向供应方发出采购订单。在订单中须明确：物资名称、规格型号、数量、付款方式、到货时间、保证金等。
(4) 报批样本/样品：对于需要进行样本/样品报批的建筑材料、构配件和设备，采购人员在与项目经理部相关人员沟通后，选送供应方产品样本/样品报项目监理、设计、业主等相关方。项目经理部主管部门办理有关手续，并向采购人员及时通报报批结果，以确定是否采购。

4. 供应方的确定

采购授权人对确定的供应方批准后，施工企业可以以口头或书面的方式通知供应方，并组织签订采购合同及办理具体采购事宜。

本条文是第 10 章 10.4 条款的实施性条款。与第 9 章关系密切，分包方的相关过程按照本条文执行。

施工企业对供应方进行评价的关键是根据供应方的特点和提供产品的风险实施评价，否则就很难合理选择建筑材料、构配件和设备的供应方。北京某施工企业在评价供应方时，充分考虑了供应方的经营资格和信誉，建筑材料、构配件和设备的质量，供货能力，建筑材料、构配件和设备的价格；但是没有考虑供应方的售后服务能力，使其在采购电梯供应方的过程中因为其售后服务的不到位严重地影响了施工进度。

【条文】
8.2.3 施工企业应在必要时对供应方进行再评价。

【条文解读】
本条款是在施工企业有此需求情况时应执行的要求。
施工企业在面临以下情况时要适时对供应方进行再评价：
1. 由于供应方的原因导致质量问题时；
2. 需长期使用某一供应方的重要产品和服务时；
3. 需要使用过去放弃的供应方时。

供应方再评价的内容：
1. 质量水平和相应的稳定性；
2. 服务的及时性和满意度；
3. 技术更新的程度；
4. 质量管理体系的变化情况；
5. 行业中的信誉。

供应方再评价的关键是应考虑继续或重新使用该供应方可能带来的风险。

施工企业对供应方的评价、选择和重新评价的要求、方法应符合管理制度的规定，特别是应考虑国家有关环境保护、技术进步和质量升级的法规要求，并保存相应的符合法律法规要求的评价记录。

供应方再评价的结果应及时进行确认或验证，以确保供应方再评价的质量水平。

【条文】
8.2.4 对供应方的评价、选择和再评价的标准、方法和职责应符合管理制度的规定,并保存相应的记录。

【条文解读】

供应方提供的产品和服务可能是变化的和不稳定的。因此施工企业需要及时地对供应方进行评价、选择和再评价。本条款对"施工企业对供应方的评价、选择和再评价的标准、方法和职责"做出了规定。其中再评价的目的是为了降低选择供应方的风险。

再评价的内容:

1. 技术更新水平,包括供应方生产技术和工艺的改进情况;
2. 管理服务层次,包括供应方提供的服务提升情况;
3. 应急响应能力,包括供应方在提供的产品和服务出现中断时的应急响应能力;
4. 信息沟通渠道,包括供应方主动进行信息沟通的情况;
5. 风险预防措施,包括供应方实施有预见的服务能力。

供应方评价、选择和和再评价相应的标准、方法和职责应符合施工现场的质量管理、施工进度、施工技术和施工风险的管理要求。标准应统一、分层、便于理解,方法应简单可行、适宜操作,职责应确保权利和义务有机的结合,三者协调匹配,相互支持。其中再评价的内容应该考虑评价和选择的风险环节。

有关产品和服务技术要求比较高的物资供应方的评价、选择和再评价的标准、方法和职责可以专门策划适宜的评价需要的技术和管理措施,明确相关的技术评价参数和质量特性,以便有针对性地规定准则。

施工企业应保存相应的记录,便于施工企业对供应方的质量管理进行追溯。评价、选择和再评价的相应记录可包括:对供应方的各种形式的调查记录,相应的证明资料,合格供应方名录、名单等;若以招标形式选择供应方,则应保存招标过程的各项记录。

本条文是第10.4条款的具体实施性要求。

对供应方的评价、选择和再评价的标准、方法和职责应清楚地表明施工企业质量管理的要求,并应与施工质量的内在要求的程度相符合。一个重要供应方的评价、选择和再评价的标准、方法和职责在很大程度上决定了供应方的质量和提供产品和服务的水平。这是十分重要的采购过程的管理环节。

【条文】

8.2.5 施工企业应根据采购计划订立采购合同。

【条文解读】

采购合同是实施采购计划的重要工作,特别是主要材料由于质量要求高、数量大和交付期紧必须通过采购合同避免风险。

施工企业和项目经理部应根据采购计划订立采购合同。合同应包括名称、规格型号、品种、数量、计量单位、包装、付款方式、到货时间、明确的技术质量指标和保证金等内容。

在保证质量的情况下，应该优先采用节能降耗的建筑材料、构配件和设备。合同在签订前应进行审核，发现问题时，授权人应及时实施改进措施。

如果因为采购合同的原因需要修改采购计划时，要经过授权人批准。采购合同必须符合国家的有关法律法规和企业的相关规定。

应注意的是：本条款并不是要求所有采购（包括零星采购）都要签订合同。有些质量要求不高的零星建筑材料、构配件和设备可以根据采购计划的规定直接采购，而不需要订立采购合同。

本条文是10.4条款的具体实施。与第7、9章的条款十分密切。

施工企业如果不根据采购计划订立采购合同，既可能使采购的产品质量不满足要求，也可能造成经济上的较大损失。比如：采购的产品是仓库里已经存在的，造成资金挤压，或是采购产品的规格和进场时间不符合要求。

8.3 建筑材料、构配件和设备的验收

【条文】

8.3.1 施工企业应对建筑材料、构配件和设备进行验收。必要时，应到供应方的现场进行验证。验收的过程、记录和标识应符合有关规定。未经验收的建筑材料、构配件和设备不得用于工程施工。

【条文解读】

建筑材料、构配件和设备验收的目的是检查其数量和质量是否符合采购的要求。

施工企业对所有进场的建筑材料、构配件和设备进行验收是本条款的基本要求。没有经过验收的建筑材料、构配件和设备不能进入施工过程。

建筑材料、构配件和设备进场验收的策划是项目质量管理策划的内容之一，可单独形成文件，作为物资进场验收的依据。

建筑材料、构配件和设备进场验收前应做好相应准备工作。验收时需准确核对各类凭证，确认其是否齐全、有效、相符，并按照合同要求检查数量和质量。

施工企业应按照有关规定和质量标准对发包方提供的建筑材料、构配件和设备进行验收。发包方提供的建筑材料、构配件和设备是指与发包方订立的合同中所确定的由发包方提供的建筑材料、构配件和设备。

当施工过程需要时，某些特殊的建筑材料、构配件和设备的验收（如锅炉、电梯和起重设备等），施工企业可到供应方的现场进行验证。验收的过程、记录和标识应符合有关规定。

1. 验证内容

（1）产品合格证；

（2）质量证明文件（包括出厂检验、试验报告）；

（3）数量、规格、型号；

（4）产品标识；

（5）产品包装；

（6）外观质量；

（7）必要的复验。

2. 验证方法

（1）对合格证、质量证明文件逐一核查。

（2）对包装、标识、外观质量进行检查。对实物质量抽查的比例执行相关物资标准规定，在无具体规定时，由企业自己制定内部标准或与供应商协商确定抽查比例。

（3）对规格、型号、数量核查。

（4）对于进口物资，一般须全部检验，且保证检验周期不得超过合同规定的赔偿期限。对于规格整齐划一、包装完整的，也可实施一定比例的抽查。

（5）当进口物资属于国家法定检验的商品，则应由商检机构进行法定检验，并索取《质量检验证书》。

（6）验证人员需根据企业规定和监理要求，填写验证记录或报验记录。

（7）当验证后确认物资为不合格品时，应按企业的不合格品处理程序处置。

对下列材料还应按照国家的取样标准取样复验：

国家和地方政府规定的必须复验的材料；质量证明文件缺项、数据不清、实物与质量证明资料不符的材料；超出保质期或规格型号混存不明的材料。

本条文是10.4的实施性条款，是6.2.4和9.3.1的平行条款。

施工企业在对建筑材料、构配件和设备进行验收的过程中，应确定是否需要到供应方的现场进行验证。这将关系到工程质量的风险。如果未经验收的建筑材料、构配件和设备用于工程施工其后果往往是不可接受的。如某工地为了赶进度冒险把没有通过试验的水泥投入施工，事后实施混凝土质量的检验时确定水泥不合格，造成了比较大的质量事故和经济损失。

【条文】

8.3.2 施工企业应按照规定的职责、权限和方式对验收不合格的建筑材料、构配件和设备进行处理，并记录处理结果。

【条文解读】
施工企业应对验收有问题的建筑材料、构配件和设备进行重新检验，以确定建筑材料、构配件和设备不合格的特性。本条款规定施工企业对经重新检验确定不合格的建筑材料、构配件和设备必须及时采取处理措施，以防止被错误使用。

对于经过验收不合格的建筑材料、构配件和设备，可以与有关方(分包方和监理)协商后统筹安排，策划综合利用的方法。尽可能做到废旧利用，节能环保。

不合格建筑材料、构配件和设备有如下几种情况：
1. 不符合国家规定的验收标准；
2. 不符合发包方的要求；
3. 不符合计划规定的要求。

施工企业对经验收不合格的建筑材料、构配件和设备应按照规定的职责、权限和方式进行处理。

1. 施工企业对不合格建筑材料、构配件和设备可采取以下处理措施：
(1) 拒收；
(2) 加工使其合格后直接使用；
(3) 经发包方及设计方同意改变用途使用；
(4) 降级使用；
(5) 限制使用范围；
(6) 报废。

2. 项目部组织复验。

有下列情况之一时，项目经理部要责成专人填写复验委托记录，组织对建筑材料、构配件和设备的复验：
(1) 有关法规性文件规定须作复验的。
(2) 无质量证明文件或文件不齐全的。
(3) 对供应商提供的物资质量及其质量文件有怀疑的。
(4) 质量证明文件与所提供的物资不一致的。

3. 项目专职技术人员协同物资管理部门人员共同抽取样本。在相关法规要求实施见证取样时，应邀请监理或设计、业主等第二方人员监督取样工作，并按规定做出标识，送交至有资格的见证试验单位试验。

4. 复验报告作为验证的内容之一。

5. 企业对验收不合格的建筑材料、构配件和设备的处理，应按照规定的职责、权限和方式进行标识、隔离和退货处理，并记录处理结果。

本条文是 10.5 和 11.3、11.4 条款的具体实施。在工程项目施工过程和各种质量检验过程都必须有效的实施对验收不合格的建筑材料、构配件和设备进行处理和控制。

施工企业如果不按照规定的职责、权限和方式对验收不合格的建筑材料、构配件和设备进行处理，就可能出现不合格的建筑材料、构配件和设备进入施工过程；如果不及时记录处理结果则有可能无法追溯质量缺陷。

【条文】
8.3.3 施工企业应确保所采购的建筑材料、构配件和设备符合有关职业健康、安全与环保的要求。

【条文解读】
本条款具有明显的时代特点。在国家建立和谐社会的形势下，施工企业采购的建筑材料、构配件和设备与有关职业健康、安全与环保要求的符合性越来越重要。特别是新材料、新构配件和新设备的职业健康、安全与环保性能，需要在采购计划和进场验收中进行重点关注和管理。主要包括：
1. 相关方的直接要求和期望；
2. 国家已经明令淘汰和禁止的建筑材料、构配件和设备；
3. 施工企业的社会责任体现的相关要求。
以上都应纳入施工企业采购建筑材料、构配件和设备的管理过程考虑范围之内。
本条文是 10.2 和 8.2 条款的关联性实施要求。
施工企业应通过确保所采购的建筑材料、构配件和设备符合有关职业健康、安全与环保的要求，履行企业的社会责任。

8.4 建筑材料、构配件和设备的现场管理

【条文】
8.4.1 施工企业应在管理制度中明确建筑材料、构配件和设备的现场管理要求。

【条文解读】
施工企业建筑材料、构配件和工程设备的现场管理包括物资收、发类的事务性工作和现场服务、协调、信息反馈等管理工作。

现场管理和保管人员应配套配置，其职责主要是建筑材料、构配件和工程设备从进入工地、现场储存到发放使用的全过程管理，保证建筑材料、构配件和工程设备的品种、数量和外观质量等，使施工生产顺利地进行。

项目经理部应动态策划随着施工进度而变化的建筑材料、构配件和工程设备现场管理方法，包括材料堆放、设备维修场地、仓库、加工车间、作业场地及其设施的动态安排等。对于有可追溯性要求的物资收、发类的事务性工作和现场服务、协调、信息反馈等要明确具体的程序、标识方法和要求。

现场建筑材料、构配件和工程设备管理制度的主要内容包括：

1. 日常管理；
2. 出入库管理程序；
3. 报表和其他管理。

施工现场建筑材料、构配件和工程设备品种较多、数量较大，实际库容尤其是现场的室内仓库与期望值往往有差距。这就要求现场管理人员合理地安排室内或露天仓库存放物资，并经常倒库清理货物，不仅做到账目、库存清晰，还便于接纳后续物资。

本条文是第3章要求和10.2条款要求的具体实施。有关分包方建筑材料、构配件和工程设备的现场管理要求执行本条款。

施工企业应通过在管理制度中明确建筑材料、构配件和工程设备的现场管理要求，保证施工现场的相关控制效果。否则施工过程可能由于现场管理不当导致建筑材料、构配件和工程设备的不合格，使之不能满足质量目标的要求。

【条文】

8.4.2 施工企业应对建筑材料、构配件和设备进行贮存、保管和标识，并按照规定进行检查，发现问题及时处理。

【条文解读】

建筑材料、构配件和工程设备进行贮存、保管和标识是防止施工质量风险的关键活动之一。本条款表明了施工企业对建筑材料、构配件和工程设备进行贮存、保管和标识的管理要求。

建筑材料、构配件和工程设备保管应保证其数量、质量，堆放场地和库房满足相应的贮存要求。要结合建筑材料、构配件和工程设备的特点及时实施适宜的贮存、保管和标识。

企业可以根据物资的特点采用露天（场地堆放）和室内（封闭堆放）的贮存方式。保管可分为长期、短期和临时保管。也可分为保管员专门管理和操作班组临时管理。标识可分为有形和无形标识。

要根据成品和半成品的管理要求，把容易破损的建筑材料、构配件和工程设备合理科学地贮存，把容易混淆的建筑材料、构配件和工程设备进行明显标识。要及时进行项目贮存、保管和标识的相应检查，发现问题及时采取处理措施。处理的方式包括：
1. 改进贮存条件；
2. 完善保管方式和程序；
3. 改进标识方法；
4. 其他。

本条文是第 9、10 章要求的具体实施。与第 11 章的相关要求互相接口。

施工企业如果没有及时对建筑材料、构配件和工程设备进行贮存、保管和标识，并按照规定进行检查，发现问题及时处理，将使施工过程没有办法控制不合格的情况，严重影响施工过程的质量水平。

【条文】

8.4.3 施工企业应明确对建筑材料、构配件和设备的搬运及防护要求。

【条文解读】

本条款强调对建筑材料、构配件和工程设备的搬运及防护要求，目的在于确保建筑材料、构配件和工程设备处于完好状态。

施工企业针对易燃、易爆、易碎、超长、超高、超重、容易破损和容易混淆的建筑材料、构配件和工程设备应明确搬运要求，实施严格控制，防止损坏、变质、变形。

特殊搬运活动在实施前要制定专门的搬运方案。搬运方案应包括搬运及防护的技术参数、搬运方法等要求。由于搬运活动及防护需要修改施工方案时，应该由原策划人或授权人及时实施。必要时，修改的搬运及防护活动施工方案应进行再次交底。

搬运及防护过程的施工机具配备应考虑特殊的质量要求，操作人员要按照施工方案的规定进行运作。当建筑材料、构配件和工程设备的搬运及防护过程出现不合格时，应按照作业规定实施改进措施。

本条文是 10.4、10.5 条款的具体实施要求。第 9 章有关分包方建筑材料、构配件和工程设备的搬运及防护的要求执行本条款。

施工企业应通过实施本条款，对建筑材料、构配件和工程设备的搬运及防护实施有效管理。特别是施工安装企业针对大型施工工程设备的搬运，做好防护是十分重要的，要根据策划的方案严格地落实相关措施，以避免可能的损失和问题。

【条文】

8.4.4 施工企业应明确建筑材料、构配件和设备的发放要求，建立发放记录,并具有可追溯性。

【条文解读】

建筑材料、构配件和工程设备及时正确的发放是保证施工质量的重要环节。

施工企业要建立建筑材料、构配件和工程设备的进出库记录和发放台账,规定相应的领用程序,做到账、物、卡三者一致。

发放过程要确保施工使用要求得到有效满足。发放过程发现不合格时要进行评审,及时采取处置措施。

大型重要设备的出库办理应实施开箱检查和当面发放的方式。有时限要求的物资,如水泥、电焊条、外加剂和油漆等应采取先进先出的原则,混凝土应采用随到随发的原则发放。

有关责任人员形成的发放记录应具有可追溯性。本条款要求的可追溯性主要涉及影响工程安全质量特性的建筑材料、构配件和工程设备的记录内容。建筑材料、构配件和工程设备的可追溯性可以通过连续的记录等方式进行体现。

本条文是10.4、10.5的实施性条款。第9章有关分包方建筑材料、构配件和工程设备的发放管理应执行本条款。

施工企业如果不明确建筑材料、构配件和工程设备的发放要求,建立发放记录,并具有可追溯性,则有可能导致施工过程由于使用了不符合要求的建筑材料、构配件和工程设备而发生的不合格情况的出现。

8.5 发包方提供的建筑材料、构配件和设备

【条文】

8.5.1 施工企业应按照有关规定和标准对发包方提供的建筑材料、构配件和设备进行验收。

【条文解读】

发包方提供建筑材料、构配件和设备是施工现场比较常见的情况。由于发包方的特殊地位,其所提供建筑材料、构配件和设备的质量管理有其特殊的风险。本条款要求对发包方提供的建筑材料、构配件和设备进行验收。

从施工现场的质量责任出发,施工企业必须对发包方提供的建筑材料、构配件和设备按照国家规定进行合格性验收。验收的内容与施工企业采购建筑材料、构配件和设备的验收相同,包括规格、数量、进场时间、质量特性等。

如果发现发包方提供的建筑材料、构配件和设备有状态不明的情况,则应及时进行规定的检验试验,并与发包方进行沟通。

施工企业应该针对发包方提供的建筑材料、构配件和设备建立专门的管理台

账和验收记录。

本条文是第9章和10.4、10.5和11.3条款的实施要求。

施工企业对发包方提供的建筑材料、构配件和设备进行规定的验收是保证发包人提供建筑材料、构配件和设备质量的关键过程。应根据发包人的特殊性，合理科学地进行质量管理。

【条文】

8.5.2 施工企业对发包方提供的建筑材料、构配件和设备在验收、施工安装、使用过程中出现的问题，应做好记录并及时向发包方报告，按照规定处理。

【条文解读】

由于发包方提供的建筑材料、构配件和设备出现问题时处理的特殊性，本条款专门规定了对发包方提供的建筑材料、构配件和设备在验收、施工安装、使用过程中出现问题的管理要求。

1. 在验收建筑材料、构配件和设备时，应注意相关的内在质量，也应关注相关的外观质量。

2. 在施工安装时，应注意在作业过程中的建筑材料、构配件和设备的工艺和操作问题，尽可能地分析和预测可能的风险。

3. 在使用过程中，应观察建筑材料、构配件和设备的使用效果，判断相应的功能符合情况。

对发包方提供的建筑材料、构配件和设备在验收、施工安装、使用过程中出现的问题，施工企业应进行不合格评审，采取标识、隔离等措施，做好记录并及时与发包方协商。可以采取纠正的措施包括：退货、返工和降级使用（必须符合国家法规和获得发包方的同意）。具体包括：

1. 在验收中出现问题时，要及时进行隔离和标识，实施退换；

2. 在施工安装出现问题时，要立即停止作业，标明问题部位，实施返工；

3. 在使用过程中出现问题时，要及时中止使用，标明使用过程的问题部位，实施返工。

发包方供应提供材料的控制，应扩展到为发包方采购材料的规划提出建议直至最后的验收工作。另外，还要考虑开发工业化住宅时应该如何进行材料构件等的质量控制。

本条文是9.3、10.4、10.5和11.2、11.3、11.4条款的实施要求。施工企业对发包方提供的建筑材料、构配件和设备在验收、施工安装、使用过程中出现的问题，必须做好记录并及时向发包方报告，按照规定处理。

8 建筑材料、构配件和设备管理

本章所述的建筑材料、构配件和设备的管理是施工质量管理的重要保障。在具体的工作中，从供应商的评价与选择到采购合同的订立，从建筑材料、构配件和设备验收到现场的管理每一个关节都应把好质量关。可以说，建筑材料、构配件和设备的管理是一项复杂的系统工程。因此，每个施工企业都应通过制定规范化的管理制度来进行有效的管理。

案例8-1

某施工企业建筑材料、构配件和设备采购管理制度

Ⅰ．案例背景

某施工企业最近发现项目的施工质量有下降趋势，质量管理部门经过调查后发现很多项目在材料、构配件的采购方面存在很大的问题，主要体现在以下几点：

(1) 项目经理部和企业的物资采购部门分工不清，责任不明，材料和设备出现了质量问题互相推诿；

(2) 公司没有规范化的采购流程，各部门在具体工作中没有依据；

(3) 没有对供应商进行定期评价的制度；

(4) 没有专门针对材料、构配件和设备的采购管理制度；

(5) 订立采购合同时没有依据，具有很大的随意性。

针对这种情况，企业决定采取措施加强建筑材料、构配件和设备的采购管理。

Ⅱ．案例分析及解决方案

本例中，施工企业最大的问题是没有制定规范化的建筑材料、构配件和设备的采购管理制度，经研究，该企业决定从建筑材料、构配件和设备的采购的管理职责分工、工作流程和具体操作注意事项等方面制定一套规范的管理制度，具体如下：

××企业建筑材料、构配件和设备采购管理制度

一、管理职责

1. 企业采购主管部门

(1) 审查项目经理部的物资需求计划，编制物资采购计划；

(2) 组织企业的集中采购工作；

(3) 组织建立企业合格供应商名单，并向项目经理部发布；

(4) 组织对供应商的年度评价，更新企业合格供应商名单，并保存供应商档案；

(5) 指导检查项目经理部的物资采购工作。

2. 项目经理部物资主管部门

(1) 参与项目策划中的物资采购策划；

(2) 组织编制项目物资需求计划，报企业物资采购管理部门；

(3) 组织项目经理部在授权范围内的物资自采购工作；

(4) 组织对进场物资的验证，保存验证记录；

(5) 组织对不合格物资的处置，并保存记录；

(6) 组织对与本项目发生物资采购关系的供应商的年度评价，并向企业物资采购管理部门报告。

3. 项目经理

(1) 批准项目上报的物资需求计划；

(2) 批准项目物资采购的供应商选择结果；

(3) 代表项目签署项目物资自采购的采购合同。

二、物资采购的相关方

1. 物资采购实施主体

物资采购实施主体是指具体组织、操作物资采购活动的实施单位。

2. 物资采购约制主体

物资采购约制主体是指企业对采购成本进行控制的单位。

3. 物资采购决策主体

物资采购决策主体是指按企业授权体系所明确的对应分包商选择具有最终批准权限的人员，包括项目经理、企业分包商主管部门经理、企业主管领导。

三、物资采购管理流程

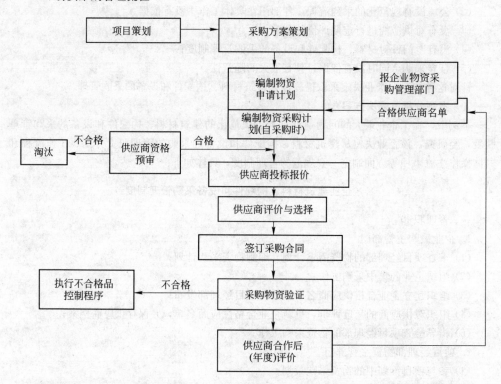

1. 采购信息

项目采购信息包括物资申请计划、物资采购计划、样本(品)、图样、物资产品标准等。

(1) 物资申请计划

项目专职技术人员，根据施工图及方案编制其负责区域的物资申请计划，项目经理部的物资主管部门汇总成项目经理部的物资申请计划，经项目经理批准后上报企业物资采购主管部门。

(2) 物资申请计划应明确

① 物资产品名称；

② 物资产品的类别、规格、等级、计量单位、数量；

③ 产品的技术质量要求；

④ 涉及的图纸编号或样本(品)的编号等。

(3) 物资申请计划表格示例(附表1)。

2. 物资采购计划

(1) 企业物资采购主管部门对项目经理部提出的物资申请计划和实施审核、汇总，编制物资采购计划。必要时，物资采购计划应附相关图样或样本(品)。

(2) 项目经理部实施自采购时，项目物资主管部门汇总物资申请计划，编制项目经理部的物资采购计划，经项目经理批准后，组织实施。

(3) 物资采购计划除应覆盖物资申请计划的内容外，还包括采购方式及推荐的备选供应商。

(4) 物资采购计划的表格示例(附表2)。

3. 采购方式

(1) 按采购实施主体划分

① 企业采购，即项目经理部上级管理层的物资管理部门组织采购；

② 项目经理部采购；

③ 业主采购(属于顾客提供财产范畴)；

④ 分包商采购。

(2) 按采购方法划分

① 招标采购

采购实施主体以招标文件的方式，约请采购策划名单中的多家供应商投标，经过评标，选择最佳供应商。对于大宗物资、工程设备以及采购金额较大(如200万元以上)的，宜采用招标采购。

② 邀标采购

采购实施主体以招标的方式邀请特定的供应商投标，而确定供应商。对于批量小、价值较低(如10万元至200万元范围内)以及不宜招标的，可采用询价招标。

③ 直接采购

对于零星材料或较困难实施质量、价格对比的，或单项物资价值低的(如低于10万元)可考虑直接采购。

4. 确认供应商资格

(1) 对供应商资格预审

① 对于拟招标的候选供应商，若已纳入企业合格供应商名单，则无需再进行资格预审，其可直接参与投标。

② 对于拟招标的候选供应商，若未纳入企业合格供应商名单，则须由采购主办人员组织对其进行资格预审，填写并保留《供应商资格预审表》(附表3)。资格预审合格的供应商方可参加投标。

③ 对于未纳入企业合格供应商名单，但本年度已经进行过一次资格预审的，也不必再次进行资格预审。但当供应商提供的物资种类发生变化时，则应要求供应商提供相关的补充资料。

④ 当供应商为经销商时，应同时对物资的生产商进行资格预审。

⑤ 对于直接采购时，可不专门对供应商进行资格预审，但采购主办人员须以适当的方式（如核查生产许可证、经营许可证）确认供应商的供货资格。

(2) 对供应商的考察

① 对于重要物资，特别是重要设备，物资采购主体可组织对供应商进行考察。项目经理部委派相关人员参加。

② 对供应商的考察内容包括：生产及供货能力、管理状况、生产状况、质量水平以及对供应商提供保险、保函能力的调查。

③ 对供应商考察后，采购主办人员负责填写《供应商考察记录》(附表4)，作为对供应商进行能力评价的依据之一。

5. 评价与选择供应商

(1) 招标采购

① 物资采购实施主体组织成立招标小组。

② 招标小组组织编制招标文件。招标文件包括：投标邀请书、投标方须知、技术标准及要求、合同文本等。

③ 招标文件经项目经理、采购主体负责人会前后，报送具有相应权限的物资采购决策人批准。采购主办人员填写并保存《招标文件审批会签单》(附表5)。

④ 采购招标小组负责向候选供应商发放招标文件，并按时回收供应商的投标文件。

⑤ 采购招标小组在其全体人员到场情况下，开标。采购主办人负责填写《采购开标记录》(附表6)。

⑥ 采购招标小组与供应商作技术及价格谈判。采购主办人员负责填写并保存《采购议标记录》(附表8)。

(2) 邀标采购

① 采购主办人员组织编制并向拟定供应商发出《投标邀请函》(附表7)。其内容主要包括：项目概况、报价范围及内容、报价要求、报价时间、提交报价方式、技术质量要求、合同文本等。

② 采购主办人会同有关人员，与供应商进行价格及合同谈判后，填写并保存《采购议标记录》(附表8)。

(3) 直接采购

① 采购主办人可采用书面或电话的方式进行市场询价，填写并保存《直接采购记录》(附表9)，报送物资采购决策人审批。供应商的书面或电话报价记录作为其附件。

② 采购主办人按批准的供应商和价格，向供应商发出《采购订单》(附表10)。在订单中须明确：物资名称、规格型号、数量、付款方式、到货时间、保证金等。

(4) 报批样本/样品

① 对于需要进行样本/样品报批的物资，采购主办人在与项目经理部相关人员沟通后，选送供应商产品样本/样品报项目监理、设计、业主等相关方。

② 项目经理部物资主管部门填写《物资样本/样品送审表》(附表11)，并向物资采购主

办人及时通报报批结果，以确定是否采购。

(5) 选择供应商

① 物资采购实施主体根据对供应商提供产品能力的评价结果，选择供应商。

② 对于招标采购和邀标采购的，根据企业的评价预选准则，确定中标供应商，由采购主办人填写并保存《供应商选择审批表》（附表12）。

③ 授权人对《供应商选择审批表》确定的供应商批准后，采购主办人负责以口头或书面的方式通知供应商，并组织签订采购合同及办理具体采购事宜。

6. 对采购物资的验证

(1) 验证准备

① 项目经理部负责对进场物资的验证。验证包括了对项目上级单位的物资主管部门采购的、项目自身采购的、业主采购并提供给项目使用的，以及分包商采购用于总包工程之上的。

② 项目经理部物资管理部门组织有关人员（相关的专业技术人员），熟悉相应物资的验证要求及其质量、环境及职业健康安全等方面的技术要求。

③ 必要时，事先通知监理、设计、业主参加验证工作和见证取样工作。

(2) 验证依据

① 订货合同及其技术附件；

② 供货商的发货通知；

③ 相关的物资技术、质量标准；

④ 相关法规及适用的其他要求；

⑤ 设备装箱单。

(3) 验证内容

① 产品合格证；

② 质量证明文件（包括出厂检验、试验报告）；

③ 数量、规格、型号；

④ 产品标识；

⑤ 产品包装；

⑥ 外观质量；

⑦ 必要的复验。

(4) 验证的方法

① 对合格证、质量证明文件逐一核查。

② 对包装、标识、外观质量检查。对食物质量抽查的比例执行相关物资标准规定，在无具体规定时，由企业自己制定内部标准或与供应商协商同意抽查比例。

③ 对规格、型号、数量核查。

④ 对于进口物资，一般须全部检验，且保证检验周期不得超过合同规定的赔偿期限。对于规格整齐划一、包装完整的，也可实施一定比例的抽查。

⑤ 当进口物资属于国家法定检验的商品，则应由商检机构进行法定检验，并索取《质量检验证书》。

⑥ 验证人员需根据企业规定和监理要求，填写验证记录或报验记录。

⑦ 当验证后确认物资为不合格品时,应按企业的不合格品处理程序处置。

(5) 复验

① 有下列情况之一时,项目经理部要责成专人填写《复验委托书》,组织对物资的复验:

有关法规性文件规定须作复验的;

无质量证明文件或文件不齐全的;

对供应商提供的物资质量及其质量文件有怀疑的;

质量证明文件与所提供的物资不一致时。

② 项目专职技术人员协同物资管理部门人员共同抽取样本。在相关法规要求实施见证取样时,应邀请监理或设计、业主等第二方人员监督取样工作,并按规定做出标识,送交至有资格的见证试验单位试验。

③ 复验报告作为验证的内容之一。

(6) 业主对承包方采购物资的验证

在业主提出要在收货地或供货地验证供应商提供的物资时,项目经理部应责成专人配合业主的验证,并做好验证记录,但业主的验证不能免除项目经理部提供合格产品的责任,也不能免除其后业主对不合格品的拒收。

(7) 对业主提供物资的验证

① 项目经理部应对业主提供的物资进行验证,其验证同上所述的验证方法,并应单独做验证记录。

② 当发现业主提供的物资不符合要求时,项目经理部应专题向业主报告,在取得业主的批复后,按批复的意见执行。项目经理部不得对验证不合格物资自行处理,否则带来的质量问题,由项目经理部承担责任。

(8) 对分包商采购物资的验证

① 项目经理部应组织对分包商采购的用于总承包工程之上物资的验证。其验证方法同上。

② 当验证发现分包商采购的物资不合格时,责成分包商处置,直到提供合格的物资时止。

(9) 验证记录示例(附表13)

7. 对供应商的年度评价

(1) 项目经理部在工程完毕或按企业规定在每年年末,按企业物资主管部门的安排,对合作过的供应商进行年度评价,填写《供应商年度评价表》(附表14)。需要进行再评价的供应商由项目经理部采购人员按照再评价准则实施评价。

(2) 对在采购合同执行过程中,供应商未能按时、按质、按量供货的供应商,项目经理部须上报企业物资主管部门,以便企业物资主管部门决定是否将该供应商从企业的合格供应商名单中删除。

8 建筑材料、构配件和设备管理

附表1 物资申请计划

		物资申请计划						
项目名称							计划编号	
序号	物资名称	规格型号	数量	单位	提交样品/样本时间	进场时间	产品要求/项目推荐的供应商	
说明	常规产品可不填写"产品要求"一栏； 当业主、设计、监理等对产品有下列要求时，则应在"产品要求"中注明： 验收标准或规范，也可提出图样作详细说明； 对产品的质量、环境、安全等方面的要求； 对产品加工过程的要求以及应提供的品质保证文件的要求； 业主、设计指定的供应商/厂家/品牌等； "编制"为项目专职工程师，"审核"为项目相关人员，"批准"为项目经理							
编制/日期：			审核/日期：			批准/日期：		

附表2 物资采购计划

			物资采购计划				
项目名称			申请计划编号			采购计划编号	
序号	物资名称及规格型号	主要技术要求	采购员	采购方式	采购时间	候选供应商名单	备注
				☐ 招标采购 ☐ 简易招标采购 ☐ 快速采购		1 2 3 4	
				☐ 招标采购 ☐ 简易招标采购 ☐ 快速采购		1 2 3 4	
				☐ 招标采购 ☐ 简易招标采购 ☐ 快速采购		1 2 3 4	
物资采购实施主体/日期：							
物资采购约束主体/日期：							
物资采购决策主体/日期：							
说明：备注栏应列明供应商来源，如：业主指定或推荐、项目推荐、总部推荐及相助投标等说明							

附表3 供应商资格预审表

供应商资格预审表				
供应商名称			编　号	
产品类型			法人代表	
地　　址			联系电话	
纳税人识别号			传　真	
审核内容	请提供营业执照和资质证书的复印件			
^	请提供产品质量证明文件(如检测报告等)			
^	生产许可证：□无；□有，请提供复印件			如为经销商请提供生产厂家的相关资料
^	准用证：□无；□有，请提供证明文件			^
^	备案证书：□无；□有，请提供证明文件			^
^	质量/环境/职业安全卫生管理体系认证证书以及产品认证证书： □无；□有，请提供复印件			^
^	环保要求/标准：□无；□有，请提供相关文件			^
^	简述售后服务内容：			
^	简述近三年的年销售总量：			
^	是否能够提供银行保函，如果可以，请说明提供担保的银行以及最大担保金额：			
^	近期产品应用情况(不仅限于本公司项目)：			
^	已完工程名称	供应物资名称、规格型号	数量	合同金额	合同日期
^					
^					
^	供应商法人代表或授权人：　　　年　月　日　公章：			
以下内容由公司填写				
审核(采购实施主体主办人)	□合格　□不合格 签名： 日期：		批准(采购实施主体部门负责人)	意见： 签名： 日期：

附表4 供应商考察记录

供应商考察记录			
分供商名称			
项目名称			
采购内容			
考察日期			
参加考察人员			
考察内容:			
记录人:			
考察结果确认	合约采购中心/专业分公司:		项目经理部:

附表5 招标文件审批会签单

招标文件审批会签单				
招标文件名称				
招标文件编号		拟定标底		(填写大概标底范围)
主办单位		主办人		
附件	□无；□有，名称：			
	审核单位	修改意见	审核人签名	日期
审核会签		□无；□有，详见文件标注　□有，详见附页说明		
		□无；□有，详见文件标注　□有，详见附页说明		
		□无；□有，详见文件标注　□有，详见附页说明		
		□无；□有，详见文件标注　□有，详见附页说明		
		□无；□有，详见文件标注　□有，详见附页说明		
		□无；□有，详见文件标注　□有，详见附页说明		
		□无；□有，详见文件标注　□有，详见附页说明		
文本打印单位				
校对人		校对日期		
决策主体审批意见				
项目经理/日期:		项目主管部门/日期:		企业主管领导/日期:
说明：最终批准人为授权管理规定中的相应人员。当最终批准人为企业项目主管部门领导时，项目经理应先填写审核意见。当最终批准人为企业主管领导时，项目经理、项目主管部门领导应先填写审核意见				

附表6 采购开标记录

采 购 开 标 记 录			
项目名称			
招标内容			
开标时间		开标地点	
主持人		记录人	
开标结果			
序号	供应商名称	投标价格(元)	名次
其他情况说明			
参加人员			
说明:原则上采购实施主体、采购约束主体及采购决策主体相关人员参加			

附表7 投标邀请函

Fax:

收件人(To):		发件人(From):		
公司名称(Co.):		部门(Dept.):		
传真(Fax):		日期(Date):		签发人(Approval):
页数(Pages):		邮箱(E-mail):		
编号(Ref.):		电话(Tel):		

投 标 邀 请 函

尊敬的先生们/女士们:

  关于　　　　　　项目,我司作为总包商进行材料/设备采购询价,现就其中的(材料/设备名称)向贵司发出投标邀请,请贵司按照以下报价要求进行报价,我司将依据最好的价格性能比选择供应商,请贵司给出最具有竞争力的价格。

  (注:邀请函具体内容包括项目概况、报价内容及范围、报价要求、报价时间、提交报价方式、技术规范与要求、合同文本等内容,采购主办人视项目具体情况编制。)

附表8 采购议标记录

采购议标记录			
项目名称			
供应商名称			
议标内容			
议标时间		议标地点	
参加人员	公司：		
	分供商：		
议标结果：			
记录人：			
议标结果确认	公司代表/日期：		供应商代表/日期：
	说明：由总部采购的供应商，"公司代表"处由采购实施主体和项目经理部联签		

附表9 直接采购记录

直接采购记录									
项目名称						申请计划编号			
序号	物资名称	规格型号	单位数量	候选供应商	单价	总价	供应商其他情况（质量、服务、送货等情况）		中标供应商

编制：　　　　　　审核：　　　　　　批准：
日期：　　　　　　日期：　　　　　　日期：

说明：
1. 企业物资主管部门采购时，由项目合约商务经理、物资采购部门经理、成本控制部门经理审核，项目经理批准；
2. 项目采购时，由项目合约商务经理审核，项目经理批准

附表10 采购订单

Fax：			
收件人(To)：		发件人(From)：	
公司名称(Co.)：		部门(Dept.)：	签发人(Approval)：
传真(Fax)：		日期(Date)：	
页数(Pages)：		邮箱(E-mail)：	
编号(Ref.)：		电话(Tel)：	

主题(Re)：采购定单

货物明细

序号	货物名称	规格型号	单位	数量	单价	合计
合计人民币金额：						
合计人民币金额(大写)：						

交货时间、地点：

付款方式：

其他约定事项：

供应商确认：我方同意按上述定单供货。

签章：

日期：

附表 11　物资样本/样品送审表

物资样本/样品送审表			
致		收件人	
自		提交日期	
样本/样品			
实际返回日期		合同要求最迟返回日期	
提交编号		原提交编号	
我们请求贵方对以下事项进行审批			
提交项目描述（名称、规格型号等）			
品牌/产地			
设计要求			
实际送审			
送审品牌生产厂家			
备注			
我方证明以上提交项目已经详细审核，正确无误，与合同一致 送审人职务及签名/日期：			
审批意见			
认可级别	A 提交认可； B1 批注认可(不要求重新提交)； B2 批注认可(要求重新提交)； C 未认可(要求重新提交)。		
批注意见 授权审批人职务及签名/日期：			

附表 12　供应商选择审批表

供应商选择审批表					
项目名称					
分供内容					
价格评价结果		供应商名称	原报价	最终报价	最终报价名次
价格评价结论	根据综合评价结果，推荐_____为当选供应商。 推荐理由：□ 合理最低价 　　　　　□ 其他：				
物资采购实施主体	 签名/日期：				
物资采购约束主体	 签名/日期				
物资采购决策主体	 签名/日期				
说明：如出现非"合理最低价"的情形，需详述原因					

附表13 进场物资验证记录

编号：

项目名称					验证人					
序号	物资名称	规格型号	进货日期	进货量	验证内容					
					外观	包装	合格证	质量证明文件	验证日期	复试报告编号

附表14 供应商年度评价表

供应商年度评价表

供应商名称：		供应物资：	使用项目：
评估项目	评估内容		
	采购主办人评分		使用项目评分
质量稳定性			
供货及时性			
性价比			
财务配合			
售后服务			
评估单位	评估人		评估分数
总分（采购主办人与项目评分各占50%）			
采购主办人对供应商的综合分析：		使用项目对供应商的综合分析：	
公司物资主管部门/专业分公司物资采购部门经理/项目经理批示： □ 能　　　□ 不能 进入本年度合格供应商名单。		签名/日期：	

说明：
1. 每项评估项目满分10分，总分50分，各评估人员按供应商实际情况打分，总分在30分以上的供应商可考虑进入本年度合格供应商名单，不足30分的不能进入合格供应商名单；
2. 评分人员如有其他意见或对所评分数有特殊说明的，请在综合分析一栏中注明

9 分包管理

9.1 一般规定

【条文】

9.1.1 施工企业应建立并实施分包管理制度,明确各管理层次和部门在分包管理活动中的职责和权限,对分包方实施管理。

【条文解读】

分包是现代施工技术和专业化分工的客观结果,分包管理是施工企业现场管理的重要环节。在施工现场管理和操作两层分离的情况下,分包管理已经成为企业项目管理的主要内容。本条款明确了施工企业建立和实施分包管理的基本要求。

施工企业应明确在本企业中存在的分包类别,如:劳务、专业工程承包、设施设备租赁、技术服务等,并根据所确定的分包类别制订相应的管理制度。

施工企业建立并实施分包管理制度是分包管理的基础工作。由于分包方式的特点,合理确定各管理层次在分包管理活动中的职责是现代项目管理的基础工作。

施工企业各管理层次分包管理的职责包括:

1. 企业管理层次

(1)企业主管部门:组织制定企业分包管理制度,审查项目经理部的分包商采购申请计划;组织评价和建立企业合格分包商名单,指导检查项目经理部的分包商选择及其管理工作,组织企业的集中分包选择及其管理工作。

(2)项目经理部:组织对与本项目发生合作关系的分包商的年度评价,组织编制项目分包商需求计划,参与项目策划中的分包选择策划,组织项目经理部在授权范围内的分包商选择工作,组织对进场分包商的验证。

2. 岗位层次

项目经理:批准项目上报的分包商采购申请计划,批准项目分包商选择结果,代表项目签署项目选择的分包商合同。

其他部门和人员在分包管理活动中的职责和权限,应根据工程项目的需要进行确定。

3. 施工企业应要求分包方根据分包工程和合同的要求建立相应的质量责任制度以及适宜的实施途径

本条文是基础性条款，是对分方包实施管理的基本要求。有关施工企业对施工机具和建筑材料、构配件、设备供应方的管理要求参照第 6 章和第 8 章的内容。

【条文】
9.1.2 施工企业应对分包工程承担相关责任。

【条文解读】
分包工程是总包工程的重要组成部分。根据国家有关法律的规定，总分包条件下的分包工程质量由总包方承担相关责任。因此施工企业应分析分包工程的风险，通过科学的分包管理实现工程项目的质量目标。

施工企业必须取得发包方的同意，才能将工程合法分包。
以下情况视为已取得发包方的同意：
1. 已在总承包合同中约定许可分包的。
2. 履行承包合同过程中，发包方认可分包的。
3. 总承包单位在投标文件中声明中标后准备分包，而经合法程序中标的。

本条款明确了施工企业对分包工程承担相关责任的要求。具体包括：
1. 施工企业负责工程项目的管理和协调工作，分包方负责具体的作业活动。
2. 施工企业负责整体工程项目包括分包工程的质量责任，负责赔偿整体工程项目(含分包工程)质量事故造成的损失。
3. 分包方负责分包工程的具体质量责任，并负责赔偿由其质量事故造成的损失。

以上内容应该在分包工程合同中予以明确。

当发生了由于分包方质量事故造成的损失时，施工企业应根据合同和国家有关法律规定：
1. 协助有关部门调查事故责任并负责组织和协调赔偿事宜。
2. 必要时追究有关分包方当事人的法律责任。
3. 必要时追究有关总包方(项目经理部)当事人的法律责任。

本条文是第 3 章和第 4 章的具体体现。本条文提及的法律责任是施工企业必须承担的。

9.2 分包方的选择和分包合同

【条文】

9.2.1 施工企业应按照管理制度中规定的标准和评价办法，根据所需分包内容的要求，经评价依法选择合适的分包方，并保存评价和选择分包方的记录。对分包方的评价内容应包括：

1. 经营许可和资质证明；
2. 专业能力；
3. 人员结构和素质；
4. 机具装备；
5. 技术、质量、安全、施工管理的保证能力；
6. 工程业绩和信誉。

【条文解读】

施工企业评价、选择的分包方的质量水平是决定分包管理效果的重要内容。本条款规定了评价和选择合适的分包方的内容要求，施工企业应结合实际确定评价分包方的具体标准。

施工企业应制定相应对分包方进行评价和选择的方法，包括：分包方信息搜集、招标、组织相关职能部门实施评审，对分包方提供的资料进行评定，对分包方的施工能力进行现场调查等，必要时可对分包方进行质量管理体系审核。

大型施工企业应该根据工程项目的需求评价和选择水平高、业绩好的分包方；中小型施工企业则应结合工程的特点评价和选择适宜、合格的分包方。

1. 施工企业对分包方的评价

对分包方评价的内容应包括：

（1）经营许可和资质证明，包括国家工商管理部门的经营许可和建设主管部门的企业资质核定；

（2）专业能力，包括施工实施、设备租赁和技术服务能力；

（3）人员结构和素质，包括文化程度、技术等级、工作经验等；

（4）机具装备，包括过程能力、数量、技术参数等；

（5）技术、质量、安全、施工管理的保证能力，包括施工管理体系的水平；

（6）工程业绩和信誉，包括施工项目的质量、安全、环保、进度和合同履约情况。

如果评价的证据不充分、不确切，需要现场进行了解时，可对分包方进行质量管理体系审核。

施工企业对分包方评价应形成记录。内容包括：
(1) 经营许可和资质证明文件；
(2) 质量管理体系审核记录；
(3) 评审的会议记录、传阅记录；
(4) 合格分包方名册；
(5) 招标过程的各项记录；
(6) 其他记录。

2. 施工企业对分包方的选择

施工企业对分包方进行选择可采用招标、组织相关职能部门实施评审，对分包方提供的资料进行评定，对分包方的施工能力进行现场调查等方法。

施工企业对于设备租赁和技术服务分包方的选择可重点考察其资质、服务人员的资格、设备完好程度、提供技术资料的承诺等。

(1) 分包方的资格审查

对于拟招标的候选分包方，若已在企业合格分包方名单中，则无须再进行资格审查，即可直接进入投标阶段。

对于未纳入企业合格分包方名单的，则须对其进行资格审查，资格审查合格的方可参加投标。

(2) 分包方考察

根据需要，施工企业可组织对分包方作必要的考察。

1) 采取到分包企业总部、在施工程以及与其合作过的单位进行调查，以了解其施工能力、管理水平、工程业绩、履约能力、信誉、财务资金状况等。

2) 对于企业分包采购管理部门组织的考察，项目经理部应派专人参加，必要时对分包商的技术管理、施工机具设备配置情况等作更进一步的考察。

分包可分为劳务分包和专业工程分包，这两个的选择标准应该有所不同，在评价内容上也应有不同的侧重点。

另外，还有一类特殊的分包(咨询的分包)，如聘请专门的索赔咨询公司进行索赔咨询，聘请专门的技术咨询公司进行 GPS 定位，聘请专门的公司建立施工过程监控系统等，应该增加如何对这些分包方进行控制的要求。

3. 分包采购实施

分包采购是指施工企业按照管理制度中规定的标准和评价办法依法选择合适的分包方。

(1) 分包采购的类型

1) 按采购实施主体的不同可划分为：

① 施工企业总部(或分公司)采购，即项目经理部上级管理层的分包方管理部门组织采购；

② 项目经理部采购；
③ 发包人采购，即业主选择并与分包方签订合同，交予施工企业统一协调管理。
2) 按采购方法的不同可以划分为：
① 招标采购：施工企业以招标文件的方式，约请采购策划名单中的多家分包方投标，经过评标，选择最佳分包方。对于工程大或分包工程金额较大的，宜采用招标采购方式确定分包方。
② 邀标采购：施工企业以招标的方式邀请特定的分包方投标。对于工程量较小、承包额较低的以及不宜招标的，可采用邀标采购方式确定分包方。
③ 独家议标采购：主要适用于发包人直接指定分包方。在特殊情况下若市场上仅有一家或直接确定一家有利于项目管理目标实现，可采用独家议标的方式确定分包方。

（2）分包采购过程

在施工的不同阶段，施工企业应针对所需要的分包方，采用适宜的方式实施分包采购过程。具体方法是：

1) 招标采购及邀标采购

分包方采购实施主体组织编制招标文件。招标文件中应明确：分包工程范围；工期要求；技术要求；质量要求及工程创优要求；人员要求；机具设备要求；环保及职业健康安全管理要求。

施工企业组织对投标分包方的技术标进行评价。评价的内容包括：施工组织设计，技术方案，进度计划等。

施工企业组织对投标分包方的商务标进行评价。商务标的评价内容主要是价格，原则应是合理最低价中标，即分包商的价格不偏离成本价格的最低价。

施工企业根据招标的评价原则确定中选分包方。如果各投标分包方的最终报价均大幅度偏离标底，或招标过程中发生明显不利于定标的异常情况，分包采购经办人应该向采购决策人报告，以决定招标是否有效或是否重新招标。

2) 独家议标采购

独家议标采购主要适用于业主直接指定分包方。

发包人指定分包方有两种情况：第一种是分包工程范围不在项目经理部的承包范围，分包方是发包人选择的，但发包人有书面文件规定由项目经理部与分包方签署合同或签署三方合同，并纳入项目经理部的管理范围；第二种是分包内容在项目经理部的承包范围，但发包人有文件指定了唯一的分包方。

对于第一种情况，项目经理部可组织直接签订合同。

对于第二种情况，项目经理部在向施工企业提交分包采购申请计划时，同时提交有关业主指定分包商的文件。

对于第二种情况的分包方采购仍然需履行招标采购形式所规定的程序。

对于非发包人指定的分包方，在特殊情况下宜采用独家议标方式时，仍需履行招标采购形式所规定的程序，由施工企业授权人批准。

（3）分包采购计划

分包采购计划内容包括：分包方采购申请计划和分包方采购计划中的相关信息。

1）分包方采购申请计划

项目分包方的采购内容和范围应在合同中规定。

分包方根据施工需要及进度安排编制项目分包方采购申请计划。当项目分包方采购系由项目的上一级组织统一采购时，项目须将经项目经理批准后的分包方采购申请计划上报施工企业。

分包方采购申请计划需明确：分包方类别（如降水、土方、基础、主体、装修、机电等），暂估造价，合同形式，对分包方的资质要求，付款方式，特殊要求（如：分包方注册地址的要求、对分包方负责采购物资的要求、对分包方考察的要求等）。

项目经理部可推荐候选分包方，但须在分包方采购申请计划中列明分包方的名称、联络方式等信息。

2）分包方采购计划的审核及实施

施工企业负责组织分包采购的相关人员审核项目经理部提出的分包方采购申请计划，确定候选分包方名单。施工企业的主办部门，根据候选分包方的评审结果提出确定分包方的建议并实施。

分包方采购计划主要包括：采购实施部门，采购方式，合同形式，候选分包方，分包方报价原则，采购工作的起止时间。

（4）采购结果

施工企业在完成上述程序后，经主管领导批准，供应方选择结果得到确认。

本条文是10.4和10.5的具体实施性条款。

【条文】

9.2.2 施工企业应按照总包合同的约定，依法订立分包合同。

【条文解读】

在选择确定分包方后，施工企业要按照总包合同的约定，依法订立分包合同。分包合同包括专业分包合同、土建分包合同、劳务分包合同等。

1. 分包合同依据分包工程的难易、大小可简可繁。对某一项小的单项分包工程，可能只有简单的几项内容，但对于大的分包工程项目，分包合同应内容详尽，权利、义务明确。具体的订立分包合同的方法有：根据分包合同条件草拟工程分包合同，与分包进行合同谈判，使用工程分包合同标准文本等。

2. 施工企业与分包方订立分包合同时，应以工程总承包合同为基础。
分包合同应：
(1) 符合法律法规的规定；
(2) 符合建设工程总承包合同或专业施工合同的规定；
(3) 明确施工或服务范围、双方的权利和义务，质量职责和违约责任；
(4) 明确分包工程或服务的工艺标准和质量标准；
(5) 明确对分包方的施工或服务方案、过程、程序和设备的签认、审批要求；
(6) 明确分包方从业人员的资格能力要求。

3. 分包的标准合同和非标准合同。
分包的合同形式主要是标准合同，但在特殊情况下可以订立非标准合同。
(1) 标准合同的内容
1) 合同格式；
2) 合同形式；
3) 支付方式；
4) 保函；
5) 保险；
6) 材料供应和检测；
7) 工程范围和时间；
8) 临时工程和设施的使用；
9) 施工现场、通道或变道的使用；
10) 工程变更；
11) 保留金和维修期限；
12) 税务；
13) 总包商接管权利的行使；
14) 争议的解决；
(2) 非标准合同(特殊情况下)的内容
与分包方订立的非标准文本合同至少应包括：
所协议分包的内容、时间、质量、安全、文明施工等要求、结算方式与付款办法、交工后必须提供的服务、违约处理意见等。非标准合同的内容必须符合国家的合同管理要求。

4. 分包合同的执行
分包合同一旦签订，双方应认真执行。施工企业对分包方履约情况的评价，可在分包施工和服务活动过程中或结束后进行，按照管理要求由项目经理部或相关部门实施。
本条文是10.4、10.5的具体实施条款。有关分包方在施工过程的质量管理内容执行第 10 章的相关内容。

施工企业按照总包合同的约定，依法订立分包合同，不仅是法律法规的要求，更重要的是企业实施施工质量管理的过程需要。如果没有符合法律法规的合同保证，就会导致工程施工过程的控制、检验、沟通、协调、索赔和责任追究等没有规定的管理准则，施工企业的现场质量管理也就失去了风险预防的基础。

案例 9-1

某施工企业分包合同管理程序

Ⅰ. 案例背景

某施工企业最近承接了很多项目，在项目的执行过程出现了质量下滑的趋势，经调查，该企业发现质量下滑的主要原因是分包单位的工程质量存在着很多问题。因此，该企业重新分析了分包管理程序，发现的问题如下：

（1）分包的选择过于随意，并且没有一个统一的标准；

（2）各项目的项目经理部在选择分包的过程中并没有通知企业的相关管理部门；

（3）对于分包合同的订立、执行等没有规范化的管理制度；

（4）企业的各部门对分包管理的职责不清，管理混乱。

因此，该企业认为必须尽快采取措施，加强对分包的管理，提高分包工程的质量。

Ⅱ. 案例分析及解决方案

经研究，该企业认为必须制定规范化的分包合同管理程序，以加强对分包的管理工作。其目的是规范分包管理行为，加强分包管理工作，明确分包管理职责，理清分包管理程序。具体如下：

××企业分包合同管理程序

1 主体内容

施工项目的单位工程、单项工程、分部分项工程、专业工程的分包合同管理程序。

2 适用范围

2.1 单位工程、单项工程、分部分项工程、专业工程的劳务分包管理。

2.2 单位工程、单项工程、分部分项工程、专业工程的扩大劳务分包管理。

2.3 单位工程、单项工程、分部分项工程、专业工程的包工包料分包管理。

3 基本原则

3.1 凡参与我公司工程分包的分承包方，必须是具有独立承担民事责任能力的法人或经法人授权的委托人，分包与其资质相符的工程；必须经我公司按合格分承包方选择程序进行考察评定，在公司注册备案。

3.2 推荐分承包方的工作由公司合约部和劳务公司负责，公司应建立不同专业、不同层次的分承包方档案，保证及时提供合格的分承包方。对项目经理部自行推荐的分承包方，应事先报公司对其资质进行审核。

4 准备阶段

4.1 工程中标后由公司市场部及时书面通知相关部门。

4.2 工程中标后原则上都需通过工程分包招标来确定分承包方。

4.3 工程中标后根据工程中标及工程合同条件再正式进行工程分包招标，并可扩大分包招标范围。通常情况下3万m^2以下工程选择2～3家分承包方，3万m^2以上工程选择3～4家分承包方，原则上优先选择参与过分包询价工作的分承包方。

4.4 由公司合约部确定工程最终的分包方式，确定参与分包招标的分承包方。

4.5 公司合约部负责编制工程分包标底并组织公司分包管理小组开启分包标书，分析分承包方报价，进行分包议标，确定标价低、工期短、信誉高的分承包方。

5 合同签订过程管理

5.1 草拟工程分包合同：对实行分包招标的工程，当分承包方选定后，由公司合约部组织项目商务部依据已确定的分包方式、分包价、分包合同条件、分包价计取原则、工程分包合同标准文本草拟工程分包合同。

5.2 与分包的合同谈判，由公司总经理授权主管合约的副总经理或由项目经理主持，由公司合约部组织，公司有关部门和项目经理部参与。

5.3 工程分包合同应在施工前签订。

5.4 工程分包合同标准文本由公司合约部制定，签订分包合同除特殊情况，必须使用标准文本。

5.5 对已开工的分包工程，在未签订分包合同前必须先签订分包协议书，以避免分承包方进场施工时因没有分包合同而发生纠纷。

5.6 签订的分包合同应按公司合同管理的要求进行统一编码，项目商务人员做好合同谈判记录，应认真填写《工程分包合同评定表》。

5.7 工程分包合同一律由项目经理签字，加盖公司合同专用章。

5.8 未设有合同管理员的单位，其工作由本单位商务部负责。

5.9 工程分包合同谈判与签订的权限规定均以公司总经理签发的书面授权委托书为准。授权人在总经理授权范围内组织的分包合同谈判必须根据公司有关选择分承包方原则、分包方式确定原则、总包方与分承包方费用划分原则进行，并应严格在总经理的授权范围组织谈判和签订分包合同，不得越权。

5.10 工程分包合同进行公司内部评审会签，参加评定者为项目经理和公司相关部门经理及主管领导。

5.11 分包合同一式四份：正本两份，合同双方各执一份，我方正本由公司合约部存档备案；副本两份，分承包方、项目经理部各一份。

6 分包合同履约过程管理

6.1 工程分包合同经双方签字盖章生效后，由项目经理部代表公司实施履约，公司总部对项目进行监控和服务。

6.2 主要部门职责

6.2.1 项目经理部

(1) 项目经理：参与工程分包合同签约前的谈判及签约后的全面履约管理；组织经理部全面履行分包合同，依据分包合同进行分包管理；负责对参与项目施工的分承包方进行考核评定并上报公司。

(2) 商务经理：全面领导项目商务工作，组织项目内部合同评审，组织合同交底。

(3) 现场经理：加强对分承包方合同履约的管理，防止分承包方反索赔，负责审查分包合同外的费用。

(4) 工程技术部：对分承包方实行技术管理负责制，根据分包合同约定的工期、质量、技术要求编制工程总进度计划、施工组织设计、进行施工图纸与技术交底，审核分承包方的施工方案与施工组织设计，正确处理专业公函、索赔、技术变更；监督、检查、督促、控制分承包方的施工技术方案与施工组织设计的实施情况。

(5) 商务部（包括财务）：负责分包合同交底，填写分包合同交底书；负责分包中期结算、签证、索赔、竣工决算；对各部门每月报送的为分承包方代支代付的生产资源进行计价汇总（无价格标准的可暂估价），按分包合同约定支付分承包方预付款、工程款、结算款；处理专业公函、合同变更、索赔，严格控制零星计时用工费用开支。

(6) 物资部：监督、检查、督促分承包方物资基础管理工作；保证分包合同约定由我方供应的材料设备的供应计划，确保供应质量，做好验收签认手续；对劳务分包工程做好分承包方的限额领料工作；做好分包合同约定由我方承担费用的料具在现场的管理工作，对我方为分承包方代支代付的料具按时建账核算，规范调拨手续，材料调拨单应注明工程名称、材料名称、材料的规格品种、数量、单价，需有分承包方负责人签认；对分包的分供方进行评定，对实行大包的分承包方进行物耗总量控制；工程竣工或分部分项完工，应及时做好我方投入料具、物品回收工作。

(7) 行政部：对分承包方的后勤管理，执行过程中应根据分包合同约定明确其费用划分原则和计费标准。

(8) 质量、安全等部门：监督、检查、督促分承包方做好相应专业的现场管理工作；掌握分包合同内容，明确专业料具、器材投入费用的来源及往来手续，建立台账记录；处理各种违约责任，做好奖惩记录，有关费用资料按月送交项目商务部。

(9) 责任工程师：负责监督、检查、督促分承包方的施工组织与施工生产实施情况；掌握分包合同内容，对分包合同中约定由我方承担费用的项目严格按照施工组织设计投入量控制分承包方使用；对分承包方施工的工程质量、工期、安全生产及合同外用工提出具体评定意见，为分包结算提供可靠数据资料；协调分承包方与施工现场其他分承包方之间的交叉配合工作，避免因我方管理不善导致分承包方反索赔。

(10) 公司合约部：负责组织项目经理部办理工程洽商、索赔、签证、竣工结算；配合公司资金部收取工程备料款、进度款、结算款；负责分包合同签约管理、分包合同履约过程管理；负责审核工程分包进度款、结算款，对分包工程进行总量控制；负责分包合同文件的归档管理。

(11) 公司物资公司：定期向项目经理部提供分承包方领用材料拨料单或耗料凭证，按项目统计当月供料依据并建立供料台账，提供给项目商务部作为核算分承包方月度工程款结算的依据；对分包合同中约定由我方供应的材料设备，进行预算总量控制；对劳务分包工程，应组织指导、检查，协助项目经理部做好分包限额领料的管理工作。

(12) 公司财务部：熟悉掌握总分包合同，依据分包合同进行履约过程系统的控制管理；依据公司合约部核定的项目预算制造成本对各分包合同进行总量控制；按分包合同约定进行分包结算，建立分包结算台账。

(13) 劳务公司：负责提供合格的分承包方，对已选用的分承包方进行跟踪考核，确保分包队伍素质；负责施工过程中出现的分包纠纷与仲裁，对所提供的分承包方资质的合法性及履约能力负责。

7 分包方的质量控制和管理

分包方的质量管理应考虑公司质量计划和施工组织设计的要求。重要工程的分包方还必须按照公司编制的质量计划和施工组织设计的要求策划自己的施工方案，并上报项目技术负责人批准。

项目控制点由项目负责人确认。相关的控制点必须覆盖公司规定的控制要求。分包方的技术交底应该得到项目管理人员的认可。

项目管理人员应及时检查分包方的质量管理活动。重点包括质量控制点、关键过程、特殊过程和相关的其他重要过程。

如果发现分包方的质量问题，项目部的责任人员应分析原因，采取纠正和预防措施。并按照合同规定实施对分包方的质量处罚。

8 分包工程款支付管理

8.1 严格按照分包合同约定，进行分包工程款支付和结算。

8.2 按分承包方实际完成量进行结算，并控制在业主结算量以内。

8.3 分承包方的签证索赔等分包合同外的费用控制在工程业主签认的标准以内，并原则上于合同竣工结算且工程资金到位时予以结算。

8.4 按照工程分包合同具体条款约定的时间进行分承包方进度款结算。按月结算者，分承包方于每月25日报送当月已完工程量；按部位结算者，分承包方按已完部位报工程量。现场经理、商务经理对分包所报的工程量进行签认，项目商务部依据分包合同约定，对分承包方报送的结算书于当月30日前审定。

8.5 分包结算单连同分包进度款结算书，经项目经理部审定后，送交公司合约部审签，公司合约部审签后统一转至财务部，此项工作应于次月12日前完成。

8.6 由公司财务部转至项目成本员，项目成本员根据公司合约部审签的分包结算单和资金部月度平衡计划，填"工程分包合同预(决)算单"，同时开具支付分包的委付单，转公司资金部。此项工作应于次月15日前完成。项目成本员同时通知分承包方开具正式结算发票。

8.7 公司资金部主管人员按资金计划审核委付单无误后，在规定结算日期内交至出纳人员开具支票，此项工作于次月20前完成。

8.8 分承包方在规定结算日期到公司资金部凭据正式发票，领取支票，公司资金部将委付签回单和发票转至公司财务部。

9 分承包方竣工结算

9.1 分承包方完成合同承包范围内的全部内容，依据分包合同约定期限报送工程分包结算书，进行分包工程竣工结算。

9.2 项目商务部负责分承包方的竣工结算，对分承包方在施工中发生的设计变更、工程洽商、工程签证等调整费用的结算必须依据分承包方结算的控制原则及工程分包合同修订原则进行，对业主不予确认或口头确认的项目费用一律不得给予分承包方结算。项目同工程业主未办理完工程决算前，不应向分承包方办理最后分包工程结算款。

9.3 项目商务部依据审定的分包竣工决算及项目内部会签单填写分包决算单，按分包结算程序办理分包决算。

9.4 分包工程竣工保修期结束后，分包保修金的结算应扣除公司用户服务部提供的分包保修期发生的保修费用。

9.5 工程分包合同履约完毕后由项目部对分承包方进行综合评定，填写《分承包方评定表》报公司合约部、劳务公司。并将全部合约文书及有关资料移交公司合约部，公司合约部按单位工程存档备案。

附图：自有分包商管理流程。

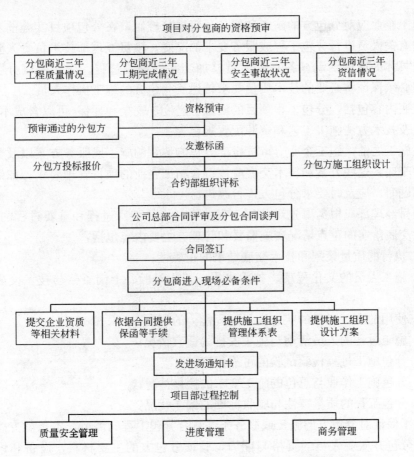

9.3 分包项目实施过程的控制

【条文】

9.3.1 施工企业应在分包项目实施前对从事分包的有关人员进行分包工程施工或服务要求的交底，审核批准分包方编制的施工或服务方案，并据此对分包方的施工或服务条件进行确认和验证，包括：

1. 确认分包方从业人员的资格与能力；
2. 验证分包方的主要材料、设备和设施。

【条文解读】

本条款要求从交底、确认和验证三个方面对分包方的施工或服务质量进行控制。其中对分包方的验证应在施工或服务开始前进行，必要时应在实施过程中进行验证。

施工企业应对分包方的施工和服务过程进行控制，在分包项目实施前对从事分包的有关人员进行分包工程或服务要求的交底。项目经理部技术负责人要策划和实施具体的交底活动。各有关人员参加交底的相关过程。交底可以分层次进行，但必须保证将必要的技术质量要求传达到分包方的施工操作人员。

交底内容包括：分包工程项目的质量、进度、安全和环保（可以含成本）等要求，以及技术方法施工工艺和资源配置规定等。

在施工之前，施工企业应审核批准分包方编制的施工或服务方案以及分包方的技术交底，这些方案和技术交底应该符合施工企业的项目管理要求。如果发现存在问题时，应及时要求分包方进行改进。

项目经理部应根据事先对分包工程关键过程、特殊过程和重要过程的识别，对技术交底落实的重点情况实施监督和管理。主要内容包括：

1. 执行的质量策划和技术交底结果的正确性；
2. 施工人员的文化程度、技术水平、工作经验、上岗资格与技术交底的符合性；
3. 使用的施工机具的状态满足过程能力的程度；
4. 施工过程的人员活动与施工安排的适宜情况；
5. 分包施工过程检验试验的可靠程度；
6. 分包施工作业与总包的施工要求的接口情况；
7. 分包工程的质量特性与验收标准的偏差状况。

为了保证对分包方的施工或服务条件符合分包工程的需要，本条款专门提出了确认分包方从业人员的资格与能力，验证分包方的主要材料、设备和设施的要求。

项目经理部作为责任主体，应负责分包方进场的人员确认和主要材料、设备和设施的验证工作，以确保进场的分包方以及主要材料、设备和设施符合施工策划和合同中规定的要求。需要时项目经理部可以根据施工策划的要求到分包方在其他场所的加工现场进行验证和确认。

1. 分包方从业人员的资格与能力的确认

（1）管理人员的资格，包括质量检查员、技术负责人、施工管理员等的上岗证或培训经历；

（2）管理人员的能力，包括技术水平、工作经验、上岗资格和策划能力等；

（3）操作人员的资格，包括培训经历、特殊工种上岗证和人员年龄等；

（4）操作人员的能力，包括操作技巧、施工经验和技术等级等。

2. 分包方的主要材料、设备和设施的验证

（1）主要材料的验证，包括水泥、钢材和混凝土等；

（2）主要设备的验证，包括起重、混凝土泵送、混凝土搅拌、混凝土浇筑、机械加工设备等；

（3）主要设施的验证，包括脚手架、模板、吊篮和其他重要的临时设施等。

项目经理部对分包方施工或服务条件的验证和确认应在施工或服务开始前进行。

（1）确认的方法包括审核、认定等；确认的依据包括人员资格要求和能力标准等。

（2）验证的方法包括审核、观察、目测、检验等；验证的依据包括质量和安全标准等。

当发现问题时，施工企业应及时采取适宜的措施督促分包方进行改进。

本条文是8.3、8.4和10.4、10.5的关联条款，具体的实施内容应执行8.3、8.4和10.4、10.5的要求。

施工企业在分包项目实施前对从事分包的有关人员进行分包工程施工或服务要求的交底，审核批准分包方编制的施工或服务方案，是施工准备的关键内容。如果没有把握好这个环节，将可能造成施工企业所有质量策划的内容不能真正到位，甚至成为质量事故的源头。同时对分包方的施工或服务条件进行确认和验证，也是施工企业对分包方实施管理的关键过程。确认分包方从业人员的资格与能力，验证分包方的主要材料、设备和设施都是施工企业应该切实落实的工作。否则分包方的质量管理可能处于失控的状态。

【条文】

9.3.2 施工企业对项目分包管理活动的监督和指导应符合分包管理制度的规定和分包合同的约定。施工企业应对分包方的施工和服务过程进行控制，包括：

1 对分包方的施工和服务活动进行监督检查，发现问题及时提出整改要求并跟踪复查；

2 依据规定的步骤和标准对分包项目进行验收。

【条文解读】

本条款规定了施工企业项目分包管理活动的监督和指导的要求。

1. 施工企业对分包方的控制要求是项目管理策划的重要内容。包括：

(1) 项目信息沟通；
(2) 工程计划实施；
(3) 材料报告验收；
(4) 工程进度执行；
(5) 安全生产风险；
(6) 人员进场情况；
(7) 工程质量水平；
(8) 施工环保效果；
(9) 不合格的处置；
(10) 其他（如成本控制）。

施工企业要围绕以上环节策划对分包方控制的重点，包括：分包项目的关键过程、特殊过程和重要过程的控制细节，规定对分包管理的检查方式、内容、频次，要求分包方应向总包方提供施工过程的各种信息和证据的程序和时间，并及时传递。

项目经理部负责根据策划的要求实施对分包方的日常管理活动。

施工企业应按照策划的要求，对项目分包管理活动进行监督和指导，发现问题及时提出整改要求并跟踪复查。

2. 施工企业对分包方的控制是履行总包责任、确保工程质量的重要环节。包括：

(1) 名册管理。在施工过程中采用动态的方式对分包方进行管理，公开标准，公开招标，处理透明。

(2) 程序管理。根据分包方的特点，确定施工过程的管理重点和难点，对分包方的组织机构和运行程序做出规定，并及时与分包方进行沟通。

(3) 施工监管评价。通过专门人员，根据各种技术规则对分包方的施工表现进行活动和记录的评价，分析施工过程的变化趋势，评估施工监管的成效。

3. 施工企业应按照规定的质量标准和步骤对分包项目进行验收。

(1) 规定的质量标准是指工程项目合同所确定的技术规范和验收标准。国家和地方的质量标准的评价原则是完全一样的，但是内容上地方的质量标准一般要严于国家标准。

(2) 规定的步骤是指合同或法律法规所明确的分包项目验收程序。国家和地方规定的验收步骤在基础上是相同的，但在个别细节方面存在一定的区别。

施工企业应注意区别上述这些特定的含义不同的地方。

分包项目结束时，施工企业应按照规定的质量标准和步骤进行验收，包括产品的合格情况和分包方的服务质量。在验收合格前，施工企业不得接收分包项目。

本条文是10.5、11.3条款在分包方管理的具体应用,与9.2.2是关联条款。本条文规定的施工企业项目分包管理活动的监督和指导要求是实施施工质量管理的重要工作,质量水平和安全控制是特别应该重点管理的内容。如果没有对分包方的施工和服务活动进行监督检查,并发现问题及时提出整改要求并跟踪复查;依据规定的步骤和标准对分包项目进行验收,施工企业工程质量的水平将会无法得到保证。

【条文】
9.3.3 施工企业应对分包方的履约情况进行评价并保存记录,作为重新评价、选择分包方和改进分包管理工作的依据。

【条文解读】
本条款明确了施工企业对分包方履约情况进行管理的要求。

施工企业应对分包方履约情况进行评价并保存记录。

分包合同履约完毕或分包施工和服务活动过程中,施工企业负责分包方管理的部门可以会同项目经理部,对分包方进行履约情况评价,内容包括:

1. 分包项目的质量水平;
2. 施工进度;
3. 质量过程控制能力;
4. 质量成本;
5. 合同履行情况等。

其中评价质量成本的目的在于衡量分包方持续和稳定的质量管理能力。

施工企业对分包方的履约情况进行评价的方式主要包括:

1. 项目经理部按要求对项目使用的分包方进行评价,作为分包合同结算的依据之一;
2. 企业主管分包方的部门根据分包方的表现,对分包方进行分级,并反映在企业的合格分包方名单中;
3. 已评价为不合格的分包方,在企业的合格分包方名单中予以删除;
4. 根据工程施工的需要对曾经使用但已被删除或长期没有使用的合格分包方在使用前进行重新评价。

以上评价的记录应该予以保留,以便施工企业对分包的长期评价和使用管理。

施工企业要根据评价的结果及时淘汰不合格的分包方,以确保分包工程的质量水平。

在实施上述活动工程中应该持续进行分包管理工作的改进，包括：发现并处理分包管理中的问题；重新确定、批准合格分包方；修订分包管理制度等。

本条文是第12章和第13章的具体应用。对分包方的履约情况进行评价，作为重新评价和选择分包方和改进分包管理工作的依据，是实施质量改进的基础工作，也是提高工程质量的重要环节。

10 工程项目施工质量管理

10.1 一般规定

【条文】

10.1.1 施工企业应建立并实施工程项目施工质量管理制度,对工程项目施工质量管理策划、施工设计、施工准备、施工质量和服务予以控制。

【条文解读】

工程项目质量管理是施工企业质量管理的核心组成部分。本条款明确了对工程项目施工质量管理策划、施工设计、施工准备、施工质量和服务予以控制的要求,是本规范的重要条款。

本规范针对施工企业提出了系统的项目质量管理要求,既适用于大型施工企业和大型工程项目,也适用于中小型施工企业以及中小工程项目。

工程项目质量管理是一项系统而复杂的施工现场活动,具有高风险和高难度的管理特征。施工企业应根据工程项目的特点制定质量管理制度,落实各层次的管理职责。要建立并实施从工程项目管理策划至保修过程的质量管理制度,开拓创新,持续改进,有序规范地实施项目质量管理。

本条文是工程项目质量管理的基础要求。是本规范第3章、第4章和第5章的具体实施。工程项目施工和服务质量管理中的施工机具管理、建筑材料、构配件和设备管理以及分包管理活动应同时符合第6、8、9章中的相关规定。

【条文】

10.1.2 施工企业应对项目经理部的施工质量管理进行监督、指导、检查和考核。

【条文解读】

项目经理部的职责是实施项目施工管理。施工企业其他各管理层次应对项目经理部的工作进行指导、监督,确保项目施工和服务质量满足要求。

施工企业应在相关制度中明确各管理层次在项目质量管理方面的职责和权

限。施工企业对项目经理部质量管理的监督、检查和考核活动应符合本规范第12章的要求。

施工企业对项目经理部的施工质量管理的对象是过程。与施工有关的过程成千上万，但起决定作用的是关键过程、特殊过程和其他重要过程。其中：

关键过程——是指对工程质量、安全、使用功能有重要影响的施工过程。如：钢结构制作安装、结构混凝土施工等。

特殊过程——是指过程的结果是否合格，不易或不能经济地通过后续的监视或测量加以验证的施工过程。如：混凝土浇筑施工、钢结构焊接、防水施工等。

其他重要过程——是指对施工过程和工程质量有直接影响的采购和检验试验等过程。

施工企业应主要针对上述过程实施监督、指导、检查和考核。围绕关键的少数过程，提供必要的各种资源，保证施工过程的质量要求，实现工程项目的质量目标。监督、指导、检查和考核的方式可以是集中实施、分层实施和专项实施，频次可以是定期、不定期、临时性和阶段性实施，方法可以是采用定量、定性手段或两者的结合。

施工企业对项目经理部的施工质量管理进行监督、指导、检查和考核，可考虑从企业部门层次、岗位层次和分包方层次具体实施。

1. 企业部门层次

（1）企业质量主管部门：负责建立和维护企业的质量管理体系，负责审批重点项目编制的《质量计划》，监督项目质量管理体系的正常运行与质量责任制的落实；定期对项目质量管理工作进行考评，提出持续改进要求。

（2）项目经理部：负责在企业质量管理体系下建立、实施和持续改进项目质量管理体系，满足建筑工程技术质量标准和相关方的要求，监督分包、供货方的质量管理工作，实施项目管理人员及相关方的培训、教育工作；负责工序检查验收、阶段验收以及项目评优工作；重点监控施工的关键过程、特殊过程和重要过程，确保过程验收一次合格；定期进行项目质量管理体系评价，对施工中存在的问题分析原因并制定改进措施。

2. 岗位层次

项目经理：工程项目质量的第一责任人，负责项目质量管理体系的建立与运行，确定和考核质量管理人员的管理职责、权限和工作绩效；在施工过程中正确处理工程质量与职业健康安全、进度、成本、环境保护之间的相互关系，确保工程的使用功能和质量目标的实现。

项目经理部其他人员的职责：根据项目要求设立并确定其质量职责和权限。

3. 分包方层次

根据分包合同的要求实现所有施工企业规定的质量目标。

本条款是第9、11和12章的具体实施要求。质量管理的关键环节之一是检查和监督。施工企业应通过对项目经理部的施工质量管理进行监督、指导、检查和考核，为项目工地营造规范的质量控制机制，以便保证工程质量管理的有效实施。

10.2 策　　划

【条文】
10.2.1 施工企业项目经理部应负责工程项目施工质量管理。项目经理部的机构设置和人员配备应满足质量管理的需要。

【条文解读】
项目经理部是实施工程项目施工质量管理的主体。项目经理部的机构设置应与工程项目的规模、施工复杂程度、专业特点、人员素质相适应，本条款规定了项目经理部实施质量管理的机构设置和人员配备要求。

项目经理部应围绕施工企业质量管理的目标要求，结合工程项目的规模、施工复杂程度、技术专业特点、人员素质等情况，适宜地考虑项目组织和管理机构的设置方式，包括项目式、矩阵式和职能式等。项目经理部内部的责任、权利和岗位之间的相互关系应基于有效、高效和简单的原则进行确定。并根据项目管理需要设立质量管理部门或岗位。有条件的施工企业可以参照卓越绩效模式进行项目组织和管理机构的策划。

项目经理部的人员配备应满足相应质量管理的需求。一般包括：
1. 企业技术负责人、质量负责人；
2. 关键岗位：特殊工种、监督人员等；
3. 重要岗位：项目经理、技术负责人、工长和质量检查人员等。

项目经理部各类人员专业和数量的配备均要与岗位职责和工作内容相匹配；关键岗位、特殊工种和重要岗位人员都应经过专门培训，并根据规定持证上岗，配备数量不得低于有关法律法规的要求。

本条文是第4、5章的应用条款。人是最重要的质量管理因素和资源。施工企业项目经理部负责工程项目施工质量管理。因此项目经理部的机构设置和人员配备应满足项目质量管理的需要，这是决定工程质量水平的重要基础条件。

【条文】
10.2.2 项目经理部应按规定接收设计文件，参加图纸会审和设计交底并对结果进行确认。

【条文解读】

图纸会审和设计交底是为了解决工程项目施工中可能出现的设计和图纸问题，明确有关施工的基本风险和管理要求，在施工前由发包人、设计、施工单位和监理等相关方参加的专门沟通协调会议（或其他方式）上进行。这种沟通会议以及会议前的准备和协调过程，对施工质量的影响是十分重要的。因此施工企业应对设计文件的接受、审核和设计交底、图纸会审等活动进行程序性规定。项目经理部应按规定接收设计文件、参与图纸会审、参加设计交底并对结果进行确认。

施工企业应对设计文件的接收、审核及图纸会审、设计交底的程序、方法加以规定。有关人员应掌握工程特点、设计意图、相关的工程技术和质量要求，并可提出设计修改和优化意见。施工图纸等设计文件的接收、审核结果均应形成记录。设计交底、图纸会审纪要应经参加各方共同签认。

重大工程项目设计文件的接收、审核和设计交底、图纸会审等活动应由施工企业负责组织实施，以保证项目内外的工作协调和资源提供。一般工程项目的相关活动由施工企业授权项目经理部实施。

项目经理部应及时通过正常渠道获得相关的设计文件，并全面了解图纸的要求和问题，结合施工现场特点分析有关风险。要准时参加图纸会审和设计交底，提出图纸自审中发现的问题，并确认：

1. 图纸的可施工性；
2. 图纸之间的协调性；
3. 图纸内容的正确性。

其中可施工性是指将施工知识和经验最佳地应用到项目的策划、设计、采购和现场操作中，以实现项目的总体目标。可施工性内容包括：可实现性、施工难度、施工的风险（含安全）、施工操作的需求等。必要时，可以采用计算机模拟的方式对图纸中可能影响施工的风险实施评估。

项目经理部在与设计等方面沟通后确定解决的方法，并对结果进行确认。

在一般情况下，施工企业应安排有能力的技术管理人员（包括相关专业人员）对设计方提供的图纸进行全面评价和审核，找出图纸中的问题或风险，为制定纠正措施提供依据。

本条文是 10.2 条款的基础，也是实施 10.3、10.4 和 10.5 的基本条件。

项目经理部如果不按规定接收设计文件、参与图纸会审、参加设计交底并对结果进行确认，将无法实施有效的项目质量管理策划，更不能有效地推进工程质量管理工作。

【条文】

10.2.3 施工企业应按照规定的职责实施工程项目质量管理策划,包括:
1 质量目标和要求;
2 质量管理组织和职责;
3 施工管理依据的文件;
4 人员、技术、施工机具等资源的需求和配置;
5 场地、道路、水电、消防、临时设施规划;
6 影响施工质量的因素分析及其控制措施;
7 进度控制措施;
8 施工质量检查、验收及其相关标准;
9 突发事件的应急措施;
10 对违规事件的报告和处理;
11 应收集的信息及其传递要求;
12 与工程建设有关方的沟通方式;
13 施工管理应形成的记录;
14 质量管理和技术措施;
15 施工企业质量管理的其他要求。

【条文解读】

质量管理策划是为了实现工程项目的质量目标,针对相关项目特点所规定的系统的管理途径,包括所有施工活动的质量管理策划:质量目标、施工组织设计、质量计划、施工方案、技术交底、工序要求等。本条款按照施工的重点环节提出了项目质量管理策划的15项基本要求,是项目质量管理策划的实施指南。其中"施工企业质量管理的其他要求"是指:施工企业自身提出的顾客要求以外的质量管理要求,比如创优要求。

质量管理策划的要求与传统的施工组织设计和施工方案的策划内容是有一定区别的,要注意把握好它们的不同,提高企业质量管理的策划水平。

质量管理策划的职责是根据不同的项目需要和施工企业的授权实施运作的过程,包括企业实施和项目实施等不同的层次运作,重要的是保证不同层次的相关质量管理策划的适宜性和有效性。

质量管理策划工作应结合本工程所在地自然环境条件、地理施工条件、工程特点难点、工艺特点、材料及设备选型来进行。

1. 项目质量管理策划的依据
(1) 工程项目的情况与特点;
(2) 合同及业主要求;

(3) 项目设计文件；
(4) 项目管理范围；
(5) 与质量有关的标准和技术规范；
(6) 国家及行业的法律法规及标准规范；
(7) 企业的质量方针与质量目标。

2. 项目质量管理策划的结果

(1) 质量目标和要求

质量目标和要求包括施工过程中的单位工程、分部、子分部、分项工程、检验批的优良率及合格率的目标。

确定质量目标并进行分解，一方面是为了明确管理的具体方向，保证质量目标包括创优目标的顺利实现；另一方面实际上就是在质量水准和成本之间确立一个平衡点。为保证工程质量符合质量标准，质量的目标水准应高出合同规定的标准，但过高则是不经济的。施工企业需要在质量和成本之间有机地找到这个平衡点。

(2) 项目质量管理组织和职责

具体包括部门和岗位职责、权限以及与其他岗位的相互关系。其中应明确规定对分包的管理职责。

相应的规定应围绕质量目标计划的要求展开。项目人力资源提供必须满足质量管理机构、职责与权限的规定要求。

(3) 施工管理依据的文件

包括法律法规和各地方、行业的规定、要求，以及企业自身的管理要求等。只有系统全面地了解和掌握这些要求，施工企业的质量管理规划才能真正到位。

(4) 施工过程的资源提供要求

包括符合施工进度要求的人力、材料、设备工具、图纸规范和资金配备等。

在实现合同要求的基础上，不同层次的施工企业提供的资源可以是不同的；不同规模和质量要求的项目资源的提供方式和品质也常常是不一样的，应该有机地体现这种项目质量管理的适宜性和差异性。

(5) 场地、道路、水电、消防、临时设施规划

结合施工现场的自然情况和地质条件策划场地、道路、水电、消防、临时设施规划，充分兼顾质量、安全、进度、环保、成本和技术方法等因素的要求，施工的长期和短期需求相结合，合理确定施工的基础准备工作。

(6) 影响施工质量的因素分析及其控制措施

识别施工过程影响项目质量的所有关键部位，协调和匹配施工的交叉作业，集成关键性的施工技术和管理活动的措施。尤其是应确定关键过程和特殊过程及其控制方法，关注检验试验和采购等过程对它们的关联影响。大型施工企业应发

挥集成优势，研究关键过程和特殊过程控制的专门课题，开发适宜的高端技术和管理标准，引领行业的质量管理。

确定工序的质量控制点。施工企业应在施工过程中确定关键工序，明确其质量控制点及控制措施。影响施工质量的因素包括与施工质量有关的人员、施工机具、建筑材料、构配件和设备、施工方法和环境因素。

下列影响因素可以列为工序的质量控制点：

① 对施工质量有重要影响的关键质量特性、关键部位或重要影响因素，比如施工模板安装和拆除、模板支撑系统的计算等。

② 工艺上有严格要求，对下道工序的活动有重要影响的关键质量特性、部位，比如脚手架搭设的稳固性和及时性、模板施工的质量水平等都对下道工序的活动有重要影响。

③ 严重影响项目质量的材料的质量和性能，比如水泥、混凝土、钢材的质量和性能对项目的质量影响是十分重要的。

④ 影响下道工序质量的技术间歇时间，比如钢筋施工、模板流水、模板安装、拆除与混凝土浇筑之间的技术间歇时间的影响。

⑤ 某些与施工质量密切相关的技术参数，比如：施工模板和脚手架系统的荷载参数等。

⑥ 容易出现质量通病的部位，如混凝土浇筑、防水、特种电焊施工等。

⑦ 紧缺建筑材料、构配件和工程设备或可能对生产安排有严重影响的关键项目，比如施工急需的钢材不能及时进场等。

⑧ 其他由项目经理部认定的施工工序。

（7）进度控制措施

特别注意在质量管理策划的过程中处理好质量与施工进度协调的策划问题。必须有机地处理质量与施工进度的辩证关系。进度计划编制完成后，应由技术负责人协调通过后，报经项目经理审批，重要的进度计划必须上报，由企业审批。项目经理部的策划人员必须加强与政府和社会各方面的协调，强化与业主、监理、设计和各参建单位的沟通和协作，建立起和谐、高效的合作关系，为工程营造良好的施工条件。

（8）施工质量检查、验收及其相关标准

明确与施工阶段相适应的质量测量指标与测量方法（包括检验、试验、测量、验证要求），预检、隐检、交接检的时间、频次和方法。策划结果应考虑检验人员的素质和数量情况，规定相应的测量指标与测量方法。有条件的施工企业要研究开发新工艺（如特种钢结构）、新材料施工的质量测量指标与测量方法，加快与国际先进工程质量水平接轨的步伐。

（9）突发事件的应急措施

明确当项目出现突发事件，或发生施工进度滞后和质量事故的趋势比较明显时的应急措施，包括事故报警、抢救险情、事故调查、调整进度计划和返工返修等。

(10) 对违规事件的报告和处理

规定项目不合格品的控制要求，包括施工过程的不合格及质量事故的评审、处置和改进措施。要大量应用数据分析的方法，实现工程项目质量的趋势管理。

(11) 应收集的信息及其传递要求

策划项目质量信息交流渠道，规定所有信息沟通传递的方法。为了便于信息的沟通和交流，在形成书面记录的基础上，项目策划的所有手段应尽可能应用电子计算机和网络方式，同时要考虑信息安全的策划要求。只要能够满足质量管理的需要，在某些特殊的情况下，有些中小型企业可以采用传统的手段实施信息传递。

(12) 质量管理和技术措施

围绕企业质量目标确定影响项目施工质量的所有活动和过程，尤其是规定实现质量要求的专门控制方法和措施。包括新技术、新工艺的应用和施工流程、施工方法的统筹、计算等。大型施工企业应努力开展项目创新，把质量管理策划与企业技术、管理升级结合起来，开发先进的施工技术和工艺，实现质量成本低、质量等级高的管理效果。中小型企业则更应该关注项目施工技术和方法的适宜性，确保工程质量目标的实现。

(13) 与工程建设有关方的沟通方式

施工管理的有关方是影响工程质量的重要因素。应明确与工程建设有关方进行沟通的方式和方法，规定相应的沟通渠道和手段，分清职责，界定责任。

(14) 施工管理应形成的记录

具体规定相关的记录要求，包括记录的内容和保存要求。

(15) 施工企业质量管理的其他要求

包括施工企业提出的合同以外的要求，比如：创优质工程等。同时项目质量管理策划应该考虑施工过程的成本、环保、进度、社会责任和安全健康管理的客观需要。要确保项目质量管理与这些管理之间的协调和匹配，以实现工程项目整体的系统目标。

工程项目质量管理策划可根据项目的规模、复杂程度分阶段实施。策划结果所形成的文件可以是一个或一组文件，可采用包括施工组织设计、质量计划等在内的多种文件形式，内容必须覆盖并符合企业的管理制度和本规范的要求，其繁简程度宜根据工程项目的规模和复杂程度而定。

本条文是 10.2 工程项目施工质量管理的重要内容。包括：质量目标和要求；质量管理组织和职责；人员、技术、施工机具等资源的需求和配置；影响施工质量的因素分析及其控制措施；施工质量检查、验收及其相关标准；突发事件的应急措施等，都是项目质量管理策划中必须科学、系统考虑的内容。哪一个内容没有考虑完善或是内容之间的不协调，将会导致工程质量的重大缺陷。当然在具体的工作中，在保证系统全面的同时，可以结合项目的特点在各项内容中有所侧重。

案例 10-1

××国际中心工程质量策划书

Ⅰ．案例背景

该项目位于上海城区某地。项目建筑面积较大，现浇钢筋混凝土框架-剪力墙结构，具体情况见表 10-1-1：

项　目　概　况　　　　　　　　　表 10-1-1

	建 筑 功 能	办公、商业、公寓		
	建筑形式	三栋独立塔楼和整体地下室、裙房		
	建设单位	×××	设计单位	×××
	监理单位	×××	总承包	×××
	占地面积	2.1785hm²	总建筑面积	172176m²
	地上建筑面积	111571m²	地下建筑面积	60605m²
	二期建筑面积	××m²	三期建筑面积	××m²
	建筑层数	地上 8～29 层/地下 4 层	建筑高度	40.15～99.85m
	主体结构形式	现浇钢筋混凝土框架-剪力墙结构		
综合管理目标	工期目标	二期工程：2005 年 1 月 25 日～2006 年 11 月 30 日，共计 670d 三期工程：2005 年 1 月 25 日～2007 年 7 月 30 日，共计 898d		
	质量目标	结构工程——上海市"结构金奖" 整体工程——上海市"建筑工程白玉兰杯"		
	文明施工目标	上海市建设工程文明安全工地		
	安全目标	确保不发生重大伤亡事故、火灾事故和恶性中毒事件，轻伤发生频率控制在千分之六以内		

由于该项目的质量目标、进度目标、安全和环保目标要求都比较高，特别是业主十分关注工程质量的水平，因此项目决定采用"质量策划书"的形式，系统周密地实施质量策划。

Ⅱ．案例分析与解决方案

经分析，该工程的质量策划书将从质量目标、组织保证措施、资源保障措施、进度计划管理及配套计划管理和会议制度等方面加以阐述。具体如下：

××国际中心工程质量策划书

一、质量目标

本工程的结构工程拟创上海市"结构金奖"，整体工程拟创上海市"建筑工程白玉兰杯"。

二、组织保证措施

接管施工现场后,项目管理人员迅速对接业主、设计院及监理,深入了解项目内外部环境及现场施工条件,项目经理牵头组织相关人员对控制性计划的阶段目标进行探讨;总工牵头着手进行施工技术准备工作,特别是对塔吊布置、流水段划分等重要方案的技术经济比较;现场经理牵头进行总平面布置,现场临时设施搭设及临水、临电施工;商务经理牵头抓紧进行分包商、分供方的选择,为项目施工准备资源。

项目经理部建立了以项目经理为牵头人,由执行经理、现场经理、总工程师、商务经理负责,以及相关人员参加的项目计划管理体系,制订了进度管理制度,落实具体分工和责任,并将总目标进行分解,设立了相应的阶段管理目标。

三、资源保证措施

1. 结构施工阶段劳动力投入计划

由于结构施工工期较紧,工作面大,经历两个冬期、雨期施工以及两个春节,因提前做好劳动力的部署,选择与我公司长期合作的成建制的劳务施工队伍参与本工程的施工,确保劳动力的素质及按期组织到位是确保结构工期的关键因素之一。以下是结构阶段的劳动力计划表。

××国际中心工程劳动力计划表——结构阶段　　　表10-1-2

工种		日期	2005年												2006年					
			1月	2月	3月	4月	5月	6月	7月	8月	9月	10月	11月	12月	1月	2月	3月	4月	5月	6月
土建工程	木　工		60	60	100	180	200	240	240	240	240	240	220	150	150	150	150	100	80	30
	钢筋工		100	150	180	180	180	180	180	180	180	180	150	100	100	100	100	60	40	10
	混凝土		80	80	80	60	60	60	60	60	60	60	60	60	50	50	50	30	20	20
	电　工		2	4	6	6	6	6	6	6	6	6	6	6	6	6	6	4	4	2
	测量工		4	4	6	6	6	6	6	6	6	6	6	6	6	6	6	6	6	6
	架子工		10	10	10	20	20	20	20	20	20	20	20	20	20	20	20	20	30	30
	力　工		10	20	20	20	30	30	30	30	30	30	30	30	30	30	30	30	30	30
	起重工		10	10	10	10	10	10	10	10	10	10	10	10	10	10	10	10	10	10
	合　计		276	338	412	482	512	552	552	552	552	552	502	382	372	372	372	260	220	138
粗装修工程	瓦　工												40	80	120	120	120	150	150	150
	抹灰工													60	60	90	90	180	180	180
	电　工												4	4	4	4	4	4	4	4
	其　他												10	10	10	10	10	10	10	10
	合　计		0	0	0	0	0	0	0	0	0	0	54	154	194	224	224	344	344	344
安装工程	管　工		15	15	35	35	35	35	60	60	60	60	60	90	90	90	90	90	100	100
	电　工		6	6	30	30	30	30	40	40	40	40	40	60	60	60	60	60	80	80
	通风工													60	80	80	120	120	120	120
	其　他		6	6	6	8	8	8	8	8	8	10	10	10	10	15	15	15	15	15
	合　计		27	27	71	73	73	73	108	108	108	110	110	220	240	245	285	285	315	315
总　　计			303	365	483	555	585	625	660	660	660	662	666	756	806	836	881	889	879	797

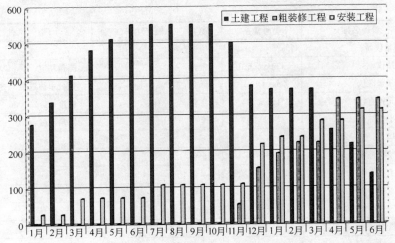

图 10-1-1 ××国际中心工程各专业劳动力对比柱状图——结构阶段

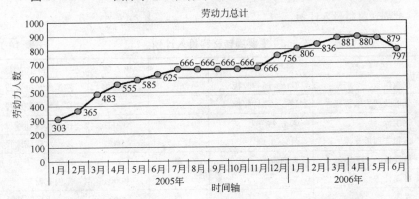

图 10-1-2 ××国际中心工程劳动力曲线图——结构阶段

2. 主要施工机械投入计划

主要施工机械投入计划　　　　表 10-1-3

序号	设备名称	型号规格	数量	额定功率(kW)	备注
一	垂直运输设备				
	塔吊	H3/36B	5台	160kVA	60m
	外用电梯	SC200/200	2台	22	
二	混凝土输送设备				
	混凝土输送泵	m³/h	2台	40	底板施工时为6台，并加上2台汽车泵
三	钢筋加工设备				
	钢筋直螺纹设备		10台	4	
	电焊机		8台	24	
	钢筋成型机		6台	3	加工厂
	钢筋切断机		6台	2	加工厂

续表

序号	设备名称	型号规格	数量	额定功率(kW)	备注
四	测量仪器				
	全站仪	Topcon 601	1台		测角精度：1″
	电子水准仪	Zeiss DINI10	3台		每公里往返测 0.3mm
	激光铅直仪	Leica ZL	1台		精度：1/200000
	电子经纬仪		2台		测角精度：2″
五	其他				
	砂浆搅拌机	JS-500	5台	10	
	木工房电锯		4台		
	木工房电刨		4台		
	插入式振捣棒		50根		
	平板振动器		6台		
	空压机		4台	5	

3. 主要周转材料投入计划

主要周转材料投入计划　　　　　　　　表 10-1-4

序号	名称	材料选型及规格	单位	投入量	备注
1	顶板模板	12mm 厚竹胶板	m²	16000	按流水段陆续投入
2	外墙及剪力墙模板	18mm 厚竹胶板	m²	800	按流水段陆续投入
3	钢模板	60系列	m²	3000	按流水段陆续投入
4	碗扣式顶板支撑	φ48×3.5	t	480	按流水段陆续投入
5	柱模板	大钢模板	套	32	租赁
6	可调托撑		个	8000	模板支设
7	底座		个	3200	按流水段陆续投入
8	木方(mm)	50×100，100×100	m³	660	按流水段陆续投入
9	扣件式外脚手架	φ48×3.5	t	930	装修施工和安全防护
10	门式脚手架		套	30	装修施工
11	密目安全网	密目	m²	26000	安全防护、环保
12	钢跳板		m²	4200	分批投入

4. 冬期施工材料用量计划

冬期施工材料用量计划　　　　　　　　表 10-1-5

序号	材料名称	单位	数量
1	聚苯板(50mm 厚)	m²	800
2	塑料薄膜	m²	3500
3	草帘子	m²	4500
4	温度计及测温管	套	40
5	彩色编织布	m²	1000

5. 雨期施工材料用量计划

雨期施工材料用量计划　　　　　　　　　　表 10-1-6

序　号	料 具 名 称	单　位	数　量
1	潜水泵	台	15
2	橡胶软管(φ50)	m	500
3	苫布	m²	750
4	塑料布	m²	2500
5	雨衣	件	50
6	雨鞋	双	50
7	绝缘手套	双	10
8	绝缘鞋	双	10

四、进度计划管理

总控计划和阶段性计划为项目的控制性计划，其阶段工期节点为必保工期目标，由它分解出来的月计划、周计划、日计划等作业性计划是保障工期目标的细化。特别是日计划为消项计划，其中的每一项工作都要有责任人和完成时间，以便落实责任和日后的考核检查。

某国际中心项目××年××月××日施工计划　　　　表 10-1-7

序号	工作任务	完成时间	责任单位	责 任 人	备　注
1					
2					
……	……				

五、配套计划

1. 方案编制计划

在施工前各种施工方案按照编制计划提前定案，并分层级进行详细的交底，使项目上下在施工前做好各种部署。"方案先行、样板引路"是保证工期和质量的法宝，通过方案和样板制订出合理的工序、有效的施工方法和质量控制标准。

2. 施工详图设计计划

施工图设计计划是指根据工程进度，设计单位提供的分项工程施工所必须的图纸的计划，这些图纸主要包括：建筑结构施工图、机电预留预埋详图、机电系统图、外墙施工详图、装修节点详图以及室外综合详图等。各业主规定承包商的深化设计必须在总包方监督下进行，出图进度应满足现场施工要求。

3. 施工组织设计和质量控制点

施工组织设计的工艺内容和施工方法由项目技术负责人负责实施，施工过程的质量管理必须与其协调实施。技术负责人负责相应的协调工作。

本项目根据工程的风险，确定以下质量控制点：

钢筋工程；

模板施工；

混凝土施工；

防水施工；

焊接施工等。

质量控制点必须实施专门的技术交底，并及时进行必要的确认工作。

4. 分包方、分供方和制定分包方的招标进场计划

对分包方、分供方的选择以及协助业主制定分包方的招投标工作是极其重要的。在此计划中充分体现对分包方、分供方和制定分包方的资质审查、考察、招标和进场时间要求。

5. 质量检验、验收计划

为保证下一分部、分项工程提前插入施工，各项验收必须及时，按照该项目的实际情况，结构工程分段进行验收。此项验收计划由业主、监理、设计和质量监督部门密切配合。本工程所有影响结构安全性能的过程（包括质量控制点）都不能紧急放行或例外转序。

结构验收时间安排表　　　　　　　　　　　　　　　　　表 10-1-8

序号	部　位	结构验收时间	备　注
1	地下室结构	2005 年 11 月 29 日	随后插入地下室装修
2	一至四层主楼及裙房结构	2006 年 3 月 30 日	随后插入初装修
3	西塔结构	2006 年 4 月 14 日	随后插入初装修
4	南、北塔五至十层结构	2006 年 4 月 25 日	随后插入初装修
5	南、北塔十一至二十层结构	2006 年 6 月 17 日	随后插入初装修
6	南、北塔二十一至屋面结构	2006 年 7 月 21 日	随后插入初装修

六、例会制度

1. 进度例会

包括月、周进度例会和日生产例会。

日生产例会：每日下午 15：00 由总包方召集，项目经理部参加人员：项目班子成员、部门经理、现场责任工程师，各分包方、分供方的现场负责人和相关人员。会议内容以检查日计划执行情况、第二天施工计划安排及需协调解决的问题，将工序衔接作为重点内容，对各施工单位提出的配合问题进行解决。

2. 协调会

每周三下午 14：00 为幕墙专业协调会。

每周五上午 10：00 为机电安装专业协调会。

其他不定期的专业协调会。

七、其他（略）。

【条文】

10.2.4　施工企业应将工程项目质量管理策划的结果形成文件并在实施前批准。当有规定时，这些策划的结果应按规定得到发包方或监理方的认可。

【条文解读】

本条款提出的"应将工程项目质量管理策划的结果形成文件"是指按照有关行业和政府的规定需要形成文件的策划结果，其他施工过程的质量管理策划结果

应根据施工的情况决定是否需要形成文件。

施工企业应将规定的工程项目质量管理策划结果形成文件，包括电子文件和书面文件。施工企业应对工程项目质量管理策划结果所形成的文件是否符合合同、法律法规及管理制度进行审核。要在实施前按照授权及时实施分层次的批准。项目经理部编制的质量管理策划文件经过项目经理批准后，报企业主管部门，包括质量、安全、技术部门等审核备案，授权人批准。企业编制的项目质量管理策划文件由企业授权人批准。不需要形成文件的质量管理策划结果也必须按照规定进行适宜方式的授权人审核或批准。

项目经理部应按建设工程监理及相关法规的要求将项目质量管理策划文件向发包方或监理方申报，将工程项目质量管理策划的结果得到发包方或监理方的认可。如果对方提出不同意见时应该及时进行修改和完善。

本条文是 10.2.3 内容的延续。施工企业如果不将工程项目质量管理策划的结果形成文件并在实施前获批准，可能造成质量责任的丧失和质量审核、监督职能的缺位，大大增加工程质量的风险。

【条文】
10.2.5 施工企业应根据施工要求对工程项目质量管理策划的结果实行动态管理，及时调整相关文件并监督实施。

【条文解读】
施工过程的情况是经常会出现变化的。当施工和服务质量的要求发生变化时，相应的质量管理要求应随之变化，工程项目质量管理策划的结果也应及时调整，确保施工和服务质量满足要求。

施工企业对工程项目质量管理策划的结果实行动态管理，可考虑以下影响质量的因素：

1. 项目管理和作业人员变化。特别是分包人员的素质和意识。
2. 材料和机电设备、现场施工机械设施设备。包括分包提供的关键设备状况。
3. 施工工艺和方法。包括分包策划并编写的质量文件。
4. 作业环境。包括施工条件和运作因素。

施工企业对项目质量管理策划的结果实行动态管理时，要重点关注关键过程、特殊过程和其他重要过程质量管理策划的适宜性、预见性和可操作性。项目经理部应围绕这些过程从施工推进和监视测量等方面对策划结果的执行情况进行管理。

施工企业和项目经理部应组织专业人员及时实施策划过程能力的确认，保证对质量管理策划结果的变更控制。包括：如果混凝土施工过程中因为施工变更（或突发情况）需要进行质量管理策划结果的修改，则项目负责人要通过确认项目质量策划的过程能力，分析与混凝土施工变更有关的项目管理和作业人员、材料和机电设备、现场施工机械和设施、施工工艺方法和作业环境的相互影响及作用，及时调整相关策划资源，确保提供适宜的混凝土施工工艺和方法。

施工企业应根据修改的质量管理策划结果及时调整相关文件。

调整的文件包括施工组织设计、质量计划、施工方案、技术交底等；调整方法包括：

1. 文件补充；
2. 文件修改；
3. 文件作废，另外重新策划编写；
4. 其他。

所有修改的质量管理策划结果及调整的相关文件应由原批准人确认，或按照授权进行批准。

施工企业应监督施工活动按照新的策划结果实施。

案例 10-2

某工程项目质量计划

Ⅰ.案例背景

某工程项目是位于某市郊区的大型商场项目，建筑面积 8 万 m^2，建筑物高度 59m，共 23 层。其特点是现浇钢筋混凝土框架－剪力墙结构，需要大量的模板、钢筋和混凝土作业。为了提高工程质量，保证项目的质量水平，需要编制《质量计划》对该工程的质量管理进行规划。

Ⅱ.案例分析与解决方案

经分析，该工程的质量计划将从质量目标、质量管理基本要求、质量管理保证体系、质量管理制度、质量管理程序、质量控制具体措施等方面加以规定。另外，由于该工程需要大量的模板、钢筋和混凝土作业，拟从过程控制的角度编制专门的过程识别与控制要求。该工程的《质量计划》如下：

××工程项目质量计划

一、质量目标

质量目标为：确保工程质量等级"合格"，确保整体工程获得"长城杯"、"鲁班奖"，竣工一次交验合格率 100%。

按照企业成熟的项目管理模式，并依据 GB/T 19001—ISO 9001 质量标准体系来运作，全面推行科学化、标准化、程序化、制度化管理。

二、质量管理基本要求

1. 首先建立完善的质量保证体系，配备高素质的项目管理和质量管理人员，强化"项目管理，以人为本"。

2. 严格过程控制和程序控制，开展全面质量管理，树立创"过程精品"、"业主满意"的质量意识。

3. 制定质量目标，将目标层层分解，质量责任、权力彻底落实到个人，严格奖罚制度。

4. 建立严格而实用的质量管理和控制办法、实施细则，在工程项目上坚决贯彻执行。

5. 严格样板制、三检制、工序交接制度和质量检查和审批等制度。

6. 广泛深入开展质量职能分析、质量讲评，大力推行"一案三工序"的管理措施，即"施工方案、监督上道工序、保证本道工序、服务下道工序"。

7. 利用计算机技术等先进的管理手段进行项目管理、质量管理和控制，强化质量检测和验收系统，加强质量管理的基础性工作。

8. 严把材料（包括原材料、成品和半成品）、设备的出厂质量和进场质量关。

9. 确保检验、试验和验收与工程进度同步；工程资料与工程进度同步；竣工资料与工程竣工同步；用户手册与工程竣工同步。

三、质量管理保证体系

1. 机构设立

建立由项目经理领导，由主任工程师策划、组织实施，土建副经理和机电副经理中间控制，区域和专业责任工程师检查监督的管理系统，形成项目经理部、各专业承包商、专业化公司和施工作业班组的质量管理网络。

项目质量管理组织机构见图10-2-1：

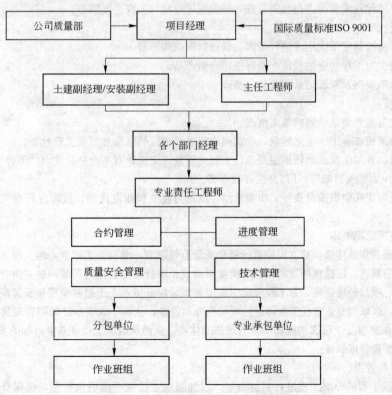

图 10-2-1 项目质量管理组织机构图

2. 质量职责

(1) 项目经理

是项目质量的第一责任人,组织工程质量策划、指导和监督项目质量工作的实施。

(2) 项目总工程师

参与工程质量策划,制定阶段质量实施目标,组织和指导责任部门质量工作的实施,并对阶段目标的实施情况定期监督、检查和总结。

(3) 工程管理部、机电部

① 对施工进行安排部署,保证按工程总控计划实现工期目标。

② 实施工程过程质量监控,严格遵照公司《质量管理手册》,按照国家规范、标准对施工过程进行严格检验与控制,确保工程实体质量优良。

③ 质量记录的收集整理,做到准确、及时、完整、交圈。

④ 工程成品保护管理,做到职责到人,保护措施到位。

⑤ 组织分部工程质量评定。

(4) 技术部

① 对图纸、施工方案、工艺标准的确定并及时下发,指导工程的施工生产。

② 编制专项计划,包括质量检验计划、过程控制计划、质量预控措施等,对工程质量控制进行指导与控制。

③ 对工程技术资料进行收集管理,确保施工资料与工程进度同步。

(5) 物资部

① 严格按物资采购程序进行采购,确保物资采购质量。

② 组织对工程物资的验证,确保使用合格产品。

③ 采购资料及验证记录的收集、整理。

(6) 质量部

① 监督检查质量计划的落实情况。

② 组织检查各工序施工质量,参加或组织重要部位的预检和隐蔽工程检查。

③ 组织分部工程的质量核定及单位工程的质量评定;针对不合格品发出"不合格品报告"或"质量问题整改通知",并监督检查其落实。

④ 负责定期组织质量讲评、质量总结,以及与业主和业主代表、监理进行有关质量工作的沟通和汇报。

3. 组织保证措施

根据质量保证体系,建立岗位责任制和质量监督制度,明确分工职责,落实施工质量控制责任,各负其责。根据现场质量体系结构要素构成和项目施工管理的需要,建立由公司总部服务和控制、项目经理领导、总工程师组织实施的质量保证体系,土建副经理和安装副经理进行中间控制,区域和专业责任工程师进行现场检查和监督,从而形成项目经理部管理层、专业管理层到作业班组三个层次的现场质量管理职能体系,从而从组织上保证质量目标的实现。

四、质量管理制度

1. 目标管理

对单位工程的分部工程进行目标分解,以加强施工过程中的质量控制,确保分部、子分部、分项工程优良率、合格率的目标,从而顺利实现工程的质量目标。

2. 过程质量的预控

(1) 项目开工之初，编制项目策划、创优计划、质量检验计划等

(2) 对图纸、规范的强化学习

项目将定期组织技术人员、现场施工管理人员以及分包的主要有关人员进行图纸和规范的学习，做到熟悉图纸和规范要求，严格按图纸和规范施工。同时也给图纸多把一道关，在学习过程中对图纸存在的问题及时找出，并将信息及时反馈给设计院。

(3) 施工组织设计、专项施工方案和措施交底

精心编制施工组织设计、专项施工方案、措施交底，用以指导工程的施工。编制时严格按照北京市长城杯、国家鲁班奖的评审要求，结合工程实际认真编写，并掌握施组战略的指导性、方案战役的部署性、交底战斗的可操作性，做到三者互相对应、相互衔接、相互交圈，层次清楚、严谨全面，符合规范。

(4) 培训和交底

增强全体员工的质量意识是创过程精品的首要措施，项目每周末、每月下旬组织质量讲评会，同时组织到创优内外部单位进行观摩和学习，并邀请上级质量主管领导和专家进行集中培训和现场指导；做好规范、标准和技术知识的培训工作，促使项目人员的素质不断提高，从人的因素上消除产生质量问题的源头。

项目对分包主要管理人员也要定期进行质量管理的培训，对分包班组长及主要施工人员，按不同专业进行技术、工艺、质量综合培训，未经培训或培训不合格的分包队伍不允许进场施工。项目责成分包建立责任制，并将项目的质量保证体系贯彻落实到各自施工质量管理中，并督促其对各项工作落实。

(5) 材料供应商的选择和材料进厂检验

结构施工阶段模板加工与制作、钢筋原材、装修材料及加工成品采用等均将采用全方位、多角度的选择方式，以产品质量优良、材料价格合理、施工成品质量优为材料选型、定位的标准。材料、半成品及成品进场要按规范、图纸和施工要求严格检验，不合格的立即退货。

3. 创"过程精品"的关键过程

(1) 按方案施工的要求

施工中有了完备的施工组织设计和可行的施工方案，以及可操作性强的交底措施，就能保证全部工程整体部署有条不紊，施工现场整洁规矩，机械配备合理，人员编制有序，施工流水不乱，分部工程方案科学合理。施工操作人员严格执行规范、标准的要求，将有力地保证工程的质量和进度。

(2) 样板引路的推行

分项工程开工前，由项目经理部的责任工程师，根据专项方案、交底措施及现行的国家规范、标准，组织分包单位进行样板分项（工序样板、分项工程样板、样板墙、样板间、样板段等）施工，样板工程验收合格后才能进行专项工程的施工。同时分包在样板施工中也接受了技术标准、质量标准的培训，做到统一操作程序、统一施工做法、统一质量验收标准。

(3) 过程质量的执行程序

在施工过程中坚持检查上道工序、保障本道工序、服务下道工序，做好自检、互检、交接检；遵循分包自检、总包复检、监理验收的三级检查制度；严格工序管理，认真做好隐蔽工程的检测和记录。

(4) 挂牌制度的实行

实行技术交底挂牌；施工部位挂牌；操作管理制度挂牌；半成品、成品挂牌，以明确责任。

(5) 质量例会制度、质量会诊制度规定，对质量通病的控制措施

每周、每月定期由质量总监主持，由项目经理部及分包方的施工现场管理人员和技术人员参加，总结项目施工的质量情况、质量体系运行情况，共同商讨解决质量问题应采取的措施，特别是质量通病的解决方法和预控措施，最后由质量总监以《质量管理情况简报》的形式发至项目经理部有关领导、各部门和各分包方，简报中对质量好的分包方要给予表扬，需整改的部位注明限期整改日期。

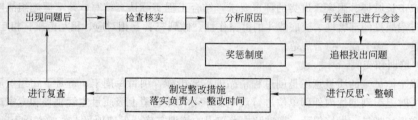

图 10-2-2　质量会诊制度流程图

(6) 对成品保护的管理措施

由于各工种交叉频繁，对于成品和半成品，容易出现二次污染、损坏和丢失，影响工程进展，增加额外费用。制定专门的成品保护措施，并设专人负责成品保护工作。在施工过程中对易受污染、破坏的成品和半成品要进行标识和防护，由专门负责人经常巡视检查，发现现有保护措施损坏的，要及时恢复。

工序交接检要采用书面形式由双方签字认可，由下道工序作业人员和成品保护负责人同时签字确认，并保存工序交接书面材料，下道工序作业人员对防止成品的污染、损坏或丢失负直接责任，成品保护专人对成品保护负监督、检查责任。

(7) 奖罚制度

实行奖惩公开制，制定详细、切合实际的奖罚制度和细则，贯穿工程施工的全过程。由项目质量总监负责组织有关管理人员对在施作业面进行检查和实测实量。对严格按质量标准施工的班组和人员进行奖励，对未达到质量要求和整改不认真的班组进行处罚以利于提高质量。

五、质量管理程序

1. 质量保证程序

针对质量控制点规定质量管理和保证措施的实施流程(省略)。

2. 过程质量执行程序

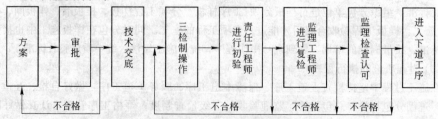

图 10-2-3　过程质量执行程序

六、质量控制和保证的具体措施

质量控制和保证措施分为钢筋工程、模板工程、混凝土工程、钢结构工程、防水工程、砌筑工程、抹灰工程等,在此不再详述。

附表:过程识别与控制书——质量方面

过程识别与控制书(1)

大体积混凝土施工 表 10-2-1

施工过程流程图	定位放线 R,YU→ 侧模支设 YU→ 底板下铁绑扎 → 底板上铁绑扎 YIN→ ·混凝土浇筑 R→ ·养护、测温 R		
需要关注的问题	质量方面	环境方面	安全方面
	控制裂缝的产生★		
预防措施	1. 优化配合比设计,采用低水化热水泥,并掺用一定配比的外加剂和掺合料,同时采取措施降低混凝土的出机温度和入模温度; 2. 混凝土浇筑应做到斜面分段分层浇筑、分层捣实,但又必须保证上下层混凝土在初凝之前结合好,不致形成施工冷缝,应采取二次振捣法; 3. 在四周外模上留设泌水孔,以使混凝土表面泌水排出,并用软轴泵排水; 4. 混凝土浇筑到顶部,按标高用长刮尺刮平,在混凝土硬化前1~2h用木搓板反复搓压,直至表面密实,以消除混凝土表面龟裂; 5. 混凝土浇筑完后,应及时覆盖保湿养护或蓄水养护,并进行测温监控,内外温差控制在25℃以内	略	略
纠正措施			

注:·××× ——关键过程,◆×××× ——特殊过程,带★的为需要制定纠正措施的方面;R——记录或报告,YIN——隐检,YU——预检。

过程识别与控制书(2)

钢 筋 工 程 表 10-2-2

施工过程流程图	钢筋进场检验、试验 R→ 钢筋加工成型 → ·钢筋现场绑扎 →◆ 钢筋连接 → 现场取样试验 R→ 钢筋隐蔽检查 YIN		
需要关注的问题	质量方面	环境方面	安全方面
	1. 墙柱钢筋位移;★ 2. 钢筋接头位置错误; 3. 绑扎接头、对焊接头未错开; 4. 箍筋弯钩不足135°; 5. 板的弯起钢筋、负弯矩被踩到下面	略	略

预防措施	1. ① 在混凝土浇筑前检查钢筋位置，宜用梯子筋、定位卡或临时箍筋加以固定；浇筑混凝土前再复查一遍，如发生位移，则应校正后再浇筑混凝土； ② 浇筑混凝土时注意浇筑振捣操作，尽量不碰到钢筋，浇筑过程中派专人随时检查，及时修整钢筋； 2. 梁柱墙钢筋接头较多时，翻样配料加工时应根据图纸预先画施工简图，注明各号钢筋搭配顺序，并避开受力钢筋的最大弯矩处； 3. 经对焊加工的钢筋，在现场进行绑扎时对焊接头要错开搭接位置，加工下料时，凡距钢筋端头搭接长度范围以内不得有对焊接头； 4. 钢筋加工成型时应注意检查平直长度是否符合要求，现场绑扎操作时，应认真按 135°弯钩； 5. 板的钢筋绑好之后禁止人在钢筋上行走或采取有效措施防止负筋被踩到下面，且在混凝土浇筑前应先整修合格		略	略
纠正措施				

注：·☒☒☒☒——关键过程，◆☒☒☒☒——特殊过程，带★的为需要制定纠正措施的方面；R——记录或报告，YIN——隐检，YU——预检。

过程识别与控制书(3)
模 板 工 程　　　　　　　　　　表 10-2-3

施工过程流程图	模板设计 → 模板制作 → 现场拼装吊运 → ·现场组装 → 预检 YU → 模板拆除 → 模板倒运			
需要关注的问题	质量方面		环境方面	安全方面
	1. 墙体混凝土厚薄不一致；　2. 墙面凹凸不平、模板粘连； 3. 阴角不垂直、不方正；　4. 梁柱接头错台★			
预防措施	1. 墙体放线时误差应小，穿墙螺栓应全部穿齐、拧紧；加工专用钢筋固定撑具(梯子筋)，撑具内的短钢筋直接顶在模板的竖向纵肋上。模板的刚度应满足规定要求； 2. ① 要定期对模板检修，板面有缺陷时，应随时进行修理，不得用大锤或振捣棒猛振模板或用撬棍击打模板； ② 模板拆除不能过早，混凝土强度达到 1.2MPa 方可拆除模板，并认真及时清理和均匀涂刷隔离剂，要有专人验收检查； 3. 对证阴角处的角模，支撑时要控制其垂直度，并且加顶铁加固，保证阴角模的每个翼缘必须有一个顶铁，阴角模的两侧边粘贴海绵条，以防漏浆； 4. 在柱模上口焊 20mm×6mm 的钢条，柱子浇完混凝土后，使混凝土柱端部四周形成一个 20mm×6mm 交圈的凹槽，第二次支梁柱顶模时，在柱顶混凝土的凹槽处粘贴橡胶条，梁柱顶模压在橡胶条上，以保证梁柱接头不产生错台		略	略
纠正措施				

注：·☒☒☒☒——关键过程，◆☒☒☒☒——特殊过程，带★的为需要制定纠正措施的方面；R——记录或报告，YIN——隐检，YU——预检。

过程识别与控制书(4)

混 凝 土 工 程 表 10-2-4

施工过程流程图	方案设计 → 混凝土搅拌、运输 → ·混凝土进场检验试验 R→ ·混凝土浇筑、振捣 → 养护 → 拆模 → 外观检查		
	质量方面	环境方面	安全方面
需要关注的问题	1. 麻面、蜂窝、孔洞；★ 2. 漏浆、烂根； 3. 楼板面凸凹不平整		
预防措施	1. 在进行墙柱混凝土浇筑时，要严格控制下灰厚度（每层不超过50cm）及混凝土振捣时间；为防止混凝土墙面气泡过多，应采用高频振捣棒振捣至气泡排除为止；遇钢筋较密的部位时，用细振捣棒振捣，以杜绝蜂窝、孔洞； 2. 墙体支模前应在模板下口抹找平层，找平层嵌入模板不超过1cm，保证下口严密；浇筑混凝土前先浇筑5~10cm同强度等级混凝土去石子水泥砂浆；混凝土坍落度要严格控制，防止混凝土离析；底部振捣应认真操作； 3. 梁板混凝土浇筑方向应平行于次梁推进，并随打随抹；在墙柱钢筋上用红色油漆标注楼面+0.5m的标高，拉好控制线控制楼板标高，浇混凝土时用刮杠找平；混凝土浇筑2~3h后，用木抹子反复（至少3遍）搓平压实；当混凝土达到规定强度时方可上人	略	略
纠正措施			

注：·××××──关键过程，◆××××──特殊过程，带★的为需要制定纠正措施的方面；R──记录或报告，YIN──隐检，YU──预检。

10.3 施 工 设 计

【条文】

10.3.1 施工企业进行施工设计时，应明确职责，策划并实施施工设计的管理。施工企业应对其委托的施工设计活动进行控制。

【条文解读】

项目施工图纸的设计是质量过程的管理重点，它在很大程度上决定了工程项目的质量水平。本条款是针对具备施工设计资格的施工企业而规定的。具有工程设计资质的施工企业，其设计的管理应符合工程设计的相关规定。施工设计的委托及监控应符合本规范第9章的规定。

工程项目以施工图设计为基础进行招标、投标，是国际工程竞争的基本趋势。施工图设计只有与项目总体施工策划相结合，将工程需求与资源优化相接口，才能使施工图设计和施工过程达到既节约资源，又提高施工效率的目的。施工设计有两层含义：一是按照我国建设工程项目设计管理的相关规定，某些大型的施工单位具备了设计能力，并按照我国设计管理的相关规定取得了设计资质，对某些工程实施设计＋施工总承包的过程中包含了一部分需要设计管理的内容；另外一方面是按照国际上通行的工程项目建设模式，通常是由施工单位进行工程施工详图(Shop drawing)的设计，然后经(境外的)设计单位审批后才能用于施工。施工设计的质量控制应该区分这两种情况进行实施。

大型施工企业应具备一定的施工图设计和实施能力，包括设计策划、设计输入、设计输出以及设计评审、设计验证、设计确认的实施能力。项目经理部则应具备对设计单位设计的施工图纸进行管理的能力，包括在施工图纸的设计评审、验证和确认中有效控制与施工组织需求相适宜的设计质量，在施工过程中及时分析施工风险，预测图纸问题，控制设计变更过程的能力。

有条件的施工现场，项目经理部应该配备具有设计资格的设计人员，把设计与施工组织有机地结合起来。施工图设计只有与项目施工组织设计相结合，将工程需求与资源优化相接口，才能提高项目管理的策划和实施的技术层次。

项目经理部应安排有能力的施工技术人员(包括相关专业人员)对设计方提出的图纸进行全面评价和审核，找出图纸中的风险，为施工设计人员制定纠正措施提供输入条件。

本条文是10.2条款的延续和具体实施。施工企业进行施工设计时，如果职责不明确，不及时策划并实施施工设计的管理，并对其委托的施工设计活动进行控制，将会造成工程设计错误并严重影响后续的施工质量。其中如果施工设计没有把施工经验有机地与设计策划相互结合，则可能还会严重影响施工过程的成本、进度等目标的实现。

【条文】

10.3.2 施工企业应确定施工设计所需的评审、验证和确认活动，明确其程序和要求。

施工企业应明确施工设计的依据，并对其内容进行评审。设计结果应形成必要的文件，经审批后方可使用。

【条文解读】

施工设计所需的评审、验证和确认活动分别是指对设计过程、结果的各种风险和可能的问题进行评估；对形成的图纸和相关结果进行符合性审核；对使用该图纸在施工执行中的过程能力和问题实施认定等。施工设计依据的评审主要是指对设计依据的充分性和适宜性进行评审。

由于施工企业的特点，施工设计的评审、验证和确认也可以采用审核、审查和批准的方式进行，重要的是施工设计所需的评审、验证和确认活动的内容应该得到体现。

根据专业特点和所承接项目的规模、复杂程度，施工企业的施工设计活动及其管理可适当增减或合并进行。

施工企业应组成设计工作小组，明确施工设计的依据，并对其内容进行评审、验证和确认活动。设计结果应形成必要的文件，经审批后方可使用。

为了有效开展相关活动，设计工作小组的工作可包括以下过程：

1. 协调沟通过程

设计协调沟通流程分为内部流程和外部流程两部分。其中内部流程主要是项目内部的流程，包括设计流程和各专业协调流程等，而外部流程则是设计图纸经过项目内部审核之后，进入外部图纸报批工作。

为方便专业间及时全面地沟通，定期召开全体小组成员（或有关责任人员）及协作单位负责人参加的设计协调例会，开会前各专业提交设计进度和计划例会汇报单，至技术负责人，会后由专人整理会议纪要，分发各部门。例会主要解决计划、沟通、流程等，对于较大且滞留比较长时间没有解决的问题，可以提出清单，以便在会后进行专题会议。

协调沟通内容为：

（1）各专业汇报图纸评审、审核情况；

（2）各专业提出目前与其他专业及与业主、设计院和监理之间交叉存在的问题。提出问题的同时应相应提出建议解决方案。

2. 专题会议过程

对于设计过程涉及其他专业且复杂的问题，需要各专业协调解决的问题，应组织相关方召开专题会议解决。主要内容是设计评审所涉及的设计方案和图纸中的各种风险，以及设计过程满足设计要求的能力问题。专题会议为非例会性会议，应根据设计（或审核）进度随时召开。

3. 图纸会签过程

设计审核形成会签制度，每次设计出图时需首先经过部门内部审核和确认。合格后的图纸由本部门决定由哪些相关配合专业进行校核，相关专业部门校核后在图纸审核签字表相应的栏目内填写审核意见，当所有涉及专业（含商务人员）均同意，该图纸方可进入外部报批程序。若未报给相关涉及专业审核而出现问题时应由本部门负责。

由于施工设计的专业特点和工程项目的规模、复杂程度不同，因此施工企业应经过风险识别后将施工设计和管理活动进行适宜的增加或减少。

本条文是10.3.1条款的延续。

施工企业如果不确定施工设计所需的评审、验证和确认活动，明确其程序和要求，则在施工设计中可能导致设计的内容错误或内容的互相矛盾，影响正常的施工过程。施工企业的设计能力在很大程度上在此得到体现。

【条文】
10.3.3 施工企业应明确设计变更及其批准方式和要求,规定变更所需的评审、验证和确认程序;对变更可能造成的施工质量影响进行评审,并保存相关记录。

【条文解读】
施工企业应按照设计程序明确设计变更及其批准方式、授权人员和记录要求。其中关键是根据设计变更的风险,合理地规定批准方式和授权人员。常见的设计变更可以授权给设计负责人实施,但是可能引起质量风险的重大设计变更应由企业技术负责人组织实施。批准应该采用书面的方式进行。

当内、外部人员经过确认或评价提出设计变更要求时,应由原设计负责人(或经过授权的人员)进行评估,严格控制设计变更过程。当变更可能造成施工质量影响时要及时实施评审、验证和确认活动,包括企业组织设计人员针对需要变更的问题进行分析,评估所有可能的影响,根据评估结果安排适宜的施工设计活动。

由于设计工作的风险性和可追溯性要求,所有设计变更的情况应该由规定的责任人进行记录,并予以保存。

本条文是10.3.3条款的延续。施工企业明确设计变更及其批准方式和要求,规定变更所需的评审、验证和确认程序;对变更可能造成的施工质量影响进行评审是在施工过程和设计过程中进行有效管理的重要环节,决定了施工企业质量管理的可靠性和水平。

案例 10-3

某工程项目深化设计管理

Ⅰ. 案例背景

某工程位于某市城区。工程采用由国外设计工程公司提供的设计方案,施工图纸由国内某设计院负责实施。由于该项目采用了国内外很少见的大跨度钢结构和特殊的拱形建筑造型,因此施工难度、设计难度都十分明显。为了保证设计和施工的质量,施工承包商决定进行深化设计,并制定专门的深化设计管理制度。

Ⅱ. 案例分析与解决方案

该工程在进行深化设计过程中,最重要的是建立了深化设计的组织机构,理顺了深化设计的工作流程,并制定了相应的管理制度。具体如下:

××工程项目深化设计管理

一、落实组织职责,成立深化设计部

项目根据职能进行组织机构的设置，在引入深化设计职能之后，应有相对应的人员和部门，通常可以在技术部内部分支出深化设计小组，如果深化设计内容多且专业性较强，可以单独设置深化设计部。为了做好深化设计，项目必须从组织结构、人力资源、流程和作业指导以及制度等方面进行调整和完善。

组织机构和组织机构图(省略)。

1. 设计部职责

(1) 编制深化设计进度计划，监控计划的实施情况并及时调整。

(2) 牵头本专业和其他专业的协调配合，审核深化设计负责人编制的作业指导书、备忘录，并在其上签字。

(3) 审核本专业深化设计图纸，组织相关人员对其他专业深化设计图纸进行内部审核，并在其上签字。

2. 商务部职责

商务谈判、分包模式分判、分包确定、现场材料使用量核实，成本控制。

3. 设计小组职责

(1) 负责设计过程的技术接口的协调和处理。

(2) 组织重要的设计评审工作，实施相应的设计验证。

(3) 负责设计确认的相关准备和协调工作。

(4) 项目设计负责人负责项目深化设计的全面工作，负责审查、批准相关技术文件。

二、围绕施工需求，深化设计内容

本工程的深化设计内容包括：钢结构深化设计，外幕墙深化设计，机电综合图深化设计，精装修深化设计等。

主要内容如下：

(1) 项目设立深化设计小组或部门。

(2) 不同专业深化设计的人员构成，划分项目管理人员和专业深化设计人员的工作范围和职责。

(3) 深化设计的流程，包括项目内部流程和项目外部流程。

(4) 深化设计的作业指导，分深化设计前期准备、深化设计过程中以及后期的修改等三个部分详细阐述。

(5) 深化设计制度，包括例会制度、专题会议制度和图纸会签制度。

三、深化设计的流程

深化设计流程分为合同外专业协调流程和合同内专业协调流程，划分见表10-3-1：

深化设计流程表　　　　　　　　　　表 10-3-1

分　类	项目管理人员职责	举　例
合同外专业深化设计	不参与深化设计，牵头协调与其他专业及相关方的问题，同时控制深化设计的进度，对深化设计的质量并不负责	例如幕墙不在施工总包范围内，则采取该模式
合同内专业深化设计	参与深化设计的全过程，牵头协调与其他专业之间的深化设计的问题，对深化设计进度、质量负全部责任	例如施工总包合同内的装修和机电深化设计采用该模式

表 10-3-2

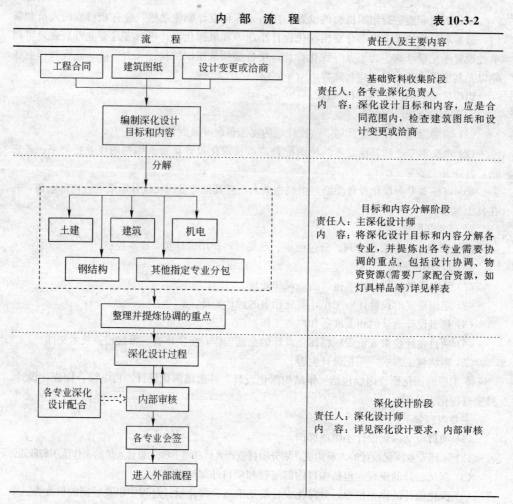

四、深化设计制度

1. 例会制度

为方便专业间及时全面地沟通,定于每周四下午 3:30 召开全体小组成员及协作单位负责人参加的深化协调例会,上午 10 点之前各专业提交例会汇报单(详见附件2)至深化设计部,会后由专人整理会议纪要,分发各部门。例会主要解决计划、沟通、流程等问题,深化设计过程中需要协调的具体问题不在此次会议上解决,但是对于较大且滞留比较长时间没有解决的问题,可以提出清单,以便在会后进行专题会议。

例会内容为:

(1) 各专业汇报本周进度计划,并和深化设计总控进度计划进行对比。

(2) 根据计划检查结果,提交下周进度计划(当深化设计进度计划之后的工作量需要按照常规的工作效率 1 周以上时必须提交追赶计划)。每逢月末的最后一个星期四提交下月进度计划。

(3) 各专业提出目前与其他专业、业主、设计院和监理之间交叉存在的沟通、流程问题,提出问题的同时各专业应相应提出建议解决方案。

2. 专题会议制度

对于深化设计过程涉及其他专业且复杂的问题，需要各专业协调解决的问题，应该组织相关方召开专题会议解决。专题会议为非例会性会议，应根据深化进度随时召开。

3. 图纸会签制度

本工程深化设计形成会签制度，每次深化设计出图时需首先经过部门内部审核，合格后的图纸由本部门决定由哪些相关配合专业进行校核，相关专业部门校核后在图纸审核签字表相应的栏目内填写审核意见，当所有涉及专业（含商务部）均同意，该图纸方可进入外部报批程序。若未报给相关涉及专业审核而出现问题时应由本部门负责。

五、围绕施工难点，系统运行设计过程

项目设计人员围绕施工难点，与设计院的人员一起协商，明确施工难点，确定深化设计重点，按照设计流程，展开深化设计活动。包括依据施工程序和设计制度，及时推进设计评审，实施相应的设计验证和设计确认的实施和协调工作。发现问题及时召开设计小组会议，提出解决问题的方法。

图纸通过后按照规定报外部设计、监理和业主批准后实施。

下面是一个具体的有关装修深化设计的实例：该整体装修的协调流程分为内部流程和外部流程两部分。其中内部流程主要是项目内部的流程，包括了深化设计流程和各专业协调流程，而外部流程则是深化设计图纸经过项目内部审核之后，进入外部图纸报批工作。

该工作的具体过程见流程图10-3-1：

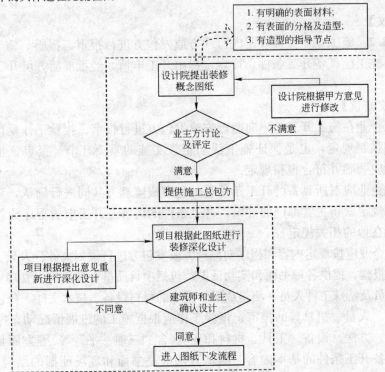

图 10-3-1　装修设计深化流程图

10.4 施工准备

【条文】

10.4.1 施工企业应依据工程项目质量管理策划的结果实施施工准备。

【条文解读】

工程项目质量管理策划的结果首先必须通过施工准备环节进行落实。施工企业应根据策划的结果，安排施工现场平面布置，做好人员、设备、工具、材料、通信、交通、消防和办公、生活（含住宿、食堂）基础设施等的施工准备。施工准备要考虑施工的技术和质量风险的预控需要，符合环境保护和社会责任的管理要求。同时应考虑施工的长期和短期的不同需要，做到在满足施工质量目标的基础上合理地降低项目成本。

本条文是10.4的基础条款。与第6、8、9章条款关联密切。

施工企业应按照本规范第6、8、9章的要求选择供应方、分包方，组织材料、构配件、设备和分包方人员进场并确认相应的施工准备情况。

【条文】

10.4.2 施工企业应按规定向监理方或发包方进行报审、报验。施工企业应确认项目施工已具备开工条件，按规定提出开工申请，经批准后方可开工。

【条文解读】

施工企业在施工开工前，向监理方或发包方进行报审、报验工作是国家法律和法规的强制规定，也是保证施工活动正常实施的重要环节。报审、报验的内容、职责应明确并符合报验规定。

施工企业应对所具备的开工条件与分包方或监理方共同进行确认，该工程项目应按照规定获得主管部门的许可。开工条件的内容及开工申请程序应符合国家及项目所在地的相关规定。

施工企业应按规定内容和程序向监理方或发包方进行策划文件、人员、机具等的报审和报验，提供各种书面和实物证据，包括项目质量管理机构、管理人员、关键工序人员及特殊工种人员、测量成果、进场的材料设备、技术文件、分包方情况等。文件、人员、机具等的报审、报验工作应根据施工的进展情况动态进行。

人员、方法、设备、工具、材料和环境（含"三通一平"等）等方面是确认项目是否具备开工条件的基本内容。确认方法应是书面和现场证据的结合，比如：勘测报告、验收证明和现场观察的结果等。确认方式可以是授权项目经理部实施，也可以是施工企业直接进行确认。

施工企业只有确认项目已具备开工条件，并按规定提出开工申请，经监理方和发包方等批准后才能开工。

本条文是第 11 章的关联性条款。施工企业按规定向监理方或发包方进行报审、报验是施工现场准备和质量检查与验收的重要内容。施工企业应确认项目施工已具备开工条件，按规定提出开工申请，经批准后开工，否则，容易出现施工过程能力不能满足规定要求的现象，施工风险也将难以有效降低。

【条文】

10.4.3 施工企业应按规定将质量管理策划的结果向项目经理部进行交底，并保存记录。

施工企业应根据项目管理需要确定交底的层次和阶段以及相应的职责、内容、方式。

【条文解读】

施工交底包括技术交底及其他相关要求的交底。

1. 交底的依据应包括：项目质量管理策划结果、专项施工方案、施工图纸、施工工艺及质量标准等。

2. 交底的内容一般应包括：质量要求和目标、施工部位、工艺流程及标准、验收标准、使用的材料、施工机具、环境要求及操作要点。

施工企业在施工前应通过交底确保被交底人了解本岗位的施工内容及相关要求。交底可根据需要采用口头、书面及培训等方式，分层次、分阶段地进行。交底的层次、阶段及形式应根据工程的规模和施工的复杂、难易程度及施工人员的素质确定。对于小型、常规的施工作业，交底的形式和内容可适当简化。

施工企业技术负责人负责公司技术交底的组织和策划的管理工作。项目经理负责技术交底的全面管理和推进工作。技术负责人应负责相关的技术组织、协调和监督工作。各专业技术、管理人员负责实施和管理工作。具体方法如下：

1. 施工企业的技术交底主要针对重大施工项目并在项目开工前进行。技术交底按照企业、分公司、项目等层次依次实施。内容主要包括公司的质量目标、技术管理要求、项目质量管理策划结果、重要的专项施工方案、施工图纸、施工工艺及质量标准等。

2. 项目技术交底是项目施工管理人员向项目管理人员、分包管理人员和施工操作班组实施的交底。交底内容包括工序质量目标、施工部位、施工工艺流程及标准、施工技术工艺、质量验收标准、安全措施、使用的材料、施工机具、环境要求及操作要点等。技术交底可以分层次、分专业实施，包括施工组织设计交底、施工专项技术交底等。形式包括会议交底和现场交底等。项目应保证在单位工程、分部工程、分项工程、检验批施工前进行技术交底。

3. 项目技术交底的重点是工序技术交底，其内容应符合各层次项目质量管理策划的基本要求。要采用合理的、先进的施工工艺、先进的施工技术和新材料，按照科学的施工方法，尽量保证均衡施工速度，提高工序验收合格率，节省施工过程成本；重要工序要开展跨专业图纸会审，提前进行深化设计，据施工的实际需要及时完成关键部位的节点详图；应进行重点、难点方案的讨论，实施多方位的技术经济比较，在编制各种专项技术方案的基础上及时做好交底。各专业人员应提前针对施工作业人员的人体功效和工艺风险编制专项的技术交底，并及时向施工班组进行有针对性的交底。

4. 项目交底工作一般通过由施工企业或授权项目召开的例会制度实施。一般情况下，每日或定期由总包方召集的工作例会是项目经理部实施技术交底的主要手段，通过对日施工计划和交底的检查落实保证项目控制性计划的达成。

施工现场经常性的工序技术交底由专业人员及时进行。为确保提高现场总体协调水平和技术交底的严肃性，各方相关人员必须参加相应的会议。项目经理部参加人员：项目班子成员、部门经理、现场责任工程师；其他参加人员：各分包方、分供方的现场负责人和相关人员。

每次会议交底应该形成记录，会议内容包括汇报技术交底执行情况及出现的问题、施工计划安排及需协调解决的问题。需协调解决的问题由项目生产经理或现场经理对问题进行裁决和处理。

5. 现场技术交底的执行效果由专业管理人员负责。土木、安装、装饰、市政和其他专业管理人员对照交底的要求管理本专业的实施活动，特别是关注各专业之间的接口和匹配情况，发现问题及时实施改进措施。如果在执行过程中发现技术交底存在修改的需求时，应该由原策划（或授权人）和交底人员进行完善。

本条款是10.2条款的实现性条款，是把质量管理策划的结果有效落实的重要过程。施工企业应按规定将质量管理策划的结果向项目经理部进行交底，否则任何有效的质量管理策划也将变得没有任何意义。为了有效实现本条文，施工企业应重点把握需要确定交底的层次和阶段以及相应的职责、内容、方式。目前特别应关注的是施工企业针对项目经理部中分包方的交底管理，否则施工企业再好的质量管理策划也无法实现其应有的作用。

10.5 施工过程质量控制

【条文】

10.5.1 项目经理部应对施工过程质量进行控制。包括：

1 正确使用施工图纸、设计文件、验收标准及适用的施工工艺标准、作业指导书。适用时，对施工过程实施样板引路；

2 调配符合规定的操作人员；

3 按规定配备、使用建筑材料、构配件和设备、施工机具、检测设备；

4 按规定施工并及时检查、监测；

5 依据现场管理有关规定对施工作业环境进行控制；

6 根据有关要求采用新材料、新工艺、新技术、新设备，并进行相应的策划和控制；

7 合理安排施工进度；

8 采取半成品、成品保护措施并监督实施；

9 对不稳定和能力不足的施工过程、突发事件实施监控；

10 对分包方的施工过程实施监控。

【条文解读】

施工过程的质量控制是决定项目质量管理成效的关键性工作。本条款明确了10项重点控制要求。不同施工企业实施的具体方法可能是不一样的，但是施工过程控制质量的最低效果应是一样的。施工企业要根据这些要求，识别和确定现场相应的关键过程、特殊过程和重要过程及其相关因素，形成施工过程的质量控制点，建立或细化适宜的操作程序，系统地展开质量控制活动。

1. 正确使用施工图纸、设计文件、验收标准及适用的施工工艺标准、作业指导书。

开工之初，项目经理部要努力解决好正确使用施工图纸、设计文件、验收标准及适用的施工工艺标准、作业指导书的问题，合理确定质量标准和施工能力的接口。特别是注意图纸会审中发现的问题与相关质量管理策划文件的协调接口问题。如果图纸错漏百出，就无从谈起以图纸为蓝图的工程质量。因此施工企业一方面要善于发现不同专业的图纸中不相符之处，发现图纸与技术规程、工程量单之间的不符之处，尽快解决，确保图纸质量；另一方面应根据相关图纸会审中的确定结果编制和完善项目质量管理策划文件、创优计划、质量检验计划等。

重要工程或是缺少经验的施工过程，应该坚持样板引路。重要的分项工程开工前，由项目经理部的责任工程师，根据专项方案、措施交底及现行的国家规范、标准，组织施工人员或分包单位进行样板分项（工序样板、分项工程样板、样板墙、样板间、样板段等）施工，要从操作人员、工艺方法和施工设备、施工环境等方面进行施工过程确认，包括工序的检查、技术复核、施工过程参数的监测和必要的统计分析活动，过程确认合格并样板工程验收合格后才能进行专项工程的施工。在样板工程施工前施工人员应接受专门技术方法和质量标准的培训，统一操作程序，统一施工做法，统一质量验收标准，做到样板施工未雨绸缪。

2. 调配符合规定的操作人员。

相关规定包括：人员的数量、质量和进场时间。其中人员的质量包括人员满足持证上岗要求和质量责任要求的程度。施工企业要充分保证合理的人力资源投入，调配符合规定的现场操作人员，例如配备有规定资格的特殊施工操作人员、符合要求的一般操作人员和工序质量控制人员等。调配的操作人员必须能够胜任各自岗位质量责任规定的工作。为了保证调配符合规定的操作人员，岗位质量责任可以与工作任务需求相匹配，配套实行技术交底挂牌、施工部位挂牌、操作管理制度挂牌的方式，以明确操作人员的责任并便于实施考核。

增强全体员工的质量意识是保持调配的操作人员符合要求的重要措施之一。项目可定期组织质量讲评会，同时组织到创优内外部单位进行观摩和学习，并邀请外部质量专家进行集中培训和现场指导；做好规范、标准和技术知识的培训工作，促使项目人员的素质不断得到保持和提高，从人的因素上消除产生质量问题的源头。

3. 按规定配备和使用建筑材料、构配件、施工机具和检测设备。根据质量管理策划的要求，提供和配置需要的建筑材料、构配件、施工机具和检测设备，及时进行进场验收和检验。同时应按照规定的施工要求，使用建筑材料、构配件、施工机具和检测设备。

要严格控制进场材料的紧急放行，凡是影响结构安全性能的材料（水泥、钢材和混凝土等）未经检验试验一律不得投入工序。在重要施工工程部位，包括结构施工阶段模板加工与制作、钢筋原材、装修材料及加工成品采用等均应采用全方位、多角度的选择方式，以产品质量优良、材料价格合理、施工成品质量优良为材料选型、定位的标准。材料、半成品及成品进场要按规范、图纸和施工要求严格检验，不合格的立即退货。

项目经理部应与分包方之间签订合同/责任状，按计划目标明确规定分包应该配备和使用的建筑材料、构配件、施工机具和检测设备。具体按本规范的第6、9章执行。

4. 按规定施工并及时检查、监测。

施工过程各种因素变化多样，要根据施工需要精心修改和完善质量管理策划结果，调整时要严格按照有关规定要求，掌握施工组织设计的指导性、施工方案的部署性、技术交底的可操作性、质量计划（有条件的企业含创优计划）的引导性，做到四者互相对应、相互衔接、相互交圈，层次清楚、严谨全面，符合规范。这里的核心是如何从工艺上降低达到质量标准（有条件的企业含创优标准）的难度，如何保持一个合理的质量成本。需要时应做好施工图的深化设计。

施工企业要确保按质量管理策划的相关方案施工。施工中只要有了完备的施工组织设计和可行的施工方案,以及可操作性强的措施交底,就能保证全部工程整体部署有条不紊,施工现场整洁规矩,机械配备合理,人员编制有序,施工流水不乱,分部、分项工程方案科学合理,施工操作人员严格执行规范、标准的要求,有力地保证工程的质量和进度。

施工企业应该做好施工过程的变更交底。项目有关人员针对施工变化及时实施技术交底。变更交底主要针对施工因素的变化情况进行策划和安排,明确工艺、方法、材料和程序的变更要求。要及时办理变更交底手续。需要时,应该进行配套的培训工作。

施工现场要认真落实检查验收制度:

(1) 对施工过程予以标识,标示出验收合格、不合格或待检状态。对于施工过程中的不合格项,项目质量员或工长应及时下发《质量整改单》,并跟踪整改到位。

(2) 按照进度计划组织质量检验。检验机构、人员和设备均应具备相应的资格和能力。定期或在人员、材料、工艺参数、设备发生变化时,重新进行确认。

(3) 在施工过程中坚持检查上道工序、保障本道工序、服务下道工序,做好自检、互检、交接检;遵循分包自检、总包复检、监理验收的三级检查制度;严格工序放行管理,没有通过规定检查的工序,不能转入下一个工序。认真做好所有检验试验的相关记录。

5. 依据现场管理有关规定对施工作业环境进行控制。对施工作业环境的控制包括:安全文明施工措施、季节性施工措施、现场试验环境的控制措施、不同专业交叉作业的环境控制措施以及按照规定采取的其他相关措施。

施工过程控制的关键是从形成工程质量的环节入手,把自然环境条件和施工准备工作结合起来,有效控制和监督施工作业环境的关键参数,包括施工粉尘、温度、湿度、风力和地理位置等。施工企业在施工过程策划中可以确定对工程质量影响较大的关键工序、不能由后续的检验试验加以验证的特殊工序等的作业环境因素作为施工工序的质量控制点。

6. 根据有关要求采用新材料、新工艺、新技术、新设备,并进行相应的策划和控制。

应识别施工过程影响工程质量的所有关键部位,设计施工过程的新材料、新工艺、新技术、新设备的应用方法,集成关键性的施工技术和管理活动的措施。尤其是应确定新材料、新工艺、新技术、新设备的关键环节,关注它们对管理提升的关联影响。项目经理部应根据策划规定进行过程控制。大型施工企业应发挥技术和管理的集成优势,研究新材料、新工艺、新技术、新设备的专门课题,开发适宜的高端技术和管理标准,引领行业的项目质量管理。

7. 采取半成品、成品保护措施并监督实施。

成品和半成品防护的范围应包括供施工企业使用或构成工程产品一部分的发包方财产，这些财产不仅包括发包方提供的文件资料、建筑材料、构配件和设备，还包括：

（1）施工企业作为分包单位时，发包方提供的未完工程。

（2）施工企业作为总包单位时，发包方直接分包的工程。

这些防护活动应贯穿于施工的全过程直至工程移交为止。

项目经理部要根据工程的特点、规模、质量标准及业主的要求，制定出成品保护措施。科学、合理安排施工生产，减少交叉作业等人为因素造成的成品破坏。在与各分包方签订合同或协议书时，应在条款中明确规定分包方所承包的施工项目在成品保护方面应承担的责任。

建立工作面半成品、成品保护移交制度，落实工序交叉作业或上下工序作业时成品保护的责任人。建立 24 小时值班制度，预防不测事件的发生。特别要注意防盗、防火、消防及供水管线系统的监控及对卫生洁具的保护；要建立巡回检查制度，提高警惕，预防有意识的破坏活动的发生。

8. 合理安排工程施工进度。

项目经理部应分析施工过程的关键路径和施工节点，确定施工的里程碑和时间表。在可能的条件下，应保证施工过程的均衡性，避免施工的无故间断和赶工。要在施工的过程中充分考虑施工进度和质量要求的匹配关系，提供充分的各种资源，特别是人力资源，保证施工过程的进度和质量水平。

项目经理部要在进度检查中考虑质量管理的要求，在质量检查中考虑施工进度的要求。如果发现施工进度影响了质量时，应首先保证质量要求。同时，在质量稳定的情况下应该努力保证施工进度的要求。

项目经理部在对所有分包方、分供方严格管理、监督、检查和控制的前提下，积极主动服务，创造良好的施工作业条件，对所有参建单位进行统一组织和协调，做好工序计划安排以及相互之间的工序穿插和衔接，把质量要求与施工过程的系统目标有效结合起来，确保整个工程高效有序进行。

9. 推进施工质量的趋势管理，对不稳定和能力不足的施工过程、突发事件实施监控。

工程质量管理的重心伴随着施工生产不同阶段的质量控制重点不同而不同，随着管理对象的特征改变而改变。

（1）工程质量控制的实施过程是一个动态检验产品、对比统计分析和预测变化趋势的过程。

① 要有预见地实施管理策划。

在质量发生偏差之前，通过对工序的检查、技术复核、施工过程参数的监测和必要的统计分析活动，能够预见到问题所在。防患于未然是最成功的质量管理。如工程在进行结构施工时，就考虑到结构与将来装修接口之间的关系，预留空位。

② 要关注质量的变化趋势。

应对质量偏差的出现保持敏感。表面偶然的质量偏差，可能预示着潜在的质量风险。一方面，质量控制人员要谨慎敏感，不放过每一个"偶然"，找出后面隐藏的"必然"；另一方面，质量控制人员要注意质量偏差的连锁反应，某一工序的轻微质量偏差，可能是下一道工序的质量隐患。杜绝经常性的质量偏差和严重质量事故。经常性的质量偏差往往表明工程质量管理存在问题，需要及时纠正。

③ 项目质量管理人员应及时控制不合格品，分析产生质量偏差的原因，并实施相应的改进行动。采取相应的改进措施（如改进施工工艺、更换操作人员、调整管理人员等），整改不合格产品，改善工程质量。改进质量计划中明显不合理的质量标准，要同监理工程师达成协议。

（2）由于施工因素的不平衡性，往往会出现不稳定和能力不足的施工过程，对项目质量管理产生较大影响。因此应重点关注这些过程和突发事故的可能性，并及时进行监督和控制。具体内容：

项目管理人员和施工班组人员应连续监督过程能力、过程变化情况；

项目管理人员针对可能的突发事故风险制定应急措施；

提供和配备必要的应急资源；

测量和试验相应的应急措施。

施工企业在大型或特种项目的施工中的应急措施可在有关施工方案中予以明确。必要时，应该制定专门的应急方案。在有条件的情况下应该实施应急措施的测试。

10. 强化施工分包和工程监督管理。

要严格保证施工分包方的科学使用，从施工业绩、工程质量、人员素质、管理水平、安全情况、服务能力和团队文化等方面分析已经选定的供应方施工特点，确定风险环节，在此基础上考虑适宜分包方的作业方法。一方面要严格控制分包人员按照施工策划要求实施工序活动，从作业人员的技能、意识、经验和反应能力等环节进行过程监督。比如在大体积混凝土施工中要全面控制模板工艺、混凝土泵送技术、混凝土浇筑活动、施工安全条件等重要因素与作业人员的结合状态，观察施工过程各种因素的变化趋势，及时调整工艺方法和管理方式；另一方面要严格控制分包人员的无序流动和不适宜的管理惯例，形成作业现场合理的梯形人员结构，保证施工人员的技能和经验在整体上是稳定的，防止施工的过程能力失去控制。

项目对分包方主要管理人员也要定期进行质量管理的培训，对分包方班组长及主要施工人员，按不同专业进行技术、工艺、质量综合培训，未经培训或培训不合格的分包队伍不允许进场施工。项目责成分包方建立责任制，并将项目的质量保证体系贯彻落实到各自施工质量管理中，并督促其对各项工作落实。

项目经理部应在施工全过程对分包方进行动态的监督管理和使用评价，发现问题及时进行处理。施工企业对分包方施工过程进行的控制应该符合本规范第9章的规定。

本条文是第3章的具体体现，也是10.2条款的具体落实。本条款不仅是项目质量管理和控制的基础规定，也是项目经理部对施工过程质量进行控制的关键控制环节。实际上本条款是施工企业质量管理工作的有机集成。

【条文】

10.5.2 施工企业应根据需要，事先对施工过程进行确认，包括：

1　对工艺标准和技术文件进行评审，并对操作人员上岗资格进行鉴定；

2　对施工机具进行认可；

3　定期或在人员、材料、工艺参数、设备发生变化时，重新进行确认。

【条文解读】

需要确认的过程往往是其结果不能由后续的检验试验进行验证（又称为特殊过程）或经济的进行验证的过程。不同施工企业的验证能力不同，因此需要确认的过程往往也是不同的。

施工过程的确认目的是为了证实这些过程实现所策划的结果的能力。施工企业应在施工过程中根据工序的特点，对需要确认的过程及时实施确认活动。

1. 重要工序样板引路的确认。根据专项方案、措施交底需进行样板施工引路的工程（分项工程样板、工序样板、样板间、样板段、样板墙等），应经过验收、确认合格后才能进行施工。

2. 施工过程的事先确认。混凝土浇筑、焊接、防水和预应力施工等工序的结果由于往往不能通过后续的监视和测量加以验证，因此需要在适当的时间，包括事先、事中及时进行确认。方法可以是对相关的工艺标准和技术文件进行评审，对操作人员上岗资格进行鉴定，并对施工机具进行认可。

3. 确认活动的灵活实施。由于不同企业施工过程控制能力是不一样的，因此企业之间需要确认的过程可能差别较大，特殊过程（工序）可能是不一样的，需要灵活地应用和实施。比如大型施工企业的特殊过程（工序）可能与中小企业是不一样的。如果需要也可以把一般或关键性的施工过程进行确认。

本条文是10.5.1条款的配套条款。重点是施工企业应根据需要事先对施工过程进行确认，而且这种确认是贯穿施工质量管理的全过程的。没有及时的确认工作，将会导致某些重要的施工过程缺乏质量风险的预防措施，施工过程的管理能力是不能满足要求的。

【条文】

10.5.3 施工企业应对施工过程及进度进行标识，施工过程应具有可追溯性。

【条文解读】

为了有效识别和控制施工质量，随着施工进度的变化，施工过程和进度状态是需要及时进行标识的。施工企业可通过任务单、施工日志、施工记录、隐蔽工程记录、各种检验试验记录等表明施工工序所处的阶段或检查、验收的情况，确保施工工序按照策划的顺序实现。

相应的标识方式包括有形的和无形的两种。有形方式可包括书面方式（施工日记、检验试验记录等）和其他有形方式，如颜色、尺寸、大小等。无形的方式包括位置、惯例等。施工工程一般情况下需要进行书面的标识，影响结构安全性能的过程还应该具有可追溯性，特别是质量检验和不合格的返工记录，以便有效管理质量风险。在没有规定要求的情况下则可能采用无形的方式进行标识。

施工现场标识的管理包括标识的建立、转移、改变和撤消。其中：

建立：针对施工过程的特点形成适宜的标识；

转移：根据施工进度的变化调整标识的位置；

改变：依据施工突发情况的发生改变标识的内容；

撤消：完成施工活动后对标识进行的撤消。

标识的管理必须与施工进度相匹配，与施工过程需求相适宜。

本条款强调对施工过程及进度进行标识的目的在于使施工过程具有必要的可追溯性。

本条文是施工质量管理的重要条款，是10.5.1的配套条款，也是第11、12章条款实施的基础条件。如果不及时地对施工过程及进度进行标识，并使其具有可追溯性，则施工质量管理的检查和改进将没有基本的信息来源。

【条文】

10.5.4 施工企业应保持与工程建设有关方的沟通，按照规定的职责、方式对相关信息进行管理。

【条文解读】

施工质量信息的交流和传递对于及时控制施工、降低风险是十分重要的。本条款强调了施工企业要及时与有关方实施信息沟通。施工企业质量信息的传递、接收和处理的方式应按照规定结合项目的规模、特点和专业类别确定。

信息交流和传递的有关方包括：顾客、监理、设计、分包方等。相关信息的范围包括：有关方需要或感兴趣的工程及其相关情况。施工企业和项目经理部应保持与工程建设有关方的沟通，主动测量、传递相关信息，分析特点，按照有关方的关注程度和信息的重要程度进行分级管理。处理方式，一般包括：

1. 立即进行沟通；
2. 事前进行沟通；
3. 事中根据需要进行沟通；
4. 事后再进行沟通；
5. 不需要进行沟通。

施工企业负责重大信息的管理和处理工作，项目经理部负责及时传递重大信息和一般信息的处理工作，信息传递不仅要快捷、及时而且应内容清楚、传递安全。

本条文是10.5.1条款的配套条款。信息与沟通交流是施工质量管理的重要途径。施工企业如果不能及时保持与工程建设有关方的沟通，并按照规定的职责、方式对相关信息进行管理，施工过程的质量管理将无法及时获得控制和改进的需求信息，产生的后果是比较严重的。

【条文】

10.5.5 施工企业应建立施工过程中的质量管理记录。施工记录应符合相关规定的要求。施工过程中的质量管理记录应包括：

1 施工日记和专项施工记录；
2 交底记录；
3 上岗培训记录和岗位资格证明；
4 施工机具和检验、测量及试验设备的管理记录；
5 图纸的接收和发放、设计变更的有关记录；
6 监督检查和整改、复查记录；
7 质量管理相关文件；
8 工程项目质量管理策划结果中规定的其他记录。

【条文解读】

本条款规定了8项质量管理记录作为基本的施工记录要求。施工企业可以结合工程项目的需要进行补充。项目经理部可以通过任务单、施工日志、专项施工记录、隐蔽工程记录、各种检验试验记录等表明施工工序所处的阶段或检查、验收的情况，确保施工工序按照策划的顺序实现。

施工日记是项目基本情况的综合反映。内容应包括：气象情况、施工内容、施工部位、使用材料、施工班组、取样及检验和试验、质量验收、质量问题及处理等情况。施工日记如果记录的质量较高将有效地减少其他记录的工作量。

质量管理信息存在方式多种多样，主要有：谈话、口头协议、书面资料、其他媒介形式（音像、电话等），记录是其中非常重要的一部分，当然还有很多信息无法或不适合用记录的方式表达的情况。质量管理记录是项目信息的重要存储方式。

施工企业质量管理记录的管理主要包括记录的收集、传递，信息加工、处理等。记录应填写及时、完整、准确；字迹清晰、内容真实；按照规定编目并保存。记录的内容和记录人员应能够追溯。

质量管理记录渗透到项目管理的方方面面，具有明显的广泛性。监理、生产例会等记录的收集，将影响到项目的决策和项目内外对项目的评价与反映，关系到项目的质量管理绩效。同时项目质量的范围可能涉及各个方面，因此更加需要相关信息的及时传递。项目质量管理过程，就是一个物质流和信息流相互作用的过程，从这个意义上讲，质量管理记录是同项目其他管理同时并存的。

随着计算机、网络和多媒体技术的普及，物质流的信息化程度和信息的保真程度和处理速度越来越快，对信息流的分析处理能力越来越强。同时通过信息流监督和控制物质流的过程，使项目质量信息越来越快捷、方便，与外界包括相关方的质量交流也越来越灵活和及时了。当然多媒体信息的保密也显得更加重要了。因此应尽快建立和有效实施项目的质量信息和信息安全系统，使之发挥应有的作用。

本条文是3.5条款的具体实施性要求。施工记录只有符合相关规定的要求，才能满足施工过程质量控制的追溯性要求和质量改进的预防和纠正措施信息的需求。

10.6 服 务

【条文】
10.6.1 施工企业应按规定进行工程移交和移交期间的防护。

【条文解读】
工程移交和移交期间的防护是施工管理的收尾工作，决定了项目质量管理的最终效果。施工企业应根据合同或事先的约定策划工程移交和移交期间的防护：
1. 移交计划。包括工程移交的内容、时间、有关资料、参加人员和程序；
2. 移交期间的防护计划。包括：移交期间的防护内容、技术措施和人员要求等。

工程移交应由施工企业负责组织实施。企业应确保工程移交过程符合监理和合同的要求，并一次通过验收。当没有通过验收时，应采取措施实施改进，并尽快重新进行验收。企业和项目经理部应按照国家和地方的具体规定，收集和整理过程交工资料。

工程移交期间的防护由项目经理部实施。防护工作不仅需要人员的充分配备和资源，而且可能需要一定的技术措施。因此针对特殊的工程项目，施工企业应编制有关工程移交期间防护的技术方案。

本条文是10.5.1条款后续跟进的要求。再好的施工工程质量也必须按规定进行工程移交和移交期间的防护，否则工程质量的最终品质是不能满足顾客的需要的。这个要求是普遍适用的重要条款。许多施工企业由于没有做好工程移交和移交期间的防护而导致顾客对工程质量提出疑意和索赔要求，教训是十分深刻的。

【条文】

10.6.2 施工企业应按规定的职责对工程项目的服务进行策划，并组织实施。服务应包括：

1 保修；
2 非保修范围内的维修；
3 合同约定的其他服务。

【条文解读】

服务水平是施工企业质量管理的重要标志，直接影响着发包人和用户的满意程度。本条款明确了在施工全过程中及时进行合同、协议或口头约定的服务活动的要求。服务不仅包括工程交付后的保修工作，而且包括施工过程中的服务活动。施工企业应按照所赋予的职责对工程项目的服务进行策划，可以形成具体的项目用户服务/质量回访计划。本条款规定的服务内容共三项，包括：

1. 保修。包括合同范围规定的和企业承诺的保修项目。施工企业的保修活动应依据有关法规、保修书和相关标准进行，并符合相关规定。

2. 非保修范围内的维修。包括在保修以外双方协商确定的维修内容。

3. 合同约定的其他服务。包括施工企业在合同中承诺的项目试生产或运行中的配合服务、培训等其他服务。

项目用户服务/质量回访计划应该包括上述内容。由施工企业主管部门组织或授权项目经理部实施。

为了更好体现为用户服务的理念，应由施工企业主管部门牵头及时了解发包人和用户对项目经理部的意见和建议，实施在施工程和竣工工程用户满意度调查工作，不断提升施工项目的服务质量。

用户满意度调查工作可采用用户意见调查表、电话、网络、会议和回访等的形式，了解发包人和用户在施工或竣工后对工程质量、进度、施工管理、保修服务、满意度和社会影响等方面的意见和要求。

施工企业服务主管部门应整理分析调查表，与项目经理部共同对不合格项制定整改措施，并监督项目经理部的落实情况。

对于发包人和用户反映的严重问题要进行内部通报或沟通，以促进项目经理部施工管理的改进和提高。

对于项目经理部已经撤销的工程项目应由施工企业主管部门负责组织相应的服务工作。

本条文是第7章和第10章的重要实施性要求，是第13章的重要关联条款。施工企业应按规定的职责对工程项目的服务进行策划，包括：保修，非保修范围内的维修，合同约定的其他服务并组织实施。本条款的实施是施工企业质量管理成效的重要标志，服务工作不到位必将对施工企业的质量管理结果产生较大的负面影响。

【条文】

10.6.3 施工企业应在规定的期限内对服务的需求信息作出响应，对服务质量应按照相关规定进行控制、检查和验收。

【条文解读】

在工程项目的全过程，服务工作是必须落实的重要活动。本条款规定施工企业应在合同规定的期限内及时做出服务响应的内容有：

1. 收集信息、预测服务需求；
2. 有效实施服务措施；
3. 及时测量服务效果；
4. 制定和落实提高或超越服务期望的措施。

本条款要求施工企业对服务质量进行控制、检查和验收的含义是从企业层次上保证服务工作的到位。施工企业的责任部门要对服务质量按照相关服务标准进行控制和验收，管理部门应及时进行检查和指导。"规定的期限"是指按照合同或相关要求确定的时间。

本条文是10.6.2的具体实施要求。施工企业应在规定的期限内对服务的需求信息做出响应，包括对服务质量按照相关规定及第11章的相关要求进行控制、检查和验收，以保证服务活动的有效质量。

【条文】

10.6.4 施工企业应及时收集服务的有关信息，用于质量分析和改进。

【条文解读】

本条款明确了施工企业为实施质量分析和改进收集有关服务信息的基本要求。施工企业应及时收集项目的有关服务信息包括：

1. 发包方、用户的评价；
2. 工程的使用效果；
3. 保修成效；
4. 物业反馈；
5. 其他。

施工企业要分析上述信息的相互影响和作用，寻找信息中的客观特性或特点。有条件的施工企业应建立完善的服务信息系统，多渠道收集相关方的反馈信息，包括发包方、用户、社会公众和其他相关方的满意程度。一般施工企业应该至少收集发包方、用户满意程度的有关信息。

施工企业要有效利用收集到的服务信息，实施服务的质量改进，不断提高发包方、用户的满意度。具体形式可以灵活多样，内容包括：

1. 把收集服务信息，用于质量分析和改进纳入质量管理项目绩效考核；
2. 实施公司和项目的质量管理内部审核；
3. 检查项目保修服务管理活动；
4. 对项目实体质量（包括使用过程的质量状况）进行监测；
5. 在管理评审中实施服务活动的评审。

施工企业收集服务的有关信息比较常见的是企业质量管理分析会和管理评审会。由企业主管领导主持，项目经理部和相关部门人员参加。会议主要沟通企业服务的重要信息，了解社会对企业服务的评价，研究改进的方向和措施。

项目经理部收集服务的有关信息比较常见的是质量例会。由项目经理部主持，所有参建单位的相关人员参加。会议主要沟通收集到的各种反馈信息，分析服务活动中存在的不足或问题，和与会者共同商讨整改办法和预控措施。会议要做好会议纪要，作为下次例会检查执行情况的依据。

施工企业应组织相关部门对项目经理部的服务情况定期考核，对项目质量情况进行监控，必要时进行现场指导，协助项目质量管理水平的提升。

本条款是第13章的具体实施性要求。施工企业通过及时收集服务的有关信息，用于质量分析和改进，可以有效地保证工程质量水平和施工过程品质，同时可以有效地提升项目管理的层次。否则工程质量的品质和项目管理的成效是无法得到保证的。

11 施工质量检查与验收

11.1 一般规定

【条文】

11.1.1 施工企业应建立并实施施工质量检查制度。施工企业应规定各管理层次对施工质量检查与验收活动进行监督管理的职责和权限。检查和验收活动应由具备相应资格的人员实施。施工企业应按规定做好对分包工程的质量检查和验收工作。

【条文解读】

施工质量检查制度是施工企业提高质量管理水平,确保工程施工质量的重要制度之一。施工质量检查所涉及的范围不仅包括最终工程产品的质量检查,也包括各中间环节如分部分项工程的检查和材料、构配件、设备、施工机具等的检查。作为一套完整的体系,施工企业的质量检查制度所涉及的内容既应包括原材料、构配件、设备的质量检查,也应包括中间产品和最终产品的质量检查;既应包括施工前准备工作状态的检查,也应包括施工过程和结果的检查;既应包括对施工管理人员的检查,也应包括对施工操作人员的检查;既应包括技术问题的检查,也应包括管理问题的检查;既应包括施工方案的检查,也应包括施工机械的检查。总之,施工企业的质量检查制度应力求内容全面、系统性强,并且具有可操作性。

施工企业的质量检查制度所规定的检查层次和内容以及检查人员资格的要求应该遵循我国工程建设质量检查与验收的相关制度。

施工企业应通过质量检查与验收活动,确保施工质量符合规定。

按照我国建筑法第二十九条的有关规定,总承包单位与分包单位就分包工程对建设单位承担连带责任。因此,作为总承包单位的施工企业也必须对分包工程做好质量检查和验收工作。分包工程的质量检查和验收工作是施工质量管理的重要问题之一。施工企业的分包主要包括劳务分包和专业工程分包两种。对于劳务分包的质量检查与验收,应着重于施工人员、施工机械、施工方法的检查与验收,而对于专业工程分包的检查与验收,还应着眼于建筑材料、构配件和工程设备的检查与验收。建筑材料、构配件和设备的验收活动应符合本规范第8章的规定。

施工企业可以通过采用不同的检查方式达到控制工程质量的目的。施工质量检查从检查方式上可以分为日常检查、跟踪检查、专项检查、综合检查和监督检查等。

施工质量检查中，除了要检查施工准备情况、施工过程和施工结果之外，应将整改落实情况作为重点检查对象。应特别注意对紧急放行与例外转序过程的检查，确保在规定的检查实施前不得放行任何产品。

本条款是第3章和第4章的具体实施要求，也是对第10章和其他相关条款的支持性条款。在建立并实施施工质量检查制度方面，施工企业如果不规定各管理层次对施工质量检查与验收活动进行监督管理的职责和权限，没有要求检查和验收活动应由具备相应资格的人员实施以及按规定做好对分包工程的质量检查和验收工作，将会给工程质量带来严重的隐患。

【条文】

11.1.2 施工企业应配备和管理施工质量检查所需的各类检测设备。

【条文解读】

配备施工质量检查所需的各类检测设备是开展施工质量检测工作的前提，施工企业应根据需要通过自购、租赁或借用的方式配备施工质量检查所需的各类检测器具和设备。无论是自购、租赁还是借用的检测器具和设备，都应建立一套完善的管理制度，确保检测器具和设备的数量和质量满足检测工作的要求。

对于自购的检测设备，应进行定期的维护和保养，并在使用前进行调试、校准或测试，确认检测设备的有效性。对于租赁的检测设备，应检查设备的合格证明文件，并在租赁协议中明确检测设备的出租方对检测设备维护、保养、调式、校准等方面应提供的服务。对于临时借用的设备，也应检查设备的合格证明文件，并在使用前进行调试、校准或测试，确认检测设备的有效性。

本条文是第6章的具体实施要求。配备和管理施工质量检查所需的各类检测设备是实施有效的检查与验收的基础条件。没有质量合格和数量充足的各类检测设备就不可能保证工程质量管理的基本需求。

11.2 施工质量检查

【条文】

11.2.1 施工企业应对施工质量检查进行策划，包括质量检查的依据、内容、人员、时机、方法和记录。策划结果应按规定经批准后实施。

11 施工质量检查与验收

【条文解读】

质量检查活动策划是项目质量管理策划的重要内容之一。根据需要可单独形成文件，经批准后作为工程项目施工质量检查活动的指导性文件。

质量检查的策划内容一般包括：检查项目及检查部位、检查人员、检查方法、检查依据、检查程序、判定标准、应填写的质量记录和签发的检查报告等。策划的结果要传达到所有的相关部门和个人，并按规定经批准后实施。

在质量检查活动的策划过程中，施工企业应尽可能地收集各种信息和资料作为策划的依据。质量检查活动策划的一般性依据包括国家有关的法律法规、标准和规范；设计文件及相关资料；施工组织设计文件及其他相关的技术文件、管理文件和合同文件等。同时，施工企业还可将以往类似工程的施工质量检查的过程和结果作为本工程质量检查活动策划的依据。另外，施工企业在进行质量管理活动策划的过程中，应该与建设单位、监理单位和设计单位等相关单位进行充分沟通，从而使检查活动能得以更加有效的实施。

施工企业质量检查的方式包括自检、互检、专检和交接检等。

施工质量的影响因素包括施工人员、施工材料、施工机械、施工方法和施工环境等。在检查中，应将这些因素作为主要的检查内容。

1. 施工人员的控制

施工人员的素质和工作能力直接会影响到工程的质量。施工人员可能对施工质量产生影响的原因包括人的技术水平、生理缺陷、心理行为等。因此，必须通过对施工人员的检查及时发现由于技术水平有限、生理缺陷和心理行为等方面的原因对质量可能产生的影响。对施工人员进行检查的目的不仅包括督促施工人员按要求进行施工，而且还可以及时发现施工人员在施工中的不良心理状态，防患于未然，从而确保工程的施工质量。

2. 施工材料的控制

施工材料是施工最终产品的组成部门。因此，施工材料的质量将对施工最终产品的质量带来直接的影响。施工材料的检查包括对施工原材料、构配件、半成品等方面的检查。检查的重点包括材料供货商的情况、材料运输环节的控制、材料进场验收环节的控制、材料储存情况、材料使用前的再验证等。检查过程中应以材料质量控制的相关标准为依据。材料的检验方法包括书面检验、外观检验、理化检验和无损检验等。材料的检验程度分为免检、抽检和全检。施工企业可以根据不同的材料和实际情况合理确定检验时间、检验方法和检验程度。

3. 施工机械的控制

施工机械是影响工程质量的重要因素，同时也是安全管理的关键内容。施工机械的检查包括机械设备的选用是否合理、是否具备相关的合格证明文件、是否与施工方案相符、机械设备使用前的状态是否能保证施工的质量和安全等。在保证施工质量和安全的前提下，还应考虑经济性问题。在质量检查中，施工机械的检查内容可以与安全检查内容结合制定。

4. 施工方法的控制

施工方法也会对施工质量产生直接影响。对施工方法的检查包括对施工方案、施工技术措施、施工工艺、施工程序等方面的检查。施工方法的选择应保证技术上可行，经济上合理。在检查过程中，应将涉及新技术和新工艺的施工方法列为重点检查对象。

5. 施工环境的控制

施工环境的变化是影响施工质量的重要因素。施工过程中环境的变化包括劳动作业环境的变化和自然环境的变化等。在质量检查的策划中，应明确在施工环境因素变化时保证工程质量的措施和要求。

本条文是 3.3 条款的具体实施要求，也是 10.2 条款质量策划结果的重要组成部分。对施工质量检查进行策划，包括质量检查的依据、内容、人员、时机、方法和记录是施工企业的重要活动。如果这项工作的内容不充分，将直接影响质量检查和验收的实施效果，甚至造成由于检验策划不到位而导致工程质量事故的发生。

【条文】

11.2.2 施工企业对质量检查记录的管理应符合相关制度的规定。

【条文解读】

施工企业应对质量检查记录进行管理。在质量检查记录管理制度中，应明确记录的管理职责，规定记录填写、标识、收集、保管、检索、保存期限和处置等要求，对存档的质量检查记录的管理应符合我国档案管理的有关规定。质量记录的内容和格式应该符合我国《建筑工程施工质量验收统一标准》GB 50300—2001 及其他相关标准和规范的规定。质量检查记录的管理应符合本规范 3.5.3 条的规定。

本条文是 3.5 条款在施工质量检查与评价中的具体实施要求。施工企业对质量检查记录的管理成效关系到工程质量检验效果的体系保证，没有完善的质量检查记录势必形成检验结果处理的重大遗漏，同时也会违反建设行业法律法规的相关要求。

【条文】

11.2.3 项目经理部应根据策划的安排和施工质量验收标准实施检查。

【条文解读】

在完成施工质量检查活动的策划后，项目经理部应严格按照策划的安排具体实施施工质量检查。在实施检查活动中，可能会遇到各种质量问题，对于质量问题的处理应按本规范 11.4 的要求进行。

本条文是 10.2 条款的具体实施要求。实施检查的依据必须是根据策划的安排和施工质量验收标准实施。

【条文】
11.2.4 施工企业应对项目经理部的质量检查活动进行监控。

【条文解读】
为了确保项目经理部能够做好质量检查工作，施工企业应对项目经理部的质量检查活动进行监控。监控的方式可以根据施工企业的规模、专业特点、管理模式及项目的分布情况，综合考虑成本等因素后确定。另外，对于技术条件复杂、建设工期紧、施工难度大、质量目标高的项目，施工企业应特别制定专门的监控措施，以确保工程项目的质量满足相关的要求。

施工企业在对项目经理部质量工作的检查中，应重点关注以下内容：

1. 工程开工前的施工准备工作

（1）施工条件的调查和分析

施工条件的调查和分析包括项目部在施工前是否对合同条件和要求进行了分析；是否对施工现场的自然环境、施工条件进行了调查；是否对相关部门的管理规定进行了调查和分析等。

（2）设计资料的分析

施工前充分了解设计意图对于保证施工质量是十分关键的。项目部在施工前应在图纸会审和设计交底活动中充分了解设计的意图，并就施工中的难点问题与设计单位进行有效沟通，及时提出施工中潜在的问题并与设计单位共同商讨处理措施。

（3）施工组织设计

施工组织设计文件是指导工程施工的重要文件，项目部在开工前应通过施工组织设计，编制合理的施工方案、配置合适的施工资源，并进行合理的施工进度安排。

（4）工程测量定位和标高基准点的控制

在开工前，施工单位应根据设计文件所要求的工程测量定位及标高的引测依据，建立工程测量基准点，做好技术复核工作，并按照规定的要求报监理机构审查。

（5）施工分包单位的选择

选择并控制施工分包的质量是保证工程施工质量的重要前提。项目部在施工前应按照规定的程序对施工分包单位进行选择和评价。

（6）材料的质量控制

项目部对所使用的建筑材料、构配件和设备的管理应建立完善的采购、验收、储存管理制度。

(7) 机械设备的质量控制

施工前应合理选择施工所用的机械设备,并确认机械设备的状态满足施工的要求。

2. 施工过程的质量控制

(1) 技术复核的控制

施工技术复核是指对用于指导施工或提供施工依据的技术数据、参数、样本等的复查核实工作。施工技术复核必须以施工技术标准、施工规范和设计规定为依据,从源头保证技术基准的正确性。施工技术复核是质量控制中的关键环节。凡涉及施工作业技术活动基准和依据的关键技术工作,都应严格安排专人进行检查,以避免给工程质量带来无法挽回的损失。

(2) 施工计量的控制

施工计量控制包括投料计量与检测计量等。施工现场的项目部应建立一套行之有效的计量管理制度,并通过增强计量意识和法制观念,建立监督机制,保证计量工作的法制性、统一性、准确性和及时性。

(3) 质量控制点的设置

凡对施工质量影响大的特殊工序;施工过程中的关键工序和隐蔽工程;施工中的薄弱环节;质量不稳定的工序或部位;对后续工程施工或对后续质量或安全有重大影响的工序、部位或对象;采用新技术、新工艺、新材料的部位或环节以及施工上无把握、施工技术难度大、施工条件存在困难的工序和环节都应设置质量控制点。

(4) 工程变更中的质量控制

在工程变更的过程中,可能会造成施工内容、施工条件、施工人员、施工方法或施工机械的变化。因此在工程变更的质量控制中,应就施工中的人、机、料、法、环等方面的控制问题进行重新规划和管理,从而确保变更工程的质量。

(5) 停工和复工的质量控制

施工过程中可能由于各种原因会出现停工现象。在停工过程中,可能会给工程质量问题带来潜在的隐患。因此在停工过程中,应注意对未完工程的保护并做好相关的质量控制工作。另外在复工时也要做好相关的复工准备工作,以保证工程施工的质量。施工单位的停工和复工都应按照规定的指令执行。

(6) 质量跟踪档案的建立与控制

施工质量跟踪档案分为材料生产跟踪档案和建筑施工及安装跟踪档案等,其内容包括有关的文件、图纸、试验报告、质量合格证明文件、各种质量检验单、质量问题及处理情况等。开工前,施工企业应按要求建立各级施工质量跟踪档案;施工开始后,应要求各项目部认真并连续填写各项材料、半成品加工生产以及建筑施工及安装工作的有关内容;完工时,应确保工程质量档案内容完整有效,并与工程进度同步。

3. 施工完成后的质量控制

(1) 已完工程的保护

做好已完工程的保护工作,是施工质量控制的重要环节。已完工程的保护措施包括防护、覆盖、封闭、包裹等。项目部应按照企业制定的已完工程保护的相关管理制度对已完工程实施保护。

(2) 施工质量检查验收

施工质量的检查验收是确保施工满足相关质量要求的重要环节。项目部的施工质量检查验收工作应符合企业的相关管理制度的要求。关于施工质量验收的问题将在第3节进行阐述。

本条文是3.4条款的实施性要求,也是10.5条款的关联性要求。对项目经理部的质量检查活动进行监控关系到工程质量的稳定性和风险预防的有效性。这项工作的执行成效是衡量施工质量检查水平的重要依据。

11.3 施工质量验收

【条文】

11.3.1 施工企业应按规定策划并实施施工质量验收。施工企业应建立试验、检测管理制度。

【条文解读】

施工质量验收是工程质量管理的重要环节,也是确保向使用者提供满足合同约定质量要求工程产品的最关键一步。因此,施工企业必须对施工质量验收活动进行策划。明确验收活动的工作内容、工作要求、组织分工、实施步骤等。

施工企业的质量验收工作应遵循我国相关工程质量验收标准的规定。施工企业在制定质量验收时的主要依据包括《建筑工程施工质量验收统一标准》GB 50300—2001以及各专业验收规范等。

建筑工程质量验收层次的划分为检验批、分项工程、分部(子分部)工程和单位(子单位)工程。检验批一般按楼层、施工段、变形缝进行划分;分项工程一般按主要工种、材料、施工工艺、设备类别等进行划分;分部工程一般按专业性质、建筑部位划分,当分部工程较大或者较复杂时,可按施工程序、专业系统及类别等划分为若干个子分部工程;单位工程是指具有独立施工条件并能形成独立使用功能的建筑产品。

检验批验收的合格规定有两点:一是主控项目和一般项目的质量经抽检检验合格,二是具有完整的施工操作依据和质量记录。

主控项目是指建筑工程中对安全、卫生、环境保护和公众利益起决定性作用的检验项目，主控项目的验收必须从严要求，不能出现不符合要求的检验结果。主控项目的检查具有否决权。一般项目则应按照项目专业规范的规定进行验收和处理。

分项工程质量验收合格的规定也包括两点：第一是分项工程所包含的检验批均应符合合格的规定；二是分项工程所含的检验批的质量验收资料完整。

分部工程质量验收合格的规定有四点：一是所含的分项工程的质量均验收合格；二是质量控制资料应完整；三是地基与基础、主体结构和设备安装等分部工程有关安全及功能的检验和抽验检测结果应符合有关规定；四是观感质量验收应符合要求。

单位(子单位)工程质量验收的合格规定有五点，分别为：单位(子单位)工程所含分部(子分部)工程的质量均应验收合格；质量控制资料应完整；单位(子单位)工程所含分部工程有关安全和功能的检测资料完整；主要功能项目的抽查结果应符合相关专业质量验收规范的规定；观感质量验收应符合要求。

施工质量验收的程序和组织应遵循规定的程序进行。检验批及分项工程应由监理工程师(建设单位项目技术负责人)组织施工单位项目专业质量(技术)负责人等进行验收；分部工程的质量验收应由总监理工程师(建设单位项目负责人)组织施工单位项目负责人和技术、质量负责人等进行验收；地基与基础、主体结构分部工程的勘察、设计单位的工程项目负责人和施工单位技术、质量部门负责人也应参加相关分部工程验收工作。另外，单位工程质量验收也应按照规定的程序进行，详见条文11.3.2。

施工企业应建立试验、检测管理制度。试验和检测管理必须符合我国相关法律法规的要求。

本条文是10.2条款的具体落实要求，也是6.2、8.3、9.3等条款的相关要求。施工企业按规定策划并实施施工质量验收直接关系到工程质量的稳定以及改进提升的水平。任何违反该项要求的施工过程必将对施工过程和中间工程质量产生不利的影响。

【条文】

11.3.2 施工企业应在竣工验收前，进行内部验收，并按规定参加工程竣工验收。

【条文解读】

我国已经建立了规范化的竣工验收管理制度，对工程项目的竣工验收进行管理。在竣工验收过程中，首先施工方要进行自检，即在竣工验收前进行内部验收。对内部验收发现的问题整改后，进行复验。在复验合格后，按照竣工验收备案制度的规定向监理方提交竣工验收报告。必要时，施工企业的工程项目施工质量管理部门应按照规定对完工项目进行全面的施工质量检查。

竣工验收的基本对象是单位工程。单位工程的竣工验收应按规定的程序进行。单位工程完工后，施工单位应自行组织有关人员进行检查评定，并向建设单位提交工程验收报告。建设单位收到工程验收报告后，应由建设单位(项目)负责人组织施工(含分包单位)、设计、监理等单位(项目)负责人进行单位(子单位)工程验收。单位工程有分包单位施工时，分包单位对所承包的工程项目应按相关标准规定的程序进行检查评定，总包单位应派人参加。分包工程完工后，应将工程有关资料交予总包单位。当参加验收各方对工程质量验收意见不一致时，可请当地建设行政主管部门或工程质量监督机构协调处理。单位工程质量验收合格后，应协助建设单位在规定的时间内将工程竣工验收报告和有关文件报建设行政主管部门备案。

本条文是10.2条款的实施性条款。施工企业在竣工验收前，进行内部验收，并按规定参加工程竣工验收是保证工程质量，提高企业质量信誉的基本保证。没有施工企业的内部验收将无法保证工程质量的整体品质，没有参加工程竣工验收将无法与相关方沟通质量情况，更不能及时针对质量问题实施有效的改进措施。

【条文】

11.3.3 施工企业应对工程资料的管理进行策划，并按规定加以实施。工程资料的形成应与工程进度同步。施工企业应按规定及时向有关方移交相应资料。归档的工程资料应符合档案管理的规定。

【条文解读】

工程资料是记录工程质量和工作质量的载体，也是在使用过程中对工程进行维修、扩建、更新和改造的依据，同时还是施工企业提高质量管理水平，进行质量管理改进和创新的依据。施工企业应建立工程资料的管理制度，并按照《建设工程文件归档整理规范》规定的要求进行工程文件的归档和移交。

按照用途的不同，工程资料一般可分为向发包方移交的竣工资料、送交施工企业档案管理部门归档的竣工技术资料，以及公司管理制度所规定的各项记录。

工程资料不能在工程完工后再编制、补充、整理，其形成应与工程进度同步。

向发包方移交的资料应该符合合同约定的要求以及我国相关制度的规定。

企业内部用的工程资料可以根据企业管理的需要进行整理和归档。目前，企业内部用工程资料的管理是企业加强建筑业的知识管理，提高企业综合竞争力的重要手段之一。企业在生产经营活动中所涉及的成本、进度、质量和安全管理都需要将以往的工程资料作为依据。因此，企业必须重视对工程资料的管理工作。

与质量管理直接相关的工程资料包括施工技术管理资料、工程质量控制资料、工程质量验收资料等。

施工技术管理资料包括图纸会审记录；工程开工相关资料(开工报告、开工报审表等）；技术交底资料；施工组织设计文件；施工日志；设计变更相关资料；工程沟通相关资料；工程测量记录资料（工程定位测量记录文件、施工测量放线报验表、基槽及各层测量放线记录文件、沉降观测记录文件等）；施工记录文件；工程质量事故相关资料（包括工程质量事故报告、工程质量事故处理记录等）；工程竣工文件等。

工程质量控制资料包括原材料、构配件、半成品、成品和设备的出厂合格证及进场检验和试验报告；施工试验记录和见证检测报告；施工现场质量管理检查记录；交接检查记录等。

工程质量验收资料包括检验批、分项工程、分部（子分部）工程、单位（子单位）工程质量验收记录；隐蔽工程验收资料等。另外，竣工图也是工程资料的重要组成部分之一。

施工企业可以参照我国相关制度的规定，结合施工企业的实际情况规定工程资料的内容和格式以及收集、整理、存贮和传递的方法。对于特殊的项目，施工企业应制定专门的工程资料管理办法。这些特殊项目包括技术含量高，技术资料有极大应用价值的项目；建设单位对工程资料有特殊要求的工程项目以及其他相关部门对工程资料有特殊要求的项目等。

工程资料的收集和存储可以采用书面和电子方式进行。随着信息技术的发展，利用电子的形式收集、存贮和传递工程资料已经被普遍采用。施工企业应该通过各种手段推进企业管理的信息化，更加有效地利用信息技术实现工程资料的管理。

本条文是3.5文件管理的具体实施要求。对工程资料的管理进行策划，并按规定加以实施是施工企业的重要工作。如果工程资料的形成没有与工程进度同步，则可能造成重大的质量信息缺失，甚至导致工程质量事故。

11.4 施工质量问题的处理

【条文】

11.4.1 施工企业应建立并实施质量问题处理制度，规定对发现质量问题进行有效控制的职责、权限和活动流程。

【条文解读】

质量问题是指施工质量不符合规定的要求，包括质量事故。施工企业应按照我国相关制度的规定，建立并实施质量问题处理制度。在质量问题处理制度中应对质量问题控制的职责、权限和工作流程作出相应的规定。在质量问题处理过程中，施工企业应与建设单位、设计单位、监理单位等进行有效的沟通，并严格按照我国相关制度的规定实施质量问题的处理。

施工质量问题的处理方式包括返工处理、返修处理、让步处理、降级处理和不作处理等。

当对建筑工程质量不符合要求的情况进行处理时，应符合以下规定的要求：

1. 经返工重做或更换器具、设备的检验批，应重新进行验收；
2. 经有资质的检测单位检测鉴定能够达到设计要求的检验批，应予以验收；
3. 经有资质的检测单位检测鉴定达不到设计要求，但经原设计单位核算认可能够满足结构安全和使用功能的检验批，可予以验收；
4. 经翻修或者加固处理的分项、分部工程，虽然改变外形尺寸但仍能满足安全使用要求的，可按技术处理方案和协商文件进行验收。

本条文是6.3、8.3、9.3的相关质量问题处理的管理要求，也是10.5的配套实施要求。同时是第13章实施的信息输入条款。建立并实施质量问题处理制度，规定对发现质量问题进行有效控制的职责、权限和活动流程是施工企业质量管理工作的重要内容。

【条文】

11.4.2 施工企业应对质量问题的分类、分级报告流程做出规定，按照要求分别报告工程建设有关方。

【条文解读】

施工企业应上报的质量问题包括在工程施工、检查、验收和使用过程中发现的各类施工质量问题。

施工企业应对质量问题进行分类，分类的准则一般包括处置的难易程度、质量问题对下道工序的影响程度、处置对工期或费用的影响程度、处置对工程安全性能或使用性能的影响程度等。然后根据分类的结果确定分级报告和处理流程。对质量事故的分类和处理的要求应符合我国关于工程质量事故处理的规定。

按照损失严重程度的不同，工程质量事故可以分为一般质量事故、严重质量事故、重大质量事故、特别重大质量事故；

按照事故责任的不同，又可以分为指导责任事故、操作责任事故；

按照事故产生原因的不同，还可以分为技术原因引起的质量事故、管理原因引起的质量事故、经济原因引起的质量事故、社会原因引起的质量事故以及自然灾害引起的质量事故等。

工程质量事故的处理程序一般包括：

1. 事故调查

事故调查工作应力求客观、及时、系统和全面。调查结束后应完成调查报告。调查报告的主要内容包括工程概况；事故情况；事故发生后所采取的措施；相关的调查数据和资料；事故原因的初步分析与判断；建议的处理方案；事故责任者和涉及的相关人员等。

2. 事故原因分析

事故原因分析应从技术、管理、经济、社会、自然灾害等原因出发，在深入细致调查的基础上，从设计、施工、材料等方面进行全面分析。

3. 制定处理方案

事故处理方案的制定应以施工原因分析为依据，广泛听取意见，并组织专家进行论证，确保处理方案技术上可行、经济上合理。

4. 处理事故

质量事故的处理应严格按照处理方案的要求在合适的时间用合适的方法进行。

5. 鉴定验收

质量事故处理应进行鉴定验收，并形成事故处理报告。施工企业应重视质量事故处理的检查验收工作，使质量事故的处理做到安全可靠，不留隐患。

6. 为今后提出改进建议

质量事故处理之后，应从技术和管理两个方面对今后的工作提出改进建议，并将质量事故分析和处理的结果纳入到企业的知识管理系统中，作为今后工作的指导依据。

本条文是3.3和3.4条款的具体应用要求。施工企业应对质量问题的分类、分级报告流程作出规定，按照要求分别报告工程建设有关方，以便及时获得各方的处理意见，有机地协调好工程质量问题的善后工作，这是施工企业进行质量改进、赢得各方信任的基本条件。

【条文】

11.4.3 施工企业应对各类质量问题的处理制定相应措施，经批准后实施，并应对质量问题的处理结果进行检查验收。

【条文解读】

施工企业应根据我国相关管理制度的规定和合同约定的要求，针对质量问题的特点，对各类质量问题的处理制定相应的措施。这些措施包括返工处理、返修处理、让步处理、降级处理和不作处理等。对于施工质量未满足规定要求，但可满足使用要求而出现的让步、接收，应以不影响工程结构安全与使用功能为前提。施工企业应针对不同类别的质量问题在不同的管理层次进行质量问题处理的授权。质量问题的处理措施应经批准后实施。

本条文是6.2、8.3和9.3条款的具体实施要求。施工企业如果不对各类质量问题的处理制定相应措施，盲目进行随意的处理措施，势必对工程质量的控制产生巨大的负面影响。

【条文】

11.4.4 施工企业应保存质量问题的处理和验收记录,建立质量事故责任追究制度。

【条文解读】

施工企业应按照有关法律法规的规定建立质量事故责任追究制度,质量事故责任追究制度的制定应与质量责任制的建立相结合。为了避免出现在工作开始前质量责任不明确而在出现质量问题后互相推诿责任情况的出现,施工企业应该在工作开始前就落实质量责任,明确出现质量问题后的惩罚措施,尽量从组织和管理措施上做好质量问题的事前控制。

质量问题处理结果的检查和验收应符合 11.2 和 11.3 关于施工质量检查和验收的相关要求。质量问题的处理和验收记录的管理应符合相应的规定。

本条文是 3.5 和 4.3 条款的具体应用要求。及时保存质量问题的处理和验收记录,建立质量事故责任追究制度是施工企业保证工程质量的基本工作,记录可以作为追究质量责任的依据,而责任又可以通过质量记录予以规定和证实。

案例 11-1

某工程项目质量检验计划

Ⅰ 案例背景:

本施工企业承接了由三栋综合楼组成的集办公、商业和公寓为一体的建设项目,项目概况如表 11-1:

项目概况　　　　　　　　表 11-1

建筑功能		办公、商业、公寓	
建筑形式		三栋独立塔楼和整体地下室、裙房	
占地面积	21785m²	总建筑面积	172176m²
地上面积	111571m²	地下面积	60605m²
二期建筑面积	×××m²	三期建筑面积	×××m²
建筑层数	地上 8~29 层/地下 4 层	建筑高度	40.15~99.85m
主体结构形式		现浇钢筋混凝土框架—剪力墙结构	
综合管理目标	工期目标	二期工程:2005 年 1 月 25 日~2006 年 11 月 30 日,共计 670 天 三期工程:2005 年 1 月 25 日~2007 年 7 月 30 日,共计 898 天	
	质量目标	结构工程—上海市"结构金奖" 整体工程—上海市"建筑工程白玉兰杯"	
	文明施工目标	上海市建设工程文明安全工地	
	安全目标	确保不发生重大伤亡事故、火灾事故和恶性中毒事件,轻伤发生频率控制在千分之六以内	

Ⅱ 《质量检验计划》的编制

1. 编制说明（略）

2. 重点控制区域的确定及质量控制点的设置

为了保证质量目标的实现，结合项目的特点，首先对项目质量控制的薄弱区域进行了分析，将以下区域列为重点控制区域：

① 地下室结构

② 一～四层主楼及裙房结构

③ 西塔结构

④ 南、北塔五～十层结构

⑤ 南、北塔十一～二十层结构

⑥ 南、北塔二十一至屋面结构

除了确定重点的控制区域之外，还针对质量控制的薄弱环节设置质量控制点。

质量控制点的设置遵循了以下原则：凡对施工质量影响大的特殊工序；施工过程中的关键工序和隐蔽工程；施工中的薄弱环节；质量不稳定的工序或部位；对后续工程施工或对后续质量或安全有重大影响的工序、部位或对象；采用新技术、新工艺、新材料的部位或环节以及施工上无把握、施工技术难度大、施工条件存在困难的工序和环节都应设置质量控制点，并由项目专门质量检查人员实施检验和试验。

根据质量控制点的设置原则，本项目所设置的主要质量控制点包括：混凝土工程、模板工程、钢筋工程(含焊接工序)、脚手架工程和吊装作业等。

3. 质量检验人员和设备的配备及检验要求

根据质量的目标要求，决定配备16名专门质量检验员。并设立项目质量总监负责检验试验的工作。

根据施工组织设计配备完善的检测设备，包括经纬仪3台、水准仪3台、标尺15个、试模30组、台秤3个等。

对于自购的检测设备，检验测量人员应进行定期的维护和保养，并在使用前进行调试、校准或测试，确认检测设备的有效性。对于租赁的检测设备，应检查设备的合格证明文件，并在租赁协议中明确检测设备的出租方对检测设备维护、保养、调试、校准等方面应提供的服务。对于临时借用的设备，也应检查设备的合格证明文件，并在使用前进行调试、校准或测试，确认检测设备的有效性。

4. 项目的进货检验试验

本工程施工材料和其他物质的检查包括对施工原材料、构配件、半成品等方面的检查。检查的重点包括材料供货商的情况、材料(设备)运输环节的控制，材料(设备)进场验收环节的控制、材料(设备)储存情况、材料(设备)使用前的再验证等。检查过程中应以材料(设备)质量控制的相关标准为依据。材料(设备)的检验方法包括书面检验、外观检验、理化检验和无损检验等。材料(设备)的检验程度分为免检、抽检和全检。项目可以根据不同的材料(设备)和实际情况合理确定检验的时间、检验方法和检验的程度。

本工程的进货检验试验配备5名专门质量检验员，检验活动具体执行公司的《检验试验管理程序》，所有影响结构安全性能的重要材料(水泥、钢筋、混凝土等)都不能紧急执行。

5. 工序(中间过程)的质量检查验收

质量检查的方式包括自检、互检、专检和交接检等。施工质量的影响因素包括施工人员、施工材料、施工机械、施工方法、施工环境和施工结果等。在检查中，应将这些因素作为主要的检查内容。每次检验试验活动结束应按照规定填写质量检验记录，办理相关签字手续。

质量验收工作应按照我国《建筑工程施工质量验收统一标准》（GB 50300—2001）以及各专业验收规范等实施。

质量验收层次的划分依据图纸规定分为检验批、分项工程、分部（子分部）工程和单位（子单位）工程。作为基础的检验单位，检验批按楼层、施工段、变形缝进行划分。检验批验收的合格规定包括主控项目和一般项目的质量经抽检检验合格，同时具有完整的施工操作依据、质量记录。

项目中间工序的检验试验工作由各施工部位的责任质量检验员负责实施。

为保证项目下一分部、分项工程提前插入施工，各项验收必须及时，按照该项目的实际情况，结构工程分段进行验收。此项验收计划由业主、监理、设计和质量监督部门密切配合。影响结构安全性能的重要过程都不能例外转序。

结构工程验收时间表　　　　　　　　　　　　　　表 11-2

序号	部　位	结构验收时间	备　注
1	地下室结构	2005.11.29	随后插入地下室装修
2	一～四层主楼及裙房结构	2006.3.30	随后插入初装修
3	西塔结构	2006.4.14	随后插入初装修
4	南、北塔五～十层结构	2006.4.25	随后插入初装修
5	南、北塔十一～二十层结构	2006.6.17	随后插入初装修
6	南、北塔二十一至屋面结构	2006.7.21	随后插入初装修

其中，施工质量验收的程序和组织应遵循政府和公司规定的程序进行。检验批及分项工程应由监理工程师（建设单位项目技术负责人）组织施工单位项目专业质量（技术）负责人等进行验收；分部工程的质量验收应由总监理工程师（建设单位项目负责人）组织施工单位项目负责人和技术、质量负责人等进行验收；地基与基础、主体结构分部工程的勘察、设计单位的工程项目负责人和施工单位技术、质量部门负责人也应参加相关分部工程验收工作。

6. 最终质量检查验收

工程项目完工时，项目经理、技术负责人应组织项目的专业人员和分承包方的人员进行检查验收，包括观感和资料的验收。

最终验收由建设方组织施工单位项目负责人和技术、质量负责人等进行验收；包括勘察、设计单位的工程项目负责人和施工单位技术、质量部门负责人也应参加工程的整体验收工作并办理相关手续。

7. 不合格的处理

在检验试验过程发现的不合格，由责任人负责组织分析原因，评价不合格的原因，确定相应的纠正措施。在质量问题调查、处理过程中，项目技术负责人应与建设单位、设计单位、建立单位等进行有效的沟通，并严格按照我国相关制度的规定实施质量问题的处理。

项目施工质量问题的处理方式包括返工处理、返修处理、让步处理、降级处理和不作处理等。

当对工程质量不符合要求的情况进行处理时，应符合以下规定的要求：

（1）经返工重做或更换器具、设备的检验批，应重新进行验收；

（2）经有资质的检测单位检测鉴定能够达到设计要求的检验批，应予以验收；

（3）经有资质的检测单位检测鉴定达不到设计要求，但经原设计单位核算认可能够满足结构安全和使用功能的检验批，可予以验收；

（4）经翻修或者加固处理的分项、分部工程，虽然改变外形尺寸但仍能满足安全使用要求的，可按技术处理方案和协商文件进行验收。

重大质量缺陷，应该直接上报项目经理进行处理。出现质量事故时应及时上报公司质量部门。

项目质量检查员应及时确定质量问题的原因，评价相应的质量影响和后果，并向项目经理建议人员处理的方案。项目经理负责进行质量责任的处理，需要时，上报公司进行处理。

8. 本计划的修改和管理

本计划由技术负责人组织编写，项目经理批准。需要修改时，由项目责任人提出修改意见，技术负责人审核修改，项目经理批准后实施。

11.5 检测设备管理

【条文】

11.5.1 施工企业应按照要求配备检测设备。检测设备管理应符合下列规定：

1 根据需要采购或租赁检测设备，并对检测设备供应方进行评价；

2 使用前对检测设备进行验收；

3 按照规定的周期校准检测设备，标识其校准状态并保持清晰，确保其在有效检定周期内方可用于施工质量检测，校准记录应予以保存；

4 对国家或地方没有校准标准的检测设备制定相应的校准标准；

5 对设备进行必要的维护和保养，保持其完好状态。设备的使用、管理人员应经过培训；

6 在发现检测设备失准时评价已测结果的有效性，并采取相应的措施；

7 对检测设备所使用的软件在使用前的确认和再确认予以规定。

【条文解读】

检测设备的管理应按照我国关于检测设备和计量管理的有关规定执行。

检测设备的管理包括检测设备的采购、验收、校准、保管和维护等。检测设备的采购应注意对供应方进行评价，检测设备的供应方应具有政府计量行政部门颁发的《制造计量器具许可证》。检测设备的验收包括两方面：一是验证购进测量设备的合格证明及应配带的专用工具、附件；二是对采购的监测设备性能和外观的确认。检测设备应按规定的周期进行校准，使其准确度、稳定性、量程、分辨率等符合施工质量检查的要求。当发现检测设备不符合要求时，施工企业应对以往测量结果的有效性进行检查、评价和记录。

施工企业对检测设备的保管和维护也要做出相应的规定。设备的保管和维护人员应经过相应的培训。监测设备的搬运、保存、设备的停用、限用、封存、遗失、报废等都应符合相关管理规定的要求。

对于使用计算机软件的检测设备，当软件修改、升级或检测设备、对象、条件、要求等发生变化时，应对软件进行再确认。同时必须注意确保软件在使用过程中没有被病毒所侵害。

本条文是10.5的关联条款，也是3.3和10.2条款的具体实施要求。按照要求配备检测设备是施工企业控制工程质量的基础，没有合格有效的检测设备就无法保证施工过程的检验和检测质量，更不可能为质量预防提供有效的信息。

12 质量管理自查与评价

12.1 一般规定

【条文】

12.1.1 施工企业应建立质量管理自查与评价制度，对质量管理活动进行监督检查。施工企业应对监督检查的职责、权限、频度和方法作出明确规定。

【条文解读】

施工企业的质量管理自查与评价制度是施工企业检查自身的质量管理能力，提高质量管理水平的重要手段。

施工企业质量管理自查和评价的依据包括我国相关的法律、法规、标准和规范；施工企业质量管理方针和目标、质量管理制度及支持性文件；工程承包合同；项目质量管理策划文件等。自查和评价的内容包括质量管理制度与本规范的符合性；各项活动质量管理制度的符合性；质量管理活动对实现质量方针和质量目标的有效性等。

施工企业应在质量管理制度中明确监督检查的步骤、组织管理方式、记录的形式和要求、发现问题时的处理程序及措施等。

企业质量管理的自查和评价可以视情况与内审等其他检查结合进行。

本条文是 3.4 条款的具体应用要求，也是对各项条款实施效果的验证和评估。一个有经验的施工企业通过建立质量管理自查与评价制度，对监督检查的职责、权限、频度和方法做出明确规定，可以有效解决施工过程的各种潜在问题，评价工程质量的变化趋势，保证质量改进和质量管理的升级。否则将难以提高质量管理绩效和水平。

12.2 质量管理活动的监督检查与评价

【条文】

12.2.1 施工企业应对各管理层次的质量管理活动实施监督检查，明确监督检查的职责、频度和方法。对检查中发现的问题应及时提出书面整改要求，监督实施并验证整改效果。监督检查的内容包括：
1　法律、法规和标准规范的执行；
2　质量管理制度及其支持性文件的实施；
3　岗位职责的落实和目标的实现；
4　对整改要求的落实。

【条文解读】
　　施工企业质量管理活动的监督与评价涉及各个管理层次，在监督检查过程中，首先要明确检查的职责，然后是检查的频度，检查的频度可以根据企业的需要来确定。通常情况下可以定期进行，如一年一次，半年一次或者一季度一次。当出现重大质量问题或者内外部环境发生重大变化等特殊情况时，应及时安排检查。
　　检查的方式可以采取汇报、总结、报表、报告会、评审、对质量活动记录的检查、发包方及用户的意见调查等。在确定监督检查的职责、频度和方法时，应以识别质量管理活动的符合性和有效性为原则，以总结和发现质量管理活动中的问题为主线，以提高企业的质量管理水平为目标，同时与企业安全和环境管理等其他方面的检查进行有机的结合，使监督检查既能满足企业质量管理的需要，又能做到事半功倍，不流于形式。
　　监督检查的内容中，首先是对国家法律、法规、标准、规范执行情况的检查。其次是对"质量管理制度和支持性文件的实施"情况的检查。
　　在监督检查过程中应该注意两个问题，一是实施过程的检查，即检查质量管理活动是否符合质量管理制度和支持性文件的要求。如果未按照要求实施，主要的原因是什么。二是实施效果的检查，某些情况下即使按照质量管理制度和支持性文件的要求实施了质量管理，但是可能会由于实施人员的能力限制并未达到预定的效果。另外，在监督检查过程中应区别两种原因引起的不符合性，一种是建立了健全的质量管理制度和支持性文件，但是实施者未按照要求实施；另一种是质量管理制度和支持性文件本身存在缺陷而引起难以实施的问题。这两种情况的处理措施是完全不同的。同理，对"岗位职责的落实、目标的实现、整改要求的落实"等方面的检查也存在着同样的情况。
　　本条文是3.4条款的具体应用要求，也是第13章的实施基础。对各管理层次的质量管理活动实施监督检查的关键在于明确监督检查的职责、频度和方法，如果不按照本条文实施该项活动，势必会导致质量的监督和评价流于形式，增加工程质量的过程风险。

【条文】
12.2.2　施工企业应对项目经理部的质量管理活动进行监督检查。内容包括：

1 项目质量管理策划结果的实施；
2 对本企业、发包方或监理方提出的意见和整改要求的落实；
3 合同的履行情况；
4 质量目标的实现。

【条文解读】
项目经理部质量管理活动的过程和结果直接影响工程项目产品的质量，因此项目经理部是施工企业对质量管理活动进行监督检查的重点部门。

施工企业对项目经理部的监督检查可以结合企业对施工和服务质量的检查进行。检查的职责设置、频度和方式应以能正确全面地评价项目经理部质量管理水平为原则。检查的内容应以符合对企业各管理层次质量管理活动监督检查的内容为基本出发点，对项目质量管理策划结果的实施、各方意见和整改要求的落实、合同的履行及质量目标的实现情况进行检查。

由于项目经理部的质量管理活动的最终目的是增强业主的满意度，因此检查的重点也应放在满足业主的质量要求并提高其满意度以及质量目标的实现情况上。由于业主的要求可能会随着项目实施中遇到的各种问题不断变化，同时项目质量管理策划的结果也将根据业主要求变化的情况进行相应调整，因此监督检查的方式和要求也要根据项目的变化进行相应调整。

值得注意的是，虽然项目经理部的质量管理活动是以增强业主的满意度为目的，但并不意味着评价项目经理部质量活动效果要完全以满足业主的要求为依据。对于业主由于知识缺陷等原因提出的不合理要求，项目经理部应该帮助业主加以重新认识和更正，并力求获得业主的认可，最终达到业主满意的目的。因此，施工企业对项目经理部质量管理活动监督检查的内容中应区别对待业主所提出的意见。对于业主提出的一些在检查时尚不能定性的意见应该在今后的监督检查中加以证实。同时，对于业主没有提出意见的项目经理部，并不意味着项目经理部的质量管理活动不存在问题，此时应结合项目质量策划结果的实施情况、合同的履行情况、质量目标的实现情况等方面进行检查和综合评定。

此外，在对项目经理部的监督检查中还应考虑是否与业主单位建立了合作伙伴关系、是否获得了业主方的后续工程、是否吸引了潜在的客户、是否开拓了新的商机等。合格项目经理部质量管理活动的效果表现在满足了业主的期望值，而优秀项目经理部质量活动的效果表现在超越了业主的期望值。

在确定项目经理部质量管理活动的监督检查的频度和方式时，应该与工程产品质量形成的重要环节紧密结合。例如在基础、主体结构等产品形成的重要环节施工之前应安排对项目经理部的质量管理进行监督检查，从而确保工程产品的质量。

本条文是3.4条款的具体应用要求，也是10.5条款的跟进管理要求。施工企业对项目经理部的质量管理活动如果不根据本条文的要求进行监督检查，则很有可能出现对施工现场实物和管理质量的失控，甚至出现致命的工程质量缺陷。

【条文】

12.2.3 施工企业应对质量管理体系实施年度审核和评价。施工企业应对审核中发现的问题及其原因提出书面整改要求，并跟踪其整改结果。质量管理审核人员的资格应符合相应的要求。

【条文解读】

施工企业对质量管理体系实施年度审核和评价的目的是及时发现质量管理体系运行中存在的问题，通过落实整改要求，跟踪整改结果，达到完善质量管理体系的目的。

年度审核可集中进行，也可根据所属机构、部门、项目部的分布情况，按照策划的结果分阶段进行。

年度审核应该覆盖质量管理体系的所有内容。具体步骤包括：

1. 制订审核计划、确定审核人员。审核人员的专业资格、工作经历应符合相关要求，并经认可的机构培训合格。审核人员不应检查自己的工作。

2. 向接受审核的区域发放计划，并可根据其工作安排适当调整时间，既要做到审核工作的及时性，又要考虑接受审核部门和人员的工作安排。

3. 进行审核前的文件准备。文件准备包括审核依据文件的准备和审核用文件的准备，审核文件的准备和管理应符合有关文件管理的规定。

4. 实施审核。

5. 根据审核结果进行全面评价，重点是对质量管理的符合性和有效性进行评价。评价的结果应以能够为实施改进提供依据为原则，尽量避免宽泛的评价结果。

6. 根据审核的结果实施改进。对于改进工作也应制定相应的计划。在改进计划的制定过程中应该对需要改进的问题进行分类，确定优先改进次序，然后分别制定相应的改进措施。改进计划的制定应以经济上合理、技术上可行为前提。

本条文是3.4条款的具体应用要求，也是实施第13章的重要条件。施工企业通过对质量管理体系实施年度审核和评价，可以系统、规范地解决相关的质量管理体系的各种工作界面和系统性的问题，对于提高企业质量管理的水平，实施风险预防具有十分重要的意义。

案例12-1

某建设工程集团公司现场审核计划

某建设工程集团公司，拥有完整的管理部门和两个在施工地。为了对企业实施全面的管理体系的测量、分析和改进，公司制定了审核计划，具体如下：

现 场 审 核 计 划

编号：QEO-04-01-2008.1

审核组长：____王×____

1. 被审核单位名称：____集团公司各单位____
2. 审核日期：自2008年4月16日至2008年4月17日

首次会议时间：____4月16日8时00分____　末次会议时间：____4月17日16时30分____

3. 在审核期间被审部门有关人员参加下列活动：

首、末次会议：管理者代表、各部室主任、分公司经理、专业公司经理及相关人员。

审核过程：被审核部门配备1名陪同人员，各有关人员在岗。

审核依据：GB/T 19001—2000；GB/T 24001—2004；GB/T 28001—2001；管理手册；程序文件及相关文件。

4. 任务分配

成员	涉及部门	涉及体系要素
尹×	办公室	Q4.2.3 Q6.2.2 E4.4.2 E4.4.5 O4.4.5 O4.4.2
	物资机械设备公司	Q7.4 E4.4.6 O4.4.6
	钢结构公司	Q4.1 Q5.4 Q5.5 Q7 E4.4 E4.5 O4.4 O4.5
	上海路C项目部	Q4.1 Q4.2 Q5 Q6 Q7 Q8 E4.4 E4.5 O4.4 O4.5
	总裁	Q4.1 Q5.1 Q5.5.1 E4.2 E4.4.1 O4.2 O4.4.1
	管理者代表	Q5.5.2 Q8.2.2 E4.5.4 E4.6 O4.5.4 O4.6
李×	技术质量部	Q5.5.3 Q5.6 Q7.5.3/4 Q7.6 Q8.2 Q8.4 Q7.1 Q8.2.3/4 Q8.3 E4.3.1/3 E4.4.3/6 E4.5 E4.6 O4.6
	装饰公司	Q4.1 Q4.2 Q5 Q6 Q7.1 Q7.2 E4.4 E4.5 O4.4 O4.5
	后勤部	E4.4.6 O4.4.6
	机电公司	Q4.1 Q4.2 Q5 Q6 Q7.1 Q7.2 Q8 E4.4 E4.5 O4.4 O4.5
	党工办	O4.4.6
刘×	防水公司	Q4.1 Q4.2 Q5.4 Q5.5 Q6 Q7.1 Q7.2 Q8 E4.4 E4.5 O4.4 O4.5
	计划财务部	E4.4.6 O4.4.6
	门窗公司	Q4.1 Q4.2 Q5.4 Q5.5 Q6 Q7.1 Q7.2 Q8 E4.4 E4.5 O4.4 O4.5
	工程管理部	Q7.1 Q7.5.2 Q8.2.1/3 O4.3 O4.4.2/6/7 O4.5.1/2
	××南站工程项目部	Q4.1 Q4.2 Q5.4 Q5.5 Q6 Q7.1 Q7.2 Q8 E4.4 E4.5 O4.4 O4.5
	市场经营部	Q7.2.1/2

5. 审核日程

日期	第一组		第二组		第三组	
	时间	部门/内容	时间	部门/内容	时间	部门/内容
16日	8:00~8:30	首次会议 受审核全体人员				
	8:30~10:00	管代	8:30~12:00	技术质量部	8:30~10:30	防水公司
	10:00~12:00	物资机械设备公司			10:30~12:00	计划财务部
	13:00~17:00	上海路C项目	13:00~15:00	装饰公司	13:00~17:00	××南站工程项目
			15:00~17:00	机电公司		
17日	8:00~10:00	办公室				
					8:00~10:00	工程管理部
	10:00~12:00	总裁				
			10:00~12:00	后勤部	10:00~12:00	市场经营部
	13:00~16:00	钢结构公司	13:00~16:00	党工办	13:30~16:00	门窗公司
	16:30~17:00	末次会议 受审核全体人员				

【条文】

12.2.4 施工企业应策划质量管理活动监督检查和审核的实施。策划的依据包括：

1 各部门和岗位的职责；
2 质量管理中的薄弱环节；
3 有关的意见和建议；
4 以往检查的结果。

【条文解读】

施工企业应根据企业的需要对质量管理活动监督检查和审核的实施进行策划。其目的是保证监督检查和审核内容的针对性、监督检查和审核工作的规范性、监督检查和审核计划的合理性。

策划的依据中所提到的各部门和岗位的职责既包括质量管理专职部门或岗位的职责，也包括质量管理兼职部门或者岗位的职责以及其他相关部门或岗位的职责；质量管理的薄弱环节既包括与质量管理相关的技术管理的薄弱环节，也包括与质量管理相关的组织管理的薄弱环节；有关的意见和建议既包括来自于企业内部的意见和建议，也包括来自于企业外部的意见和建议；以往检查的结果既包括本企业开展质量管理活动监督检查和审核的结果，也包括外部相关方，如政府主管部门、建设单位等，监督检查和审核的结果。

本条文是3.4的实施性要求，也是10.2和10.5的关联条款。施工企业通过策划质量管理活动监督检查和审核的实施，测量和改进工程质量，以强化对工程质量和企业质量管理的过程监控。

【条文】
12.2.5 施工企业应建立和保存监督检查和审核的记录，并将所发现的问题及整改的结果作为质量管理改进的重要信息。

【条文解读】
在监督检查和审核记录的管理制度中，应明确记录的管理职责，规定记录填写、标识、收集、保管、检索、保存期限和处置等要求，对存档的记录管理应符合企业档案管理的有关规定。监督检查和审核所形成的记录以及发现问题和整改结果的记录都可以作为质量管理改进的信息，也可以作为企业质量管理知识的组成部分，纳入企业的知识管理系统。

本条文是3.5条款的具体应用要求。实施本条文要求是保证监督检查质量和实施质量改进的重要环节，否则所发现的问题及整改的结果将可能无法作为质量管理改进的依据。

案例12-2

某建设工程集团公司管理体系内部审核报告

某建设工程集团公司，拥有完整的管理部门和两个在施工地（具体见案例12-1审核计划）。为了对企业实施全面的管理体系的测量、分析和改进，公司制定并实施了审核计划。实施后，编写了审核报告。

管理体系内部审核报告

审核编号：2008-01
编　制　人：　　　　　　　　　　　编制日期：2008年×月×日
批　准　人：　　　　　　　　　　　批准日期：2008年×月×日

说　　明

1. 本报告的主要责任者是审核组长。
2. 审核员对其出具的《不符合报告》和《管理体系现场审核记录》负责。
3. 本报告及其附件装订成册，由审核组长提交管理者代表并汇报审核的实施情况，经管理者代表批准后，由经理办公室发放至有关部门。
4. 不符合的界定：

次要不符合：对不能满足管理体系程序中的某一条款的某一要求或不能遵守某一程序的单独错误。

主要不符合：根本不能满足管理体系程序中的某一条款或许多次要不符合同时违反了同一条款的错误。

5. 本报告有以下文件：
(1) 管理体系文件审核报告一份；
(2) 会议签到记录两份；
(3) 会议记录两份；
(4) 不符合报告七份；
(5) 不合格分布表；
(6) 审核报告发放范围一份。

表1

1. 审核目的： 　　检查公司质量、环境、职业健康安全管理体系运行是否满足 GBT/19001—ISO 9001—2000 GBT/24001—ISO 14001—2004 　　GBT/28001—OHSAS 18001—2000 管理体系标准要求，验证是否与要达到的目标相适应。 　　检查复评审核中纠正措施执行情况
2. 审核范围： 　　管理体系覆盖的要素和施工过程； 　　涉及单位：总裁、管理者代表、办公室、工程管理部、市场经营部、技术质量部、后勤部、计划财务部、党工办、物资机械设备公司、装饰公司、防水公司、机电公司、钢结构公司、门窗公司、C项目部、本市C楼项目、上海路项目部
3. 审核依据： 　　GBT/19001—ISO 9001—2000　　GBT/24001—ISO 14001—2004 　　GBT/28001—OHSAS 18001—2000 质量、环境、职业健康安全管理体系标准 　　公司管理手册、程序文件及其他相关体系文件
4. 审核组成员： 　　审核组长：王× 　　审核员：刘×、尹×、李×

表2

审 核 报 告 审核结束日期：2008年4月17日 　　受审核单位：总裁、管理者代表、办公室、工程管理部、市场经营部、技术质量部、后勤部、计划财务部、党工办、物资机械设备公司、装饰公司、防水公司、机电公司、钢结构公司、门窗公司、××南站建筑施工项目部、上海路C楼项目部。 　　建设集团有限公司内部审核小组： 　　审核组长(签字)：　　　　　　　　　　　　　　　　　　日期：　年　月　日 　　内审员(签字)：　　　　　　　　　　　　　　　　　　　日期：　年　月　日 　　内审员(签字)：　　　　　　　　　　　　　　　　　　　日期：　年　月　日 　　内审员(签字)：　　　　　　　　　　　　　　　　　　　日期：　年　月　日 　　内审员(签字)：　　　　　　　　　　　　　　　　　　　日期：　年　月　日

管理体系内部审核综述

一、综述

1. 对于防水、焊接、隐蔽施工、门窗制作和季节性施工等关键过程，编制了详细的施工组织设计方案；对于施工现场重要环境因素和重大危险源编制了管理方案并配备了符合要求的设备和经过培训的人员，可满足施工及相关方的要求。

2. 主要原材料的复试、噪声的监测、安全的防护按规定方法进行操作，符合要求。

3. 对工程质量、环境、职业健康安全问题和顾客（相关方）的反馈意见可较好地采取相应的纠正和预防措施。

4. 各种记录填写认真、收集保管及时，能够反映管理体系良好的运作情况。

5. 施工组织设计方案、试验方案、重要环境因素和重大危险源管理方案编制认真、到位，能够反映企业特点，能够满足产品特性和相关方的控制要求。

6. 集团公司的管理方针明确、目标具体、可体现员工的素质和最高管理者的承诺；目标可分解量化、操作性强、目标可实现。

7. 集团公司管理组织机构健全、职责分工明确，符合管理体系文件标准要求。

8. 集团公司的管理方针符合本企业的特点，从集团公司各方面的管理中能够得到体现，集团公司职工能够理解、阐述管理方针的含义并能够贯彻执行。

9. 集团公司全体员工能够贯彻法律、法规并自觉地遵守执行。

二、有关问题的分析

本次审核也发现了公司存在的相关风险：

1. 施工过程的策划细节不能满足施工质量的要求，在施工现场发现了施工组织设计在技术参数和施工工艺的确定方面有多处遗漏，还有土方作业的放坡系数与实际情况不符。说明技术管理环节存在较大缺陷。

2. 安全和环保策划没有与施工技术交底匹配实施。安全技术方法形式化现象比较明显。

3. 施工安全防护工作缺陷较大，许多临时用电设施严重不到位，没有做到"一机一箱一闸"，还有 5 处高层施工的临边防护明显不符合要求。

以上问题的产生在于：一是个别管理人员的质量安全意识薄弱；二是策划的技术能力有待提高；三是项目在安全环保的资源投入存在比较大的缺口，根源是项目领导者试图降低项目的成本。

针对以上情况，我们建议完善项目管理制度，建立项目经理和技术人员的策划责任制，加强专项培训，提升领导人员的成本与安全环保资源提供的自觉性，尽快调整项目负责人的奖罚制度，确保施工现场的风险减少到最低限度。

三、审核结论

本次管理体系内部审核为期 __2__ 天，审核集团公司 __17__ 个单位。

审核组严格按现场审核计划以抽样的方式审核，审核内容涉及质量、环境、职业健康安全管理手册、程序文件、相关管理体系文件及执行部门，共发现 __0__ 项主要不合格，__7__ 项次要不合格，出具 __7__ 项不合格报告。对于极轻微的不合格和可接受的观察结果，已口头通知受审核方。

具体结论如下：

管理体系运行<u>符合</u>标准及集团公司管理手册、程序文件的要求。

管理体系运行是<u>有效的</u>。

存在的不合格项对集团公司管理方针的影响是<u>轻微的</u>。

对不合格项的纠正措施<u>已经完成并验证</u>。

审核报告发放范围

部　　门	职　　务	姓　名	编　号
领导班子	总　　裁		01
领导班子	常务副总裁		02
领导班子	管理者代表		03
领导班子	副　总　裁		04
领导班子	副　总　裁		05
领导班子	副　总　裁		06
领导班子	副　总　裁		07
领导班子	总经济师		08
领导班子	财务总监		09
领导班子	总裁助理		10
技术质量部			11

建设集团有限公司内部质量审核

首 次 会 议 记 录

1. 宣布开会
2. 介绍检查组成员：

审核组长：王×

审核组成员：刘×、尹×、李×

3. 宣布审核目的和审核要求：

审核目的：检查集团公司管理体系运行情况和纠正措施执行情况。

要　　求：受审核部门有关人员必须到岗，积极协助检查，提供真实资料。

4. 宣布本次审核具体计划（见审核计划）

会议开始时间：2008年4月16日上午8：00

会议结束时间：2008年4月16日上午8：30

建设集团有限公司内部质量审核

末 次 会 议 记 录

1. 宣布开会
2. 审核组长总结内审情况：
本次管理体系内部审核为期__2__天，对集团公司__17__个单位进行检查，发现__7__项次要不合格项，出具__7__份不合格报告。
3. 审核结论
通过本次内审证明管理体系运行是有效的，能满足标准管理体系的要求。各级管理人员对待内审态度认真，整改及时，均对不合格提出了纠正措施并予以实施。
4. 管理者代表讲话
本次内审发现7项不合格项，但是不等于我们的工作已经完善、完美，希望各单位再接再厉，严格管理、认真自查，找出不足，不断持续改进。

会议开始时间：2008年4月17日下午16：30
会议结束时间：2008年4月17日下午17：00

【条文】
12.2.6 施工企业应收集工程建设有关方的满意信息，并明确这些信息收集的职责、渠道、方式及利用这些信息的方法。

【条文解读】
收集工程建设有关方对施工企业满意度的信息并加以分析，是发现质量问题、提出改进要求、进而提高用户满意度和忠诚度的重要手段。信息收集中应关注施工准备、施工过程、竣工及保修等不同阶段中，发包方或监理方、用户、主管部门等的满意情况。信息的收集可采用口头或书面的方式进行，如对发包方或监理方进行走访、问卷调查；收集发包方或监理方的反馈意见；收集媒体、市场、用户组织或其他相关单位的评价意见等。在收集工程建设有关方对施工企业的满意度信息时，应贯彻定性与定量相结合的原则。另外，在有关方对施工企业满意度的评价难以给出绝对值的情况下，也可以引导被走访者提供满意程度的相对值。然后，通过有关方对施工企业质量管理的相对满意程度的分析找出差距并明确改进的方向。

本条文是3.2和3.4条款的应用要求。收集工程建设有关方的满意信息，并明确这些信息收集的职责、渠道、方式及利用这些信息的方法将有效地提升施工企业的质量管理能力和水平，也是施工企业赢得市场和顾客的必由之路。

13 质量信息和质量管理改进

13.1 一 般 规 定

【条文】

13.1.1 施工企业应采用信息管理技术，通过质量信息资源的开发和利用，提高质量管理水平。

【条文解读】

质量信息是指从多种渠道获得的与质量管理有关的文件资料、图纸、报表、记录和情报等。施工企业应明确质量信息的范围、来源及其媒体形式，确定质量信息的管理手段，规定施工企业各层次的部门和岗位在质量信息管理中的职责和权限。

质量信息可以分为组织类信息、管理类信息、经济类信息、技术类信息和法规类信息。质量信息应通过合理的编码进行管理。

施工企业应通过信息技术的应用，构建质量管理的信息化平台，使质量信息的存储和传输数字化、质量信息的处理和变换程序化、质量信息流扁平化，从而确保质量信息的查询及使用方便、快捷和安全。

质量信息的管理是提高施工企业质量管理工作水平，提升施工企业质量管理能力的重要手段。也是目前我国质量管理工作的薄弱环节。

施工企业应该根据企业自身的需要逐步建立质量管理信息系统，并且与企业的办公自动化系统(OA)、企业资源规划系统(ERP)、顾客关系管理系统(CRM)等进行统筹实施。施工企业的质量管理信息系统也可以作为项目管理信息系统(PMIS)或企业管理信息系统(MIS)的子系统进行设计和开发。施工企业还可以将逐步完善的质量管理信息系统进一步开发为用于为质量管理提供决策支持的质量管理决策支持系统，以及基于网络平台的质量信息管理、沟通和决策支持系统。

在质量信息管理工作中，有一点需要特别注意。质量信息管理工作主要分为两个方面，一方面是质量信息资源的开发和利用，另一方面是采用先进的信息技术手段进行质量信息的管理。这两方面工作所涉及的人力资源是不同的。质量信息资源的开发和利用必须由质量管理的专业人士负责，而采用先进的信息技术手段实施质量信息管理则必须由 IT 方面的人士负责。施工企业可以根据本企业的需要引进相关的 IT 方面的人士，也可以通过委托的方式邀请专业化的 IT 公司来加强信息技术在本企业质量管理中的应用。

案例 13-1

某施工企业质量信息管理

Ⅰ. 案例背景

为了加强工程质量管理，某施工企业决定采用信息技术提高质量信息管理能力，并建立质量管理信息系统，对企业的质量信息进行统一分类、加工、存储、传递和应用，并为企业的质量管理提供决策支持。该企业专门安排了在某名牌大学计算机工程专业毕业的张宇负责该系统的开发。经过一段时间的努力，该系统终于开发完毕，但是在实际应用中，该企业的工作人员很少使用该系统。造成这种情况的原因主要有两点，一是工作人员感觉到该系统应用起来比较麻烦，要花费大量的时间输入各种数据；二是该系统和具体的质量工作有一定的差距，不能很好地提高质量效率。

Ⅱ. 案例分析及解决方案

该施工企业在质量管理信息系统开发中所遇到的问题是目前我国施工企业管理信息化过程中遇到的典型问题。一方面，企业花了很多时间、精力和成本开展信息化工作，而另一方面这些信息系统却没有在具体工作中发挥应有的作用。该企业在质量管理系统的开发中应该注意以下问题：

1. 在本案例中，系统的开发过程中仅由 IT 人士负责整个系统的开发工作是不合理的，应成立由质量管理专业人员和 IT 人员共同组成的开发工作小组。质量管理信息系统的开发包括系统分析、系统设计、系统开发、系统调试、投入使用等过程。质量管理专业人士在系统分析阶段应发挥主要作用，并对系统的功能定位和主要作用等方面提出专业方面的建议，使该系统的开发更贴近于实际工作。

2. 质量管理信息系统在投入使用前应对工作人员进行专门的培训，提高工作人员应用该系统的能力，并采用各种措施提高工作人员应用该系统的积极性。

3. 质量管理系统的开发可以分为不同的层面，一是简单的数据处理系统(Data Processing System, 简称 DPS)，即对工程现场的质量数据进行收集、加工和简单计算分析的系统；二是管理信息系统(Management Information System, 简称 MIS)，即建立专门的质量管理数据库，对质量管理的信息进行统一存储，方便查询和使用；三是决策支持系统(Decision Support System, 简称 DSS)，即除了建立专门的数据库之外，还应建立质量管理的知识库、模型库、案例库和方法库，并对质量管理工作提供决策支持；四是基于互联网的质量信息门户(Quality Information Portal, 简称 QIP)。企业应该根据自身的情况，从简单到复杂，循序渐进地采用不同层面的质量信息系统。质量管理系统的开发和使用不可能一蹴而就，必须经历一个逐渐接受、使用和提高的过程。

4. 目前，我国非常重视施工企业管理的信息化问题，很多企业也都在尝试提高企业信息化的水平。这种情况下，施工企业的质量管理信息系统的开发应与施工企业的信息化同步实施。也就是说，将质量管理信息系统作为企业管理信息系统的一个子系统，与企业的管理信息系统同步开发和使用。这样更有利于质量管理信息系统的使用。

【条文】

13.1.2 施工企业应建立并实施质量信息管理和质量管理改进制度，通过对质量信息的收集和分析，确定改进的目标，制定并实施质量改进措施。

【条文解读】

施工企业应将持续改进作为企业质量管理的基本原则。从某种意义上讲，施工企业质量信息管理的能力直接决定了质量管理改进的能力。因此，施工企业质量信息管理的组织、信息管理的内容、信息管理的方法和手段都应以满足企业质量管理持续改进的需要为前提。

为了做好持续改进工作，必须坚持以数据说话。

施工企业质量管理改进应以工程质量、质量管理各项活动为对象，以提高质量管理活动的效率和有效性为核心内容。施工企业的最高管理者在质量管理改进方面担任着重要的角色。最高管理者应创造持续改进的环境，明确质量改进的目标和要求。各级管理者应指导和参与质量改进活动，确定不同层面的质量改进目标。

施工企业在实施质量管理改进活动时应注意三点，一是根据市场的需求，结合企业的战略规划和发展的方向制定质量管理改进的目标；二是在实施质量改进的过程中应及时跟踪、测量和评价改进的效果；三是制定激励措施，鼓励在质量管理改进中取得成绩的部门和个人，营造良好的质量管理改进与创新的环境。

需要注意的是，对于一个优秀的施工企业而言，质量管理改进的最终目标不仅包括提高业主单位的满意度，而且包括认真履行社会责任和义务，使所承建的工程质量和质量管理活动获得社会各界的良好评价，同时还包括保护员工的合法权益，调动员工参与质量管理的积极性，在企业内部营造人人参与质量改进和创新的良好环境。这些内容都应该在施工企业的质量改进制度中加以阐明。

【条文】

13.1.3 施工企业应明确各层次、各岗位的质量信息管理和质量管理改进职责。

【条文解读】

确定施工企业各层次和岗位在质量信息管理和质量管理改进中的职责，是保证质量信息管理工作和质量管理改进工作顺利实施的关键。

施工企业应根据各管理层次、岗位的特点对其在质量信息管理和质量管理改进工作中的职责加以明确规定。在明确各管理层次、岗位质量信息管理和质量管理改进工作的职责分工中应注意遵循权责一致的原则，否则将会影响工作的顺利进行。

由于质量信息管理和质量管理改进工作的侧重点不同，因此在明确质量信息管理和质量管理改进工作中企业各层次、各岗位的职责时，应区分质量信息管理和质量管理改进的需要分别加以规定。通常情况下，质量信息管理侧重于质量信息的收集、加工、分析、存储和应用，其核心工作是信息的收集、分类和整理，而质量改进则侧重于利用获得的质量信息，结合遇到的各种问题制定改进措施。因此在规定质量信息管理的职责时应更关注于一手质量信息的收集工作，而在规定质量改进的职责时，应更关注于如何制定合理的改进措施。

【条文】

13.1.4 施工企业的质量管理改进活动应包括：质量方针和目标的管理、信息分析、监督检查、质量管理体系评价、纠正与预防措施等。

【条文解读】

在施工企业实施质量管理改进的活动中，首先要以质量方针和目标管理为基础，这也是最高管理者负责贯彻执行的重要工作。其次，通过监督检查、质量管理体系的评价和信息分析，确定需要改进的方向。分析的内容应包括对工程质量和质量管理活动中存在的各类问题及其影响的分析；对发包方和社会满意程度的分析；与其他施工企业的对比以及对质量目标实现情况的分析等。然后，根据分析的结果和质量管理的需要制定纠正和预防措施，实施质量管理改进。

在质量管理改进活动中，应及时采取纠正和预防措施。采取纠正措施的主要目的是消除质量问题产生的原因，防止质量问题的再发生。采取的纠正措施应与所遇到的质量问题的影响程度相对应；采取预防措施的主要目的是消除潜在质量问题的原因，防止质量问题的发生，采取的预防措施应与潜在质量问题的影响程度相对应。纠正和预防措施的制定都应以质量信息的分析为基础，并经评审后加以实施。实施后应进行结果的跟踪和评定。

13.2 质量信息的收集、传递、分析与利用

【条文】

13.2.1 施工企业应明确为正确评价质量管理水平所需收集的信息及其来源、渠道、方法和职责。收集的信息应包括：

1 法律、法规、标准规范和规章制度等；

2 工程建设有关方对施工企业的工程质量和质量管理水平的评价；

3 各管理层次工程质量管理情况及工程质量的检查结果;
4 施工企业质量管理监督检查结果;
5 同行业其他施工企业的经验教训;
6 市场需求;
7 质量回访和服务信息。

【条文解读】
质量信息的收集是施工企业质量信息管理工作的重要内容之一,也是质量信息管理其他工作的前提和基础。

施工企业在进行质量信息收集之前应制定详细的质量信息管理规划,明确质量信息的分类和编码以及质量信息的收集、整理、存储、传递和使用的方式。质量信息管理规划作为企业信息管理规划的一部分,应该与企业的信息管理规划相结合。同时,在具体工程项目实施的过程中还应与业主方的信息管理系统相匹配。

质量信息的收集可以分为两大类,一类是外部的信息,包括相关的法律、法规、标准规范和规章制度、工程建设有关方对施工企业的工程质量和质量管理水平的评价、同行业其他施工企业的经验教训、市场需求以及质量回访和服务信息等;另一类是企业的内部信息,包括各管理层次工程质量管理情况及工程质量的检查结果、施工企业质量管理监督检查和审核结果以及由此得出的项目质量管理策划结果的实施情况等。

外部信息和内部信息收集的方式和手段是不同的。外部的质量信息主要来源于各种形式的媒体、质量信息的调查结果、对建设有关方的采访以及用户回访等。内部的质量信息主要来源于各种形式的工作检查、审核;内部工作报告及建议;内部业绩考核结果;内部的专项报表等。

【条文】
13.2.2 施工企业应总结项目质量管理策划结果的实施情况,并将其作为质量分析和改进的信息予以保存和利用。

【条文解读】
工程项目的施工质量是体现施工企业质量管理能力的重要标志,项目质量管理策划及其实施直接影响着工程项目施工的质量。因此,项目质量管理策划结果的实施情况是重要的质量管理信息,这些信息包括施工和服务质量目标的实现情况;关键工序和特殊工序的控制情况;项目质量管理策划结果中各项内容的完成情况;项目质量管理策划及实施结果的评价结论;存在的问题及分析和改进意见。通过对项目质量策划结果实施情况信息的收集和分析，可以为改进工程项目施工质量管理能力提供依据。为了有效地进行保存和再利用，施工企业应该将项目质量管理策划结果的实施情况进行分类和跟踪管理，分类的方式应与项目质量策划内容相一致，具体包括：

1. 质量目标和要求的实施情况；
2. 质量管理组织建立和职责履行情况；
3. 施工管理依据文件的执行情况；
4. 人员、技术、施工机具等资源的需求和配置情况；
5. 场地、道路、水电、消防、临时设施规划的情况；
6. 影响施工质量的因素分析及其控制措施的实施情况；
7. 进度控制措施的制定和落实情况；
8. 施工质量检查、验收及其相关标准的执行情况；
9. 突发事件的应急措施的制定和落实情况；
10. 对违规事件的报告和处理情况；
11. 应收集的信息及其传递要求的落实情况；
12. 与工程建设有关方的沟通方式的制定和实施情况；
13. 施工记录管理的制定和落实情况；
14. 质量管理和技术措施的制定和落实情况；
15. 施工企业质量管理的其他要求的落实情况等。

【条文】

13.2.3 施工企业各管理层次应按规定对质量信息进行分析，判断质量管理状况和质量目标实现的程度，识别需要改进的领域和机会，并采取改进措施。施工企业在分析过程中，应使用有效的分析方法。分析结果应包括：

1 工程建设有关方对施工企业的工程质量、质量管理水平的满意程度；
2 施工和服务质量达到要求的程度；
3 工程质量水平、质量管理水平发展趋势以及改进的机会；
4 与供货方、分包方合作的评价。

【条文解读】

本条主要是针对质量信息分析和利用所作的规定。施工企业各管理层次应结合自身的管理职责有针对性地对质量信息进行分析，判断质量管理状况和质量目标实现的程度，识别需要改进的领域和机会，并采取有针对性的改进措施。

质量信息的分析是质量信息收集工作之后的重要工作，质量信息的分析工作必须以质量信息的收集工作为基础。质量信息分析的目的是找出质量管理中存在的问题，为质量改进提供依据。质量信息的分析应将收集到的质量信息经过分类和整理后，采用适用的分析工具和方法进行。常用的质量管理的统计分析方法包括调查表法、排列图法、分层法、因果关系图法、直方图法、控制图法和相关图法。同时，施工企业还可以利用所收集的质量信息通过回归分析、方差分析、试验设计、标杆分析等方法为质量管理改进和创新提供支持。

质量信息的分析可以分成不同的种类，按照分析问题所涉及范围的不同可以分为单一质量问题的分析和综合质量问题的分析；按照分析问题性质的不同可以分为技术问题的分析和管理问题的分析等。施工企业应该根据所分析问题种类的不同对质量信息的分析进行分类管理。

施工企业进行质量分析的频度、时机应该具有及时性和有效性。分析结果应能够作为质量改进的依据。质量信息分析结果中的"施工和服务质量达到的要求"除了应包括法律法规及合同要求外，还应包括施工企业自身的要求。

施工企业在识别需要改进的领域和机会时，应积极引进各种先进的管理思想和方法，如企业级项目管理成熟度模型（OPM3）、精益建设（LC）、业务流程再造（BPR）等，用以发现质量管理中的不足，找出质量管理中存在的问题并确定改进的方向。

【条文】

13.2.4 施工企业最高管理者应按照规定的周期，分析评价质量管理体系运行的状况，提出改进目标和要求。质量管理体系的评价包括：
1 质量管理体系的适宜性、充分性、有效性；
2 施工和服务质量满足要求的程度；
3 工程质量、质量管理活动状况及发展趋势；
4 潜在问题的预测；
5 工程质量、质量管理水平改进和提高的机会；
6 资源需求及满足要求的程度。

【条文解读】

质量管理体系的适宜性是指质量管理体系能持续满足内外部环境变化需要的能力；有效性是指通过完成质量管理体系的活动而实现质量方针和质量目标的程度。施工企业的最高管理者应确定对质量管理体系进行全面评价的周期、方法和流程。评价可根据需要随时进行。施工企业质量管理信息的收集、整理、存储、传递和应用应能满足对质量管理体系进行评价的要求。施工企业各级管理者应根据需要组织质量管理分析与评价活动。质量管理体系的充分性是指质量管理体系的各项活动得到充分确定和实施，并可以满足预期要求的能力。

"潜在的问题预测"是指在对影响质量管理体系运行的因素进行分析的基础上，找出潜在的问题，并提出改进的建议。

"资源需求及满足要求的程度"所提到的资源需求是指质量管理体系运行所需的人、基础设施、环境和信息等。

质量管理体系的评价与质量信息的管理是相辅相成的。有效的质量信息的管理可以为质量体系的评价奠定良好的基础，同时质量体系评价的结果又可以作为质量信息的重要组成部分。

13.3 质量管理改进与创新

【条文】

13.3.1 施工企业应根据对质量管理体系的分析和评价，提出改进目标，制定和实施改进措施，跟踪改进的效果；分析工程质量、质量管理活动中存在或潜在问题的原因，采取适当的措施，并验证措施的有效性。

【条文解读】

对质量管理体系进行分析和评价是实施质量管理改进的前提。施工企业应及时、客观地对质量管理体系进行分析和评价，分析工程质量、质量管理活动中存在或者潜在的问题，采取改进措施，并跟踪改进的结果。应该注意的是，对工程质量改进和质量活动改进的侧重点是不同的。工程质量的改进针对的是特定的工程项目，改进的目标是工程产品质量的改进，改进的最终目的是使工程产品的质量能够更好地满足业主明确和隐含的需求。而质量管理活动的改进虽然也以用户的需求为关注焦点，但是针对的不是特定的工程项目，而是质量管理的工作质量的改进。但是两者也有共同点，即都要以国家相关的法律和法规为依据，通过建立合理的组织管理体系、制定有效的管理制度、采取规范化的质量管理工作流程来不断完善质量管理工作。

【条文】

13.3.2 施工企业可根据质量管理分析、评价的结果，确定质量管理创新的目标及措施，并跟踪、反馈实施结果。

【条文解读】

施工企业进行质量管理分析、评价的目的是推动质量管理的创新和实现卓越绩效。施工企业的最高管理者是质量管理创新的战略部署者和推动者。施工企业最高管理者应对质量管理创新做出安排，各管理层次、各职能部门应在有关活动计划中明确采取的创新措施。项目经理部应在项目质量管理策划中明确相应的创新措施。

施工企业应根据企业的实际需要制定创新的管理机制，这些创新的管理机制包括创新的激励机制、创新实施结果的反馈机制、创新绩效的考核机制等。施工企业要营造创新的环境，使质量管理工作不断地推陈出新，追求卓越，同时应对创新的效果进行评估，确保在合理的成本下实施创新的活动，并对创新带来的风险加以有效管理。

【条文】
13.3.3 施工企业应按规定保存质量管理改进与创新的记录。

【条文解读】
质量改进与创新的记录是质量信息的一部分，应该纳入到企业质量信息管理和知识管理中。施工企业质量改进和创新记录的管理应该符合本规范3.5.3条的规定。在质量管理改进与创新记录的管理制度中，应明确记录的管理职责，规定记录填写、标识、收集、保管、检索、保存期限和处置等要求，对存档的记录管理应符合企业档案管理的有关规定。

附录 1

《工程建设施工企业质量管理规范》GB/T 50430—2007 与 GB/T 19001—2000《质量管理体系 要求》条款对照表

GB/T 50430—2007 规范条款			GB/T 19001—2000 标准条款
1. 总则			1.1、1.2
2. 术语			3
3. 质量管理基本要求	3.1	一般规定	4.1
	3.2	质量方针和目标	5.3、5.4.1
	3.3	质量管理体系的策划和建立	4.1、4.2.1、4.2.2、5.4.2
	3.4	质量管理体系的实施和改进	4.1、5.6.1、6.1
	3.5	文件管理	4.2.3、4.2.4
4. 组织机构和职责	4.1	一般规定	5.5.1
	4.2	组织机构	5.5.1
	4.3	职责和权限	5.1、5.5.1、5.5.3
5. 人力资源管理	5.1	一般规定	6.2.1
	5.2	人力资源配置	6.2.2
	5.3	培训	6.2.2
6. 施工机具管理	6.1	一般规定	6.3、7.4.1～7.4.3
	6.2	施工机具配备	6.3、7.4.1～7.4.3
	6.3	施工机具使用	6.3
7. 投标及合同管理	7.1	一般规定	5.2、7.2.1～7.2.3
	7.2	投标及签约	7.2.1、7.2.2
	7.3	合同管理	7.2.2、7.2.3
8. 建筑材料、构配件和设备管理	8.1	一般规定	7.4.1～7.4.3
	8.2	建筑材料、构配件和设备的采购	7.4.1、7.4.2
	8.3	建筑材料、构配件和设备的验收	7.4.3、8.2.4、8.3
	8.4	建筑材料、构配件和设备的现场管理	6.4、7.5.3、7.5.5
	8.5	发包方提供的建筑材料、构配件和设备	7.5.4
9. 分包管理	9.1	一般规定	7.4.1～7.4.3
	9.2	分包方的选择和分包合同	7.4.1、7.4.2
	9.3	分包项目实施过程的控制	7.4.3、8.2.3
10. 工程项目施工质量管理	10.1	一般规定	7.1
	10.2	策划	7.1、7.2.3、7.5.1～7.5.5
	10.3	施工设计	7.3
	10.4	施工准备	7.5.1
	10.5	施工过程质量控制	6.4、7.5.1～7.5.5
	10.6	服务	7.5.1、7.5.4、7.5.5、8.2.1、8.4
11. 施工质量检查与验收	11.1	一般规定	8.1
	11.2	施工质量检查	8.2.3
	11.3	施工质量验收	8.2.4
	11.4	施工质量问题的处理	8.3
	11.5	检测设备管理	7.6
12. 质量管理自查与评价	12.1	一般规定	8.1
	12.2	质量活动的监督检查与评价	8.2.1、8.2.2、8.2.3
13. 质量信息和质量管理改进	13.1	一般规定	5.5.3、8.1
	13.2	质量信息的收集、传递、分析与利用	5.2、5.6、8.2.1、8.4
	13.3	质量管理改进与创新	8.5.1、8.5.2、8.5.3

附录 2

GB/T 19001—2000《质量管理体系 要求》与
《工程建设施工企业质量管理规范》GB/T 50430—2007 条款对照表

GB/T 19001—2000 标准条款		GB/T 50430—2007 规范条款
1. 范围	1.1 总则	1. 总则
	1.2 应用	1. 总则
2. 引用标准	2. 引用标准	
3. 术语和定义	3. 术语和定义	2. 术语
4. 质量管理基本要求	4.1 总要求	3.1、3.3、3.4
	4.2 文件要求	3.3、3.5
5. 管理职责	5.1 管理承诺	4.3
	5.2 以顾客为关注焦点	7.1、13.2
	5.3 质量方针	3.2
	5.4 策划	3.2、3.3
	5.5 职责、权限和沟通	4.1、4.2、4.3、13.1
	5.6 管理评审	3.4、13.2
6. 资源管理	6.1 资源的提供	3.4
	6.2 人力资源	5.1、5.2、5.3
	6.3 基础设施	6.1、6.2、6.3
	6.4 工作环境	8.4、10.5
7. 产品实现	7.1 产品实现的策划	10.1、10.2
	7.2 与顾客有关的过程	7.1、7.2、7.3、10.2
	7.3 设计和开发	10.3
	7.4 采购	6.1、6.2、8.1、8.2、8.3、9.1、9.2、9.3
	7.5 生产和服务提供	8.4、8.5、10.2、10.4、10.5、10.6
	7.6 监视和测量装置的控制	11.5
8. 测量、分析和改进	8.1	11.1、12.1、13.1
	8.2 监视和测量	8.3、9.3、10.6、11.2、11.3、12.2、13.2
	8.3 不合格品的控制	8.3、11.4
	8.4 数据分析	10.6、13.2
	8.5 改进	13.3

说明：

1. 以上两个对照表，旨在体现《工程建设施工企业质量管理规范》GB/T 50430—2007 与 GB/T 19001—2000《质量管理体系 要求》的双向对应关系，同时说明《工程建设施工企业质量管理规范》全面涵盖了 GB/T 19001—2000《质量管理体系 要求》的内容，是 GB/T 19001—2000 标准的行业化，有助于认识、理解和掌握这两个质量管理标准之间的关系；

2.《工程建设施工企业质量管理规范》条文说明有助于准确理解和使用这两个对照表，应加以关注。

附录 3

中华人民共和国国家标准

建筑工程施工质量验收统一标准

Unified standard for constructional quality
acceptance of building engineering

GB 50300—2001

主编部门：中华人民共和国建设部
批准部门：中华人民共和国建设部
施行日期：２００２年１月１日

关于发布国家标准《建筑工程施工质量验收统一标准》的通知

建标〔2001〕157 号

国务院各有关部门，各省、自治区建设厅，直辖市建委，计划单列市建委，新疆生产建设兵团，各有关协会：

根据我部《关于印发一九九八年工程建设国家标准制订、修订计划（第二批）的通知》（建标〔1998〕244 号）的要求，由建设部会同有关部门共同修订的《建筑工程施工质量验收统一标准》，经有关部门会审，批准为国家标准，编号为 GB 50300—2001，自 2002 年 1 月 1 日起施行。其中，3.0.3、5.0.4、5.0.7、6.0.3、6.0.4、6.0.7 为强制性条文，必须严格执行。原《建筑安装工程质量检验评定统一标准》GBJ 300—88同时废止。

本标准由建设部负责管理，中国建筑科学研究院负责具体解释工作，建设部标准定额研究所组织中国建筑工业出版社出版发行。

中华人民共和国建设部
2001 年 7 月 20 日

前 言

本标准是根据我部《关于印发一九九八年工程建设国家标准制订、修订计划（第二批）的通知》（建标［1998］244号）的通知，由中国建筑科学研究院会同中国建筑业协会工程建设质量监督分会等有关单位共同编制完成的。

本标准在编制过程中，编制组进行了广泛的调查研究，总结了我国建筑工程施工质量验收的实践经验，坚持了"验评分离、强化验收、完善手段、过程控制"的指导思想，并广泛征求了有关单位的意见，由我部于2000年10月进行审查定稿。

本标准的修订是将有关建筑工程的施工及验收规范和工程质量检验评定标准合并，组成新的工程质量验收规范体系，以统一建筑工程施工质量的验收方法、质量标准和程序。本标准规定了建筑工程各专业工程施工验收规范编制的统一准则和单位工程验收质量标准、内容和程序等；增加了建筑工程施工现场质量管理和质量控制要求；提出了检验批质量检验的抽样方案要求；规定了建筑工程施工质量验收中子单位和子分部工程的划分、涉及建筑工程安全和主要使用功能的见证取样及抽样检测。建筑工程各专业工程施工质量验收规范必须与本标准配合使用。

本标准将来可能需要进行局部修订，有关局部修订的信息和条文内容将刊登在《工程建设标准化》杂志上。

本标准以黑体字标志的条文为强制性条文，必须严格执行。

为了提高标准质量，请各单位在执行本标准过程中，注意积累资料、总结经验，如发现需要修改和补充之处，请将意见和有关资料寄交中国建筑科学研究院国家建筑工程质量监督检验中心（北京市北三环东路30号，邮政编码100013），以供今后修订时参考。

主编单位：中国建筑科学研究院
参加单位：中国建筑业协会工程建设质量监督分会
　　　　　国家建筑工程质量监督检验中心
　　　　　北京市建筑工程质量监督总站
　　　　　北京市城建集团有限责任公司
　　　　　天津市建筑工程质量监督管理总站
　　　　　上海市建设工程质量监督总站
　　　　　深圳市建设工程质量监督检验总站
　　　　　四川省华西集团总公司
　　　　　陕西省建筑工程总公司

中国人民解放军工程质量监督总站
主要起草人：吴松勤　高小旺　何星华　白生翔
　　　　　　徐有邻　葛恒岳　刘国琦　王惠明
　　　　　　朱明德　杨南方　李子新　张鸿勋
　　　　　　刘　俭

建设部
2001 年 7 月

目　次

1 总则 …………………………………………………………… 192
2 术语 …………………………………………………………… 192
3 基本规定 ……………………………………………………… 193
4 建筑工程质量验收的划分 …………………………………… 194
5 建筑工程质量验收 …………………………………………… 195
6 建筑工程质量验收程序和组织 ……………………………… 196
附录 A 施工现场质量管理检查记录 ………………………… 197
附录 B 建筑工程分部（子分部）工程、分项工程划分 …… 198
附录 C 室外工程划分 ………………………………………… 201
附录 D 检验批质量验收记录 ………………………………… 202
附录 E 分项工程质量验收记录 ……………………………… 203
附录 F 分部（子分部）工程质量验收记录 ………………… 204
附录 G 单位（子单位）工程质量竣工验收记录 …………… 205
本标准用词说明 ………………………………………………… 210
条文说明 ………………………………………………………… 211

1 总　　则

1.0.1 为了加强建筑工程质量管理，统一建筑工程施工质量的验收，保证工程质量，制订本标准。

1.0.2 本标准适用于建筑工程施工质量的验收，并作为建筑工程各专业工程施工质量验收规范编制的统一准则。

1.0.3 本标准依据现行国家有关工程质量的法律、法规、管理标准和有关技术标准编制。建筑工程各专业工程施工质量验收规范必须与本标准配合使用。

2 术　　语

2.0.1 建筑工程　building engineering

为新建、改建或扩建房屋建筑物和附属构筑物设施所进行的规划、勘察、设计和施工、竣工等各项技术工作和完成的工程实体。

2.0.2 建筑工程质量　quality of building engineering

反映建筑工程满足相关标准规定或合同约定的要求，包括其在安全、使用功能及其在耐久性能、环境保护等方面所有明显和隐含能力的特性总和。

2.0.3 验收　acceptance

建筑工程在施工单位自行质量检查评定的基础上，参与建设活动的有关单位共同对检验批、分项、分部、单位工程的质量进行抽样复验，根据相关标准以书面形式对工程质量达到合格与否做出确认。

2.0.4 进场验收　site acceptance

对进入施工现场的材料、构配件、设备等按相关标准规定要求进行检验，对产品达到合格与否做出确认。

2.0.5 检验批　inspection lot

按同一的生产条件或按规定的方式汇总起来供检验用的，由一定数量样本组成的检验体。

2.0.6 检验　inspection

对检验项目中的性能进行量测、检查、试验等，并将结果与标准规定要求进行比较，以确定每项性能是否合格所进行的活动。

2.0.7 见证取样检测 evidential testing

在监理单位或建设单位监督下，由施工单位有关人员现场取样，并送至具备相应资质的检测单位所进行的检测。

2.0.8 交接检验 handing over inspection

由施工的承接方与完成方经双方检查并对可否继续施工做出确认的活动。

2.0.9 主控项目 dominant item

建筑工程中的对安全、卫生、环境保护和公众利益起决定性作用的检验项目。

2.0.10 一般项目 general item

除主控项目以外的检验项目。

2.0.11 抽样检验 sampling inspection

按照规定的抽样方案，随机地从进场的材料、构配件、设备或建筑工程检验项目中，按检验批抽取一定数量的样本所进行的检验。

2.0.12 抽样方案 sampling scheme

根据检验项目的特性所确定的抽样数量和方法。

2.0.13 计数检验 counting inspection

在抽样的样本中，记录每一个体有某种属性或计算每一个体中的缺陷数目的检查方法。

2.0.14 计量检验 quantitative inspection

在抽样检验的样本中，对每一个体测量其某个定量特性的检查方法。

2.0.15 观感质量 quality of appearance

通过观察和必要的量测所反映的工程外在质量。

2.0.16 返修 repair

对工程不符合标准规定的部位采取整修等措施。

2.0.17 返工 rework

对不合格的工程部位采取的重新制作、重新施工等措施。

3 基本规定

3.0.1 施工现场质量管理应有相应的施工技术标准，健全的质量管理体系、施工质量检验制度和综合施工质量水平评定考核制度。

施工现场质量管理可按本标准附录 A 的要求进行检查记录。

3.0.2 建筑工程应按下列规定进行施工质量控制：

1. 建筑工程采用的主要材料、半成品、成品、建筑构配件、器具和设备应进行现场验收。凡涉及安全、功能的有关产品,应按各专业工程质量验收规范规定进行复验,并应经监理工程师(建设单位技术负责人)检查认可。

2. 各工序应按施工技术标准进行质量控制,每道工序完成后,应进行检查。

3. 相关各专业工种之间,应进行交接检验,并形成记录。未经监理工程师(建设单位技术负责人)检查认可,不得进行下道工序施工。

3.0.3 建筑工程施工质量应按下列要求进行验收:

1. 建筑工程施工质量应符合本标准和相关专业验收规范的规定。

2. 建筑工程施工应符合工程勘察、设计文件的要求。

3. 参加工程施工质量验收的各方人员应具备规定的资格。

4. 工程质量的验收均应在施工单位自行检查评定的基础上进行。

5. 隐蔽工程在隐蔽前应由施工单位通知有关单位进行验收,并应形成验收文件。

6. 涉及结构安全的试块、试件以及有关材料,应按规定进行见证取样检测。

7. 检验批的质量应按主控项目和一般项目验收。

8. 对涉及结构安全和使用功能的重要分部工程应进行抽样检测。

9. 承担见证取样检测及有关结构安全检测的单位应具有相应资质。

10. 工程的观感质量应由验收人员通过现场检查,并应共同确认。

3.0.4 检验批的质量检验,应根据检验项目的特点在下列抽样方案中进行选择:

1. 计量、计数或计量-计数等抽样方案。

2. 一次、二次或多次抽样方案。

3. 根据生产连续性和生产控制稳定性情况,尚可采用调整型抽样方案。

4. 对重要的检验项目当可采用简易快速的检验方法时,可选用全数检验方案。

5. 经实践检验有效的抽样方案。

3.0.5 在制定检验批的抽样方案时,对生产方风险(或错判概率 α)和使用方风险(或漏判概率 β)可按下列规定采取:

1. 主控项目:对应于合格质量水平的 α 和 β 均不宜超过 5%。

2. 一般项目:对应于合格质量水平的 α 不宜超过 5%,β 不宜超过 10%。

4 建筑工程质量验收的划分

4.0.1 建筑工程质量验收应划分为单位(子单位)工程、分部(子分部)工程、分项工程和检验批。

4.0.2 单位工程的划分应按下列原则确定:

1. 具备独立施工条件并能形成独立使用功能的建筑物及构筑物为一个单位工程。

2. 建筑规模较大的单位工程，可将其能形成独立使用功能的部分为一个子单位工程。

4.0.3 分部工程的划分应按下列原则确定：
1. 分部工程的划分应按专业性质、建筑部位确定。
2. 当分部工程较大或较复杂时，可按材料种类、施工特点、施工程序、专业系统及类别等划分为若干子分部工程。

4.0.4 分项工程应按主要工种、材料、施工工艺、设备类别等进行划分。
建筑工程的分部(子分部)、分项工程可按本标准附录B采用。

4.0.5 分项工程可由一个或若干检验批组成，检验批可根据施工及质量控制和专业验收需要按楼层、施工段、变形缝等进行划分。

4.0.6 室外工程可根据专业类别和工程规模划分单位(子单位)工程。
室外单位(子单位)工程、分部工程可按本标准附录C采用。

5 建筑工程质量验收

5.0.1 检验批合格质量应符合下列规定：
1. 主控项目和一般项目的质量经抽样检验合格。
2. 具有完整的施工操作依据、质量检查记录。

5.0.2 分项工程质量验收合格应符合下列规定：
1. 分项工程所含的检验批均应符合合格质量的规定。
2. 分项工程所含的检验批的质量验收记录应完整。

5.0.3 分部(子分部)工程质量验收合格应符合下列规定：
1. 分部(子分部)工程所含分项工程的质量均应验收合格。
2. 质量控制资料应完整。
3. 地基与基础、主体结构和设备安装等分部工程有关安全及功能的检验和抽样检测结果应符合有关规定。
4. 观感质量验收应符合要求。

5.0.4 单位(子单位)工程质量验收合格应符合下列规定：
1. 单位(子单位)工程所含分部(子分部)工程的质量均应验收合格。
2. 质量控制资料应完整。
3. 单位(子单位)工程所含分部工程有关安全和功能的检测资料应完整。
4. 主要功能项目的抽查结果应符合相关专业质量验收规范的规定。
5. 观感质量验收应符合要求。

5.0.5 建筑工程质量验收记录应符合下列规定：
1. 检验批质量验收可按本标准附录D进行。
2. 分项工程质量验收可按本标准附录E进行。
3. 分部（子分部）工程质量验收应按本标准附录F进行。
4. 单位（子单位）工程质量验收，质量控制资料核查，安全和功能检验资料核查及主要功能抽查记录，观感质量检查应按本标准附录G进行。

5.0.6 当建筑工程质量不符合要求时，应按下列规定进行处理：
1. 经返工重做或更换器具、设备的检验批，应重新进行验收。
2. 经有资质的检测单位检测鉴定能够达到设计要求的检验批，应予以验收。
3. 经有资质的检测单位检测鉴定达不到设计要求、但经原设计单位核算认可能够满足结构安全和使用功能的检验批，可予以验收。
4. 经返修或加固处理的分项、分部工程，虽然改变外形尺寸但仍能满足安全使用要求，可按技术处理方案和协商文件进行验收。

5.0.7 通过返修或加固处理仍不能满足安全使用要求的分部工程、单位（子单位）工程，严禁验收。

6 建筑工程质量验收程序和组织

6.0.1 检验批及分项工程应由监理工程师（建设单位项目技术负责人）组织施工单位项目专业质量（技术）负责人等进行验收。

6.0.2 分部工程应由总监理工程师（建设单位项目负责人）组织施工单位项目负责人和技术、质量负责人等进行验收；地基与基础、主体结构分部工程的勘察、设计单位工程项目负责人和施工单位技术、质量部门负责人也应参加相关分部工程验收。

6.0.3 单位工程完工后，施工单位应自行组织有关人员进行检查评定，并向建设单位提交工程验收报告。

6.0.4 建设单位收到工程验收报告后，应由建设单位（项目）负责人组织施工（含分包单位）、设计、监理等单位（项目）负责人进行单位（子单位）工程验收。

6.0.5 单位工程有分包单位施工时，分包单位对所承包的工程项目应按本标准规定的程序检查评定，总包单位应派人参加。分包工程完成后，应将工程有关资料交总包单位。

6.0.6 当参加验收各方对工程质量验收意见不一致时，可请当地建设行政主管部门或工程质量监督机构协调处理。

6.0.7 单位工程质量验收合格后，建设单位应在规定时间内将工程竣工验收报告和有关文件，报建设行政管理部门备案。

附录 A 施工现场质量管理检查记录

A.0.1 施工现场质量管理检查记录应由施工单位按表 A.0.1 填写，总监理工程师（建设单位项目负责人）进行检查，并做出检查结论。

表 A.0.1　　　　　　施工现场质量管理检查记录　　　　开工日期：

工程名称			施工许可证(开工证)		
建设单位			项目负责人		
设计单位			项目负责人		
监理单位			总监理工程师		
施工单位		项目经理		项目技术负责人	
序号	项　　目		内　　容		
1	现场质量管理制度				
2	质量责任制				
3	主要专业工种操作上岗证书				
4	分包方资质与对分包单位的管理制度				
5	施工图审查情况				
6	地质勘察资料				
7	施工组织设计、施工方案及审批				
8	施工技术标准				
9	工程质量检验制度				
10	搅拌站及计量设置				
11	现场材料、设备存放与管理				
12					

检查结论：

　　　　总监理工程师
　　（建设单位项目负责人）　　　　　　　　　　　　　年　月　日

附录B 建筑工程分部(子分部)工程、分项工程划分

B.0.1 建筑工程的分部(子分部)工程、分项工程可按表B.0.1划分。

表 B.0.1　　　　建筑工程分部(子分部)工程、分项工程划分

序号	分部工程	子分部工程	分项工程
1	地基与基础	无支护土方	土方开挖、土方回填
		有支护土方	排桩，降水、排水，地下连续墙，锚杆，土钉墙，水泥土桩，沉井与沉箱，钢及混凝土支撑
		地基处理	灰土地基、砂和砂石地基、碎砖三合土地基、土工合成材料地基，粉煤灰地基，重锤夯实地基，强夯地基，振冲地基，砂桩地基，预压地基，高压喷射注浆地基，土和灰土挤密桩地基，注浆地基，水泥粉煤灰碎石桩地基，夯实水泥土桩地基
		桩基	锚杆静压桩及静力压桩，预应力离心管桩，钢筋混凝土预制桩，钢桩，混凝土灌注桩(成孔、钢筋笼、清孔、水下混凝土灌注)
		地下防水	防水混凝土，水泥砂浆防水层，卷材防水层，涂料防水层，金属板防水层，塑料板防水层，细部构造，喷锚支护，复合式衬砌，地下连续墙，盾构法隧道；渗排水、盲沟排水，隧道、坑道排水；预注浆、后注浆，衬砌裂缝注浆
		混凝土基础	模板、钢筋、混凝土，后浇带混凝土，混凝土结构缝处理
		砌体基础	砖砌体，混凝土砌块砌体，配筋砌体，石砌体
		劲钢(管)混凝土	劲钢(管)焊接，劲钢(管)与钢筋的连接，混凝土
		钢结构	焊接钢结构，栓接钢结构，钢结构制作，钢结构安装，钢结构涂装
2	主体结构	混凝土结构	模板、钢筋、混凝土、预应力、现浇结构、装配式结构
		劲钢(管)混凝土结构	劲钢(管)焊接，螺栓连接，劲钢(管)与钢筋的连接，劲钢(管)制作、安装，混凝土
		砌体结构	砖砌体，混凝土小型空心砌块砌体，石砌体，填充墙砌体，配筋砖砌体
		钢结构	钢结构焊接，紧固件连接，钢零部件加工，单层钢结构安装，多层及高层钢结构安装，钢结构涂装，钢构件组装，钢构件预拼装，钢网架结构安装，压型金属板
		木结构	方木和原木结构，胶合木结构，轻型木结构，木构件防护
		网架和索膜结构	网架制作，网架安装，索膜安装，网架防火，防腐涂料

续表

序号	分部工程	子分部工程	分项工程
3	建筑装饰装修	地面	整体面层：基层，水泥混凝土面层，水泥砂浆面层，水磨石面层，防油渗面层，水泥钢(铁)屑面层，不发火(防爆的)面层；板块面层：基层，砖面层(陶瓷锦砖、缸砖、陶瓷地砖和水泥花砖面层)，大理石面层和花岗岩面层，预制板块面层(预制水泥混凝土、水磨石板块面层)，料石面层(条石、块石面层)，塑料板面层，活动地板面层，地毯面层；木竹面层：基层、实木地板面层(条材、块材面层)，实木复合地板面层(条材、块材面层)，中密度(强化)复合地板面层(条材面层)，竹地板面层
		抹灰	一般抹灰，装饰抹灰，清水砌体勾缝
		门窗	木门窗制作与安装，金属门窗安装，塑料门窗安装，特种门安装，门窗玻璃安装
		吊顶	暗龙骨吊顶，明龙骨吊顶
		轻质隔墙	板材隔墙，骨架隔墙，活动隔墙，玻璃隔墙
		饰面板(砖)	饰面板安装，饰面砖粘贴
		幕墙	玻璃幕墙，金属幕墙，石材幕墙
		涂饰	水性涂料涂饰，溶剂型涂料涂饰，美术涂饰
		裱糊与软包	裱糊、软包
		细部	橱柜制作与安装，窗帘盒、窗台板和暖气罩制作与安装，门窗套制作与安装，护栏和扶手制作与安装，花饰制作与安装
4	建筑屋面	卷材防水屋面	保温层，找平层，卷材防水层，细部构造
		涂膜防水屋面	保温层，找平层，涂膜防水层，细部构造
		刚性防水屋面	细石混凝土防水层，密封材料嵌缝，细部构造
		瓦屋面	平瓦屋面，油毡瓦屋面，金属板屋面，细部构造
		隔热屋面	架空屋面，蓄水屋面，种植屋面
5	建筑给水、排水及采暖	室内给水系统	给水管道及配件安装，室内消火栓系统安装，给水设备安装，管道防腐，绝热
		室内排水系统	排水管道及配件安装，雨水管道及配件安装
		室内热水供应系统	管道及配件安装，辅助设备安装，防腐，绝热
		卫生器具安装	卫生器具安装，卫生器具给水配件安装，卫生器具排水管道安装
		室内采暖系统	管道及配件安装，辅助设备及散热器安装，金属辐射板安装，低温热水地板辐射采暖系统安装，系统水压试验及调试，防腐，绝热
		室外给水管网	给水管道安装，消防水泵接合器及室外消火栓安装，管沟及井室
		室外排水管网	排水管道安装，排水管沟与井池
		室外供热管网	管道及配件安装，系统水压试验及调试、防腐，绝热
		建筑中水系统及游泳池系统	建筑中水系统管道及辅助设备安装，游泳池水系统安装
		供热锅炉及辅助设备安装	锅炉安装，辅助设备及管道安装，安全附件安装，烘炉、煮炉和试运行，换热站安装，防腐，绝热

续表

序号	分部工程	子分部工程	分项工程
6	建筑电气	室外电气	架空线路及杆上电气设备安装，变压器、箱式变电所安装，成套配电柜、控制柜(屏、台)和动力、照明配电箱(盘)及控制柜安装，电线、电缆导管和线槽敷设，电线、电缆穿管和线槽敷设，电缆头制作、导线连接和线路电气试验，建筑物外部装饰灯具、航空障碍标志灯和庭院路灯安装，建筑照明通电试运行，接地装置安装
		变配电室	变压器、箱式变电所安装，成套配电柜、控制柜(屏、台)和动力、照明配电箱(盘)安装，裸母线、封闭母线、插接式母线安装，电缆沟内和电缆竖井内电缆敷设，电缆头制作、导线连接和线路电气试验，接地装置安装，避雷引下线和变配电室接地干线敷设
		供电干线	裸母线、封闭母线、插接式母线安装，桥架安装和桥架内电缆敷设，电缆沟内和电缆竖井内电缆敷设，电线、电缆导管和线槽敷设，电线、电缆穿管和线槽敷线，电缆头制作、导线连接和线路电气试验
		电气动力	成套配电柜、控制柜(屏、台)和动力、照明配电箱(盘)及控制柜安装，低压电动机、电加热器及电动执行机构检查、接线，低压电气动力设备检测、试验和空载试运行，桥架安装和桥架内电缆敷设，电线、电缆导管和线槽敷设，电线、电缆穿管和线槽敷线，电缆头制作、导线连接和线路电气试验，插座、开关、风扇安装
		电气照明安装	成套配电柜、控制柜(屏、台)和动力、照明配电箱(盘)安装，电线、电缆导管和线槽敷设，电线、电缆导管和线槽敷线，槽板配线，钢索配线，电缆头制作、导线连接和线路电气试验，普通灯具安装，专用灯具安装，插座、开关、风扇安装，建筑照明通电试运行
		备用和不间断电源安装	成套配电柜、控制柜(屏、台)和动力、照明配电箱(盘)安装，柴油发电机组安装，不间断电源的其他功能单元安装，裸母线、封闭母线、插接式母线安装，电线、电缆导管和线槽敷设，电线、电缆导管和线槽敷线，电缆头制作、导线连接和线路电气试验，接地装置安装
		防雷及接地安装	接地装置安装，避雷引下线和变配电室接地干线敷设，建筑物等电位连接，接闪器安装
7	智能建筑	通信网络系统	通信系统，卫星及有线电视系统，公共广播系统
		办公自动化系统	计算机网络系统，信息平台及办公自动化应用软件，网络安全系统
		建筑设备监控系统	空调与通风系统，变配电系统，照明系统，给排水系统，热源和热交换系统，冷冻和冷却系统，电梯和自动扶梯系统，中央管理工作站与操作分站，子系统通信接口
		火灾报警及消防联动系统	火灾和可燃气体探测系统，火灾报警控制系统，消防联动系统
		安全防范系统	电视监控系统，入侵报警系统，巡更系统，出入口控制(门禁)系统，停车管理系统

续表

序号	分部工程	子分部工程	分项工程
7	智能建筑	综合布线系统	缆线敷设和终接,机柜、机架、配线架的安装,信息插座和光缆芯线终端的安装
		智能化集成系统	集成系统网络,实时数据库,信息安全,功能接口
		电源与接地	智能建筑电源,防雷及接地
		环境	空间环境,室内空调环境,视觉照明环境,电磁环境
		住宅(小区)智能化系统	火灾自动报警及消防联动系统,安全防范系统(含电视监控系统、入侵报警系统、巡更系统、门禁系统、楼宇对讲系统、住户对讲呼救系统、停车管理系统),物业管理系统(多表现场计量及与远程传输系统、建筑设备监控系统、公共广播系统、小区网络及信息服务系统、物业办公自动化系统),智能家庭信息平台
8	通风与空调	送排风系统	风管与配件制作,部件制作,风管系统安装,空气处理设备安装,消声设备制作与安装,风管与设备防腐,风机安装,系统调试
		防排烟系统	风管与配件制作,部件制作,风管系统安装,防排烟风口、常闭正压风口与设备安装,风管与设备防腐,风机安装,系统调试
		除尘系统	风管与配件制作,部件制作,风管系统安装,除尘器与排污设备安装,风管与设备防腐,风机安装,系统调试
		空调风系统	风管与配件制作,部件制作,风管系统安装,空气处理设备安装,消声设备制作与安装,风管与设备防腐,风机安装,风管与设备绝热,系统调试
		净化空调系统	风管与配件制作,部件制作,风管系统安装,空气处理设备安装,消声设备制作与安装,风管与设备防腐,风机安装,风管与设备绝热,高效过滤器安装,系统调试
		制冷设备系统	制冷机组安装,制冷剂管道及配件安装,制冷附属设备安装,管道及设备的防腐与绝热,系统调试
		空调水系统	管道冷热(媒)水系统安装,冷却水系统安装,冷凝水系统安装,阀门及部件安装,冷却塔安装,水泵及附属设备安装,管道与设备的防腐与绝热,系统调试
9	电梯	电力驱动的曳引式或强制式电梯安装	设备进场验收,土建交接检验,驱动主机,导轨,门系统,轿厢,对重(平衡重),安全部件,悬挂装置,随行电缆,补偿装置,电气装置,整机安装验收
		液压电梯安装	设备进场验收,土建交接检验,液压系统,导轨,门系统,轿厢,对重(平衡重),安全部件,悬挂装置,随行电缆,电气装置,整机安装验收
		自动扶梯、自动人行道安装	设备进场验收,土建交接检验,整机安装验收

附录C 室外工程划分

C.0.1 室外单位(子单位)工程和分部工程可按表C.0.1划分。

表 C.0.1　　　　　　　　　　室外工程划分

单位工程	子单位工程	分部（子分部）工程
室外建筑环境	附属建筑	车棚，围墙，大门，挡土墙，垃圾收集站
	室外环境	建筑小品，道路，亭台，连廊，花坛，场坪绿化
室外安装	给排水与采暖	室外给水系统，室外排水系统，室外供热系统
	电　气	室外供电系统，室外照明系统

附录 D　检验批质量验收记录

D.0.1 检验批的质量验收记录由施工项目专业质量检查员填写，监理工程师（建设单位项目专业技术负责人）组织项目专业质量检查员等进行验收，并按表 D.0.1 记录。

表 D.0.1　　　　　　　　　检验批质量验收记录

工程名称		分项工程名称		验收部位	
施工单位			专业工长		项目经理
施工执行标准名称及编号					
分包单位		分包项目经理		施工班组长	
主控项目	质量验收规范的规定	施工单位检查评定记录			监理（建设）单位验收记录
	1				
	2				
	3				
	4				
	5				
	6				
	7				
	8				
	9				
一般项目	1				
	2				
	3				
	4				
施工单位检查评定结果	项目专业质量检查员：　　　　年　月　日				
监理（建设）单位验收结论	监理工程师 （建设单位项目专业技术负责人）　　　　年　月　日				

… 附录3 建筑工程施工质量验收统一标准 GB 50300—2001

附录 E 分项工程质量验收记录

E.0.1 分项工程质量应由监理工程师(建设单位项目专业技术负责人)组织项目专业技术负责人等进行验收,并按表 E.0.1 记录。

表 E.0.1 _____ 分项工程质量验收记录

工程名称		结构类型		检验批数	
施工单位		项目经理		项目技术负责人	
分包单位		分包单位负责人		分包项目经理	

序号	检验批部位、区段	施工单位检查评定结果	监理(建设)单位验收结论
1			
2			
3			
4			
5			
6			
7			
8			
9			
10			
11			
12			
13			
14			
15			
16			
17			

检查结论	项目专业技术负责人: 年 月 日	验收结论	监理工程师 (建设单位项目专业技术负责人) 年 月 日

附录 F 分部(子分部)工程质量验收记录

F.0.1 分部(子分部)工程质量应由总监理工程师(建设单位项目专业负责人)组织施工项目经理和有关勘察、设计单位项目负责人进行验收，并按表 F.0.1 记录。

表 F.0.1 _____ 分部(子分部)工程验收记录

工程名称		结构类型		层数		
施工单位		技术部门负责人		质量部门负责人		
分包单位		分包单位负责人		分包技术负责人		
序号	分项工程名称	检验批数	施工单位检查评定	验 收 意 见		
1						
2						
3						
4						
5						
6						
质量控制资料						
安全和功能检验(检测)报告						
观感质量验收						
验收单位	分包单位			项目经理	年 月 日	
	施工单位			项目经理	年 月 日	
	勘察单位			项目负责人	年 月 日	
	设计单位			项目负责人	年 月 日	
	监理(建设)单位	总监理工程师 (建设单位项目专业负责人) 年 月 日				

附录G 单位(子单位)工程质量竣工验收记录

G.0.1 单位(子单位)工程质量验收应按表 G.0.1-1 记录,表 G.0.1-1 为单位工程质量验收的汇总表与附录 F 的表 F.0.1 和表 G.0.1-2～表 G.0.1-4 配合使用。表 G.0.1-2 为单位(子单位)工程质量控制资料核查记录,表 G.0.1-3 为单位(子单位)工程安全和功能检验资料核查及主要功能抽查记录,表 G.0.1-4 为单位(子单位)工程观感质量检查记录。

表 G.0.1-1 验收记录由施工单位填写,验收结论由监理(建设)单位填写。综合验收结论由参加验收各方共同商定,建设单位填写,应对工程质量是否符合设计和规范要求及总体质量水平做出评价。

表 G.0.1-1 单位(子单位)工程质量竣工验收记录

工程名称		结构类型		层数/建筑面积	/
施工单位		技术负责人		开工日期	
项目经理		项目技术负责人		竣工日期	
序号	项 目	验 收 记 录		验 收 结 论	
1	分部工程	共 分部,经查 分部 符合标准及设计要求 分部			
2	质量控制资料核查	共 项,经审查符合要求 项, 经核定符合规范要求 项			
3	安全和主要使用功能核查及抽查结果	共核查 项,符合要求 项, 共抽查 项,符合要求 项, 经返工处理符合要求 项			
4	观感质量验收	共抽查 项,符合要求 项, 不符合要求 项			
5	综合验收结论				
参加验收单位	建设单位 (公章) 单位(项目)负责人 年 月 日	监理单位 (公章) 总监理工程师 年 月 日		施工单位 (公章) 单位负责人 年 月 日	设计单位 (公章) 单位(项目)负责人 年 月 日

表 G.0.1-2　　　　单位(子单位)工程质量控制资料核查记录

工程名称			施工单位			
序号	项目	资　料　名　称	份数	核查意见	核查人	
1	建筑与结构	图纸会审、设计变更、洽商记录				
2		工程定位测量、放线记录				
3		原材料出厂合格证书及进场检(试)验报告				
4		施工试验报告及见证检测报告				
5		隐蔽工程验收记录				
6		施工记录				
7		预制构件、预拌混凝土合格证				
8		地基基础、主体结构检验及抽样检测资料				
9		分项、分部工程质量验收记录				
10		工程质量事故及事故调查处理资料				
11		新材料、新工艺施工记录				
12						
1	给排水与采暖	图纸会审、设计变更、洽商记录				
2		材料、配件出厂合格证书及进场检(试)验报告				
3		管道、设备强度试验、严密性试验记录				
4		隐蔽工程验收记录				
5		系统清洗、灌水、通水、通球试验记录				
6		施工记录				
7		分项、分部工程质量验收记录				
8						
1	建筑电气	图纸会审、设计变更、洽商记录				
2		材料、设备出厂合格证书及进场检(试)验报告				
3		设备调试记录				
4		接地、绝缘电阻测试记录				
5		隐蔽工程验收记录				
6		施工记录				
7		分项、分部工程质量验收记录				
8						

续表

工程名称				施工单位			
序号	项目	资料名称			份数	核查意见	核查人
1	通风与空调	图纸会审、设计变更、洽商记录					
2		材料、设备出厂合格证书及进场检(试)验报告					
3		制冷、空调、水管道强度试验、严密性试验记录					
4		隐蔽工程验收记录					
5		制冷设备运行调试记录					
6		通风、空调系统调试记录					
7		施工记录					
8		分项、分部工程质量验收记录					
9							
1	电梯	土建布置图纸会审、设计变更、洽商记录					
2		设备出厂合格证书及开箱检验记录					
3		隐蔽工程验收记录					
4		施工记录					
5		接地、绝缘电阻测试记录					
6		负荷试验、安全装置检查记录					
7		分项、分部工程质量验收记录					
8							
1	建筑智能化	图纸会审、设计变更、洽商记录、竣工图及设计说明					
2		材料、设备出厂合格证及技术文件及进场检(试)验报告					
3		隐蔽工程验收记录					
4		系统功能测定及设备调试记录					
5		系统技术、操作和维护手册					
6		系统管理、操作人员培训记录					
7		系统检测报告					
8		分项、分部工程质量验收报告					

结论：

施工单位项目经理　　年　月　日　(建设单位项目负责人)　　总监理工程师　　年　月　日

表 G.0.1-3　　　　单位(子单位)工程安全和功能检验
　　　　　　　　　　　资料核查及主要功能抽查记录

工程名称				施工单位		
序号	项目	安全和功能检查项目	份数	核查意见	抽查结果	核查(抽查)人
1	建筑与结构	屋面淋水试验记录				
2		地下室防水效果检查记录				
3		有防水要求的地面蓄水试验记录				
4		建筑物垂直度、标高、全高测量记录				
5		抽气(风)道检查记录				
6		幕墙及外窗气密性、水密性、耐风压检测报告				
7		建筑物沉降观测测量记录				
8		节能、保温测试记录				
9		室内环境检测报告				
10						
1	给排水与采暖	给水管道通水试验记录				
2		暖气管道、散热器压力试验记录				
3		卫生器具满水试验记录				
4		消防管道、燃气管道压力试验记录				
5		排水干管通球试验记录				
6						
1	电气	照明全负荷试验记录				
2		大型灯具牢固性试验记录				
3		避雷接地电阻测试记录				
4		线路、插座、开关接地检验记录				
5						
1	通风与空调	通风、空调系统试运行记录				
2		风量、温度测试记录				
3		洁净室洁净度测试记录				
4		制冷机组试运行调试记录				
5						
1	电梯	电梯运行记录				
2		电梯安全装置检测报告				
1	智能建筑	系统试运行记录				
2		系统电源及接地检测报告				
3						

结论：

施工单位项目经理　　　年 月 日　(建设单位项目负责人)　　　　　　　总监理工程师　　　年 月 日

注：抽查项目由验收组协商确定。

附录3 建筑工程施工质量验收统一标准 GB 50300—2001

表 G.0.1-4　　　　　　单位(子单位)工程观感质量检查记录

工程名称			施工单位										质量评价		
序号	项目		抽查质量状况										好	一般	差
1	建筑与结构	室外墙面													
2		变形缝													
3		水落管，屋面													
4		室内墙面													
5		室内顶棚													
6		室内地面													
7		楼梯、踏步、护栏													
8		门窗													
1	给排水与采暖	管道接口、坡度、支架													
2		卫生器具、支架、阀门													
3		检查口、扫除口、地漏													
4		散热器、支架													
1	建筑电气	配电箱、盘、板、接线盒													
2		设备器具、开关、插座													
3		防雷、接地													
1	通风与空调	风管、支架													
2		风口、风阀													
3		风机、空调设备													
4		阀门、支架													
5		水泵、冷却塔													
6		绝热													
1	电梯	运行、平层、开关门													
2		层门、信号系统													
3		机房													
1	智能建筑	机房设备安装及布局													
2		现场设备安装													
3															
观感质量综合评价															
检查结论															

　　　　　　　　　　　　　　　　　　　　　　　　　　　　总监理工程师
施工单位项目经理　　年　月　日　(建设单位项目负责人)　　　年　月　日

注：质量评价为差的项目，应进行返修。

本标准用词说明

一、执行本标准条文时，要求严格程度不同的用词说明如下，以便在执行中区别对待。

1. 表示很严格，非这样做不可的：

正面词采用"必须"，反面词采用"严禁"。

2. 表示严格，在正常情况下均应这样做的：

正面词采用"应"，反面词采用"不应"或"不得"。

3. 表示允许稍有选择，在条件许可时首先这样做的：

正面词采用"宜"或"可"，反面词采用"不宜"。

表示有选择，在一定条件下可以这样做的，采用"可"。

二、条文中必须按指定的标准、规范或其他有关规定执行时，写法为"应按……执行"或"应符合……要求"。

中华人民共和国国家标准

建筑工程施工质量验收统一标准

GB 50300—2001

条 文 说 明

目 录

1 总则 ··· 213
2 术语 ··· 214
3 基本规定 ··· 214
4 建筑工程质量验收的划分 ··· 215
5 建筑工程质量验收 ··· 216
6 建筑工程质量验收程序和组织 ·· 219

1 总 则

1.0.1 本条是编制统一标准和建筑工程质量验收规范系列标准的宗旨。仅限于施工质量的验收。设计和使用中的质量问题不属于本标准的范畴。

本次编制是将有关建筑工程的施工及验收规范和其工程质量检验评定标准合并，组成新的工程质量验收规范体系，实际上是重新建立一个技术标准体系。以统一建筑工程质量的验收方法、程序和质量指标。

修订中坚持了"验评分离、强化验收、完善手段、过程控制"的指导思想。

1.0.2 本标准的内容有两部分。第一部分规定了房屋建筑各专业工程施工质量验收规范编制的统一准则。为了统一房屋工程各专业施工质量验收规范的编制，对检验批、分项、分部（子分部）、单位（子单位）工程的划分、质量指标的设置和要求、验收程序与组织都提出了原则的要求，以指导本系列标准各验收规范的编制，掌握内容的繁简，质量指标的多少，宽严程度等，使其能够比较协调。

第二部分是直接规定了单位工程的验收，从单位工程的划分和组成，质量指标的设置，到验收程序都做了具体规定。

1.0.3 本标准的编制依据，主要是《中华人民共和国建筑法》、《建设工程质量管理条例》、《建筑结构可靠度设计统一标准》及其他有关设计规范的规定等。同时，本标准强调本系列各专业验收规范必须与本标准配套使用。

另外，本标准规范体系的落实和执行，还需要有关标准的支持，其支持体系见图1.0.3 工程质量验收规范支持体系示意图。

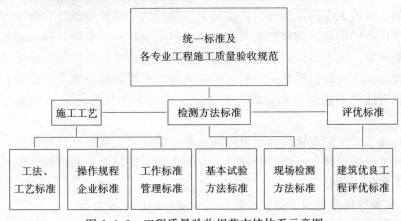

图1.0.3 工程质量验收规范支持体系示意图

2 术　语

本章中给出的 17 个术语，是本标准有关章节中所引用的。除本标准使用外，还可作为建筑工程各专业施工质量验收规范引用的依据。

在编写本章术语时，参考了《质量管理和质量保证术语》GB/T 6583—1994、统计方法应用国家标准汇编、《建筑结构设计术语和符号标准》GB/T 50083—97 等国家标准中的相关术语。

本标准的术语是从本标准的角度赋予其涵义的，但涵义不一定是术语的定义。同时还分别给出了相应的推荐性英文术语，该英文术语不一定是国际上的标准术语，仅供参考。

3 基 本 规 定

3.0.1 本条规定了建筑工程施工单位应建立必要的质量责任制度，对建筑工程施工的质量管理体系提出了较全面的要求，建筑工程的质量控制应为全过程的控制。

施工单位应推行生产控制和合格控制的全过程质量控制，应有健全的生产控制和合格控制的质量管理体系。这里不仅包括原材料控制、工艺流程控制、施工操作控制、每道工序质量检查、各道相关工序间的交接检验以及专业工种之间等中间交接环节的质量管理和控制要求，还应包括满足施工图设计和功能要求的抽样检验制度等。施工单位还应通过内部的审核与管理者的评审，找出质量管理体系中存在的问题和薄弱环节，并制订改进的措施和跟踪检查落实等措施，使单位的质量管理体系不断健全和完善，是该施工单位不断提高建筑工程施工质量的保证。

同时施工单位应重视综合质量控制水平，应从施工技术、管理制度、工程质量控制和工程质量等方面制订对施工企业综合质量控制水平的指标，以达到提高整体素质和经济效益。

3.0.2 本条较具体规定了建筑工程施工质量控制的主要方面。

一是用于建筑工程的主要材料、半成品、成品、建筑构配件、器具和设备的进场验收和重要建筑材料的复检；二是控制每道工序的质量，在每道工序的质量控制中之所以强调按企业标准进行控制，是考虑企业标准的控制指标应严于行业和国家标准指标的因素；三是施工单位每道工序完成后除了自检、专职质量检查员检查外，还强调了工序交接检查，上道工序还应满足下道工序的施工条件和要求；同样相关专业工序之间也应进行中间交接检验，使各工序间和各相关专业工程之间形成一个有机的整体。

3.0.3 本条提出了建筑工程质量验收的基本要求，这主要是：参加建筑工程质量验收各方人员应具备的资格；建筑工程质量验收应在施工单位检验评定合格的基础上进行；检验批质量应按主控项目和一般项目进行验收；隐蔽工程的验收；涉及结构安全的见证取样检测；涉及结构安全和使用功能的重要分部工程的抽样检验以及承担见证试验单位资质的要求；观感质量的现场检查等。

3.0.4 本条给出了检验批质量检验评定的抽样方案，可根据检验项目的特点进行选择。对于检验项目的计量、计数检验，可分为全数检验和抽样检验两大类。

对于重要的检验项目，且可采用简易快速的非破损检验方法时，宜选用全数检验。对于构件截面尺寸或外观质量等检验项目，宜选用考虑合格质量水平的生产方风险 α 和使用方风险 β 的一次或二次抽样方案，也可选用经实践经验有效的抽样方案。

3.0.5 关于合格质量水平的生产方风险 α，是指合格批被判为不合格的概率，即合格批被拒收的概率；使用方风险 β 为不合格批被判为合格批的概率，即不合格批被误收的概率。抽样检验必然存在这两类风险，要求通过抽样检验的检验批 100% 合格是不合理的也是不可能的，在抽样检验中，两类风险一般控制范围是：$\alpha=1\%\sim5\%$；$\beta=5\%\sim10\%$。对于主控项目，其 α、β 均不宜超过 5%；对于一般项目，α 不宜超过 5%，β 不宜超过 10%。

4 建筑工程质量验收的划分

4.0.1 随着经济发展和施工技术进步，自改革开放以来，已涌现了大量建筑规模较大的单体工程和具有综合使用功能的综合性建筑物，几万平方米的建筑物比比皆是，十万平方米以上的建筑物也不少。这些建筑物的施工周期一般较长，受多种因素的影响，诸如后期建设资金不足，部分停缓建，已建成可使用部分需投入使用，以发挥投资效益等；投资者为追求最大的投资效益，在建设期间，需要将其中一部分提前建成使用；规模特别大的工程，一次性验收也不方便等等。因此，原标准整体划分为一个单位工程验收已不适应当前的情况，故本标准规定，可将此类工程划分为若干个子单位工程进行验收。同时，随着生产、工作、生活条件要求的提高，建筑物的内部设施也越来越多样化；建筑物相同部位的设计也呈多样化；新型材料大量涌现；加之施工工艺和技术的发展，使分项工程越来越多，因此，按建筑物的主要部位和专业来划分分部工程已不适应要求，故本标准提出在分部工程中，按相近工作内容和系统划分若干子分部工程，这样有利于正确评价建筑工程质量，有利于进行验收。

4.0.2 具有独立施工条件和能形成独立使用功能是单位（子单位）工程划分的基本要求。在施工前由建设、监理、施工单位自行商议确定，并据此收集整理施工技术资料和验收。

4.0.3 在建筑工程的分部工程中，将原建筑电气安装分部工中的强电和弱电部分独立出来各为一个分部工程，称其为建筑电气分部和智能建筑（弱电）分部。

当分部工程量较大且较复杂时，可将其中相同部分的工程或能形成独立专业体系的工程划分成若干子分部工程。

4.0.4和4.0.5 分项工程划分成检验批进行验收有助于及时纠正施工中出现的质量问题，确保工程质量，也符合施工实际需要。多层及高层建筑工程中主体分部的分项工程可按楼层或施工段来划分检验批，单层建筑工程中的分项工程可按变形缝等划分检验批；地基基础分部工程中的分项工程一般划分为一个检验批，有地下层的基础工程可按不同地下层划分检验批；屋面分部工程中的分项工程不同楼层屋面可划分为不同的检验批；其他分部工程中的分项工程，一般按楼层划分检验批；对于工程量较少的分项工程可统一划为一个检验批。安装工程一般按一个设计系统或设备组别划分为一个检验批。室外工程统一划分为一个检验批。散水、台阶、明沟等含在地面检验批中。

地基基础中的土石方、基坑支护子分部工程及混凝土工程中的模板工程，虽不构成建筑工程实体，但它是建筑工程施工不可缺少的重要环节和必要条件，其施工质量如何，不仅关系到能否施工和施工安全，也关系到建筑工程的质量，因此将其列入施工验收内容是应该的。

4.0.6 这两条具体给出了建筑工程和室外工程的分部（子分部）、分项工程的划分。

5 建筑工程质量验收

5.0.1 检验批是工程验收的最小单位，是分项工程乃至整个建筑工程质量验收的基础。检验批是施工过程中条件相同并有一定数量的材料、构配件或安装项目，由于其质量基本均匀一致，因此可以作为检验的基础单位，并按批验收。

本条给出了检验批质量合格的条件，共两个方面：资料检查、主控项目检验和一般项目检验。

质量控制资料反映了检验批从原材料到最终验收的各施工工序的操作依据、检查情况以及保证质量所必须的管理制度等。对其完整性的检查，实际是对过程控制的确认，这是检验批合格的前提。

为了使检验批的质量符合安全和功能的基本要求，达到保证建筑工程质量的目的，各专业工程质量验收规范应对各检验批的主控项目、一般项目的子项合格质量给予明确的规定。

检验批的合格质量主要取决于对主控项目和一般项目的检验结果。主控项目是对检验批的基本质量起决定性影响的检验项目，因此必须全部符合有关专业工程验收规范的规定。这意味着主控项目不允许有不符合要求的检验结果，即这种项目的检查具有否决权。鉴于主控项目对基本质量的决定性影响，从严要求是必须的。

5.0.2 分项工程的验收在检验批的基础上进行。一般情况下，两者具有相同或相近的性质，只是批量的大小不同而已。因此，将有关的检验批汇集构成分项工程。分项工程合格质量的条件比较简单，只要构成分项工程的各检验批的验收资料文件完整，并且均已验收合格，则分项工程验收合格。

5.0.3 分部工程的验收在其所含各分项工程验收的基础上进行。本条给出了分部工程验收合格的条件。

首先，分部工程的各分项工程必须已验收合格且相应的质量控制资料文件必须完整，这是验收的基本条件。此外，由于各分项工程的性质不尽相同，因此作为分部工程不能简单地组合而加以验收，尚须增加以下两类检查项目。

涉及安全和使用功能的地基基础、主体结构、有关安全及重要使用功能的安装分部工程应进行有关见证取样送样试验或抽样检测。关于观感质量验收，这类检查往往难以定量，只能以观察、触摸或简单量测的方式进行，并由各个人的主观印象判断，检查结果并不给出"合格"或"不合格"的结论，而是综合给出质量评价。对于"差"的检查点应通过返修处理等补救。

5.0.4 单位工程质量验收也称质量竣工验收，是建筑工程投入使用前的最后一次验收，也是最重要的一次验收。验收合格的条件有五个：除构成单位工程的各分部工程应该合格，并且有关的资料文件应完整以外，还须进行以下三个方面的检查。

涉及安全和使用功能的分部工程应进行检验资料的复查。不仅要全面检查其完整性(不得有漏检缺项)，而且对分部工程验收时补充进行的见证抽样检验报告也要复核。这种强化验收的手段体现了对安全和主要使用功能的重视。

此外，对主要使用功能还须进行抽查。使用功能的检查是对建筑工程和设备安装工程最终质量的综合检验，也是用户最为关心的内容。因此，在分项、分部工程验收合格的基础上，竣工验收时再作全面检查。抽查项目是在检查资料文件的基础上由参加验收的各方人员商定，并用计量、计数的抽样方法确定检查部位。检查要求按有关专业工程施工质量验收标准的要求进行。

最后，还须由参加验收的各方人员共同进行观感质量检查。检查的方法、内容、结论等已在分部工程的相应部分中阐述，最后共同确定是否通过验收。

5.0.5 表D和表E及表F分别为检验批和分项工程及分部（子分部工程）验收记录表，主要是规范了各专业规范编制这方面表格的基本格式、内容和方式，具体内容由各专业规范规定。表G为单位工程的质量验收记录。

5.0.6 本条给出了当质量不符合要求时的处理办法。一般情况下，不合格现象在最基层的验收单位-检验批时就应发现并及时处理，否则将影响后续检验批和相关的分项工程、分部工程的验收。因此所有质量隐患必须尽快消灭在萌芽状态，这也是本标准以强化验收促进过程控制原则的体现。非正常情况的处理分以下四种情况：

第一种情况，是指在检验批验收时，其主控项目不能满足验收规范规定或一般项目超过偏差限值的子项不符合检验规定的要求时，应及时进行处理的检验批。其中，严重的缺陷应推倒重来；一般的缺陷通过翻修或更换器具、设备予以解决，应允许施工单位在采取相应的措施后重新验收。如能够符合相应的专业工程质量验收规范，则应认为该检验批合格。

第二种情况，是指个别检验批发现试块强度等不满足要求等问题，难以确定是否验收时，应请具有资质的法定检测单位检测。当鉴定结果能够达到设计要求时，该检验批仍应认为是通过验收。

第三种情况，如经检测鉴定达不到设计要求，但经原设计单位核算，仍能满足结构安全和使用功能的情况，该检验批可以予以验收。一般情况下，规范标准给出了满足安全和功能的最低限度要求，而设计往往在此基础上留有一些余量。不满足设计要求和符合相应规范标准的要求，两者并不矛盾。

第四种情况，更为严重的缺陷或者超过检验批的更大范围内的缺陷，可能影响结构的安全性和使用功能。若经法定检测单位检测鉴定以后认为达不到规范标准的相应要求，即不能满足最低限度的安全储备和使用功能，则必须按一定的技术方案进行加固处理，使之能保证其满足安全使用的基本要求。这样会造成一些永久性的缺陷，如改变结构外形尺寸，影响一些次要的使用功能等。为了避免社会财富更大的损失，在不影响安全和主要使用功能条件下可按处理技术方案和协商文件进行验收，责任方应承担经济责任，但不能作为轻视质量而回避责任的一种出路，这是应该特别注意的。

5.0.7 分部工程、单位（子单位）工程存在严重的缺陷，经返修或加固处理仍不能满足安全使用要求的，严禁验收。

6 建筑工程质量验收程序和组织

6.0.1 检验批和分项工程是建筑工程质量的基础，因此，所有检验批和分项工程均应由监理工程师或建设单位项目技术负责人组织验收。验收前，施工单位先填好"检验批和分项工程的质量验收记录"（有关监理记录和结论不填），并由项目专业质量检验员和项目专业技术负责人分别在检验批和分项工程质量检验记录中相关栏目签字，然后由监理工程师组织，严格按规定程序进行验收。

6.0.2 本条规定了分部(子分部)工程验收的组织者及参加验收的相关单位和人员。工程监理实行总监理工程师负责制，因此分部工程应由总监理工程师（建设单位项目负责人）组织施工单位的项目负责人和项目技术、质量负责人及有关人员进行验收。因为地基基础、主体结构的主要技术资料和质量问题是归技术部门和质量部门掌握，所以规定施工单位的技术、质量部门负责人参加验收是符合实际的。

由于地基基础、主体结构技术性能要求严格，技术性强，关系到整个工程的安全，因此规定这些分部工程的勘察、设计单位工程项目负责人也应参加相关分部的工程质量验收。

6.0.3 本条规定单位工程完成后，施工单位首先要依据质量标准、设计图纸等组织有关人员进行自检，并对检查结果进行评定，符合要求后向建设单位提交工程验收报告和完整的质量资料，请建设单位组织验收。

6.0.4 本条规定单位工程质量验收应由建设单位负责人或项目负责人组织，由于设计、施工、监理单位都是责任主体，因此设计、施工单位负责人或项目负责人及施工单位的技术、质量负责人和监理单位的总监理工程师均应参加验收（勘察单位虽然亦是责任主体，但已经参加了地基验收，故单位工程验收时，可以不参加）。

在一个单位工程中，对满足生产要求或具备使用条件，施工单位已预验，监理工程师已初验通过的子单位工程，建设单位可组织进行验收。由几个施工单位负责施工的单位工程，当其中的施工单位所负责的子单位工程已按设计完成，并经自行检验，也可按规定的程序组织正式验收，办理交工手续。在整个单位工程进行全部验收时，已验收的子单位工程验收资料应作为单位工程验收的附件。

6.0.5 本条规定了总包单位和分包单位的质量责任和验收程序。

由于《建设工程承包合同》的双方主体是建设单位和总承包单位，总承包单位应按照承包合同的权利义务对建设单位负责。分包单位对总承包单位负责，亦应对建设单位负责。因此，分包单位对承建的项目进行检验时，总包单位应参加，检验合格后，分包单位应将工程的有关资料移交总包单位，待建设单位组织单位工程质量验收时，分包单位负责人应参加验收。

6.0.6 本条规定了建筑工程质量验收意见不一致时的组织协调部门。协调部门可以是当地建设行政主管部门，或其委托的部门（单位），也可是各方认可的咨询单位。

6.0.7 建设工程竣工验收备案制度是加强政府监督管理，防止不合格工程流向社会的一个重要手段。建设单位应依据《建设工程质量管理条例》和建设部有关规定，到县级以上人民政府建设行政主管部门或其他有关部门备案。否则，不允许投入使用。

附录 4

中华人民共和国国家标准

建筑工程施工质量评价标准

Evaluating standard for excellent quality of building engineering

GB/T 50375—2006

主编部门：中华人民共和国建设部
批准部门：中华人民共和国建设部
施行日期：２００６年１１月１日

中华人民共和国建设部
公　告

第 465 号

建设部关于发布国家标准
《建筑工程施工质量评价标准》的公告

现批准《建筑工程施工质量评价标准》为国家标准，编号为 GB/T 50375—2006，自 2006 年 11 月 1 日实施。

本标准由建设部标准定额研究所组织中国建筑工业出版社出版发行。

中华人民共和国建设部

2006 年 7 月 20 日

前　言

　　本标准是根据建设部建标〔2004〕67号文《关于印发"二OO四年工程建设国家标准制订、修订计划"的通知》的要求，由中国建筑业协会工程建设质量监督分会会同有关单位组成编制组。编制组在广泛调查研究，认真总结实践经验，并在广泛征求意见的基础上，形成了本评价标准。

　　本标准的主要评价方法是：按单位工程评价工程质量，首先将单位工程按专业性质和建筑部位划分为地基及桩基工程、结构工程、屋面工程、装饰装修工程、安装工程五部分。每部分分别从施工现场质量保证条件、性能检测、质量记录、尺寸偏差及限值实测、观感质量等五项内容来评价，最后进行综合评价。具体章节为：

　　1. 总则；2. 术语；3. 基本规定；4. 施工现场质量保证条件评价；5. 地基及桩基工程质量评价；6. 结构工程质量评价；7. 屋面工程质量评价；8. 装饰装修工程质量评价；9. 安装工程质量评价；10. 单位工程质量综合评价等。

　　本标准由建设部负责管理，中国建筑业协会工程建设质量监督分会负责具体技术内容的解释。

　　本标准在执行过程中，请各单位注意总结经验，积累资料，随时将有关意见和建议反馈给中国建筑业协会工程建设质量监督分会（北京市百万庄建设部大院建设部印刷厂二楼，邮政编码：100037）。

　　主编单位：中国建筑业协会工程建设质量监督分会
　　参编单位：北京市建设委员会
　　　　　　　北京建工集团有限责任公司
　　　　　　　上海市建设工程安全质量监督总站
　　　　　　　中天建设集团
　　　　　　　解放军工程质量监督总站
　　　　　　　上海市建设工程质量检测中心
　　　　　　　山西省建设工程质量监督管理总站
　　　　　　　重庆市建设工程质量监督总站
　　　　　　　北京城乡欣瑞建设有限责任公司
　　　　　　　浙江省宁波市建设委员会
　　　　　　　厦门中联建设有限公司
　　　　　　　深圳市建设工程质量监督总站

广州市建设工程质量监督站
北京市远达建设监理有限责任公司
北京港源建筑装饰工程有限公司
浙江舜杰建筑集团股份公司

主要起草人：吴松勤　张玉平　艾永祥　潘延平　彭尚银
　　　　　　张益堂　梁建民　唐　民　贺昌元　杨南方
　　　　　　邱　峯　朱亚光　景　万　郑肃宁　袁欣平
　　　　　　张力君　邓颖康　侯兆欣　杨玉江　李兴元
　　　　　　张晓光　顾福林　刘宴山　许建青

目　次

1　总则 ········· 227
2　术语 ········· 227
3　基本规定 ········· 228
　3.1　评价基础 ········· 228
　3.2　评价框架体系 ········· 229
　3.3　评价规定 ········· 230
　3.4　评价内容 ········· 231
　3.5　基本评价方法 ········· 232
4　施工现场质量保证条件评价 ········· 233
　4.1　施工现场质量保证条件检查评价项目 ········· 233
　4.2　施工现场质量保证条件检查评价方法 ········· 233
5　地基及桩基工程质量评价 ········· 235
　5.1　地基及桩基工程性能检测 ········· 235
　5.2　地基及桩基工程质量记录 ········· 236
　5.3　地基及桩基工程尺寸偏差及限值实测 ········· 238
　5.4　地基及桩基工程观感质量 ········· 239
6　结构工程质量评价 ········· 240
　6.1　结构工程性能检测 ········· 240
　6.2　结构工程质量记录 ········· 244
　6.3　结构工程尺寸偏差及限值实测 ········· 248
　6.4　结构工程观感质量 ········· 250
7　屋面工程质量评价 ········· 252
　7.1　屋面工程性能检测 ········· 252
　7.2　屋面工程质量记录 ········· 253
　7.3　屋面工程尺寸偏差及限值实测 ········· 254
　7.4　屋面工程观感质量 ········· 256
8　装饰装修工程质量评价 ········· 257
　8.1　装饰装修工程性能检测 ········· 257
　8.2　装饰装修工程质量记录 ········· 258
　8.3　装饰装修工程尺寸偏差及限值实测 ········· 259

8.4 装饰装修工程观感质量 ………………………………………… 260
9 安装工程质量评价 ……………………………………………… 262
  9.1 建筑给水排水及采暖工程质量评价 …………………………… 262
  9.2 建筑电气安装工程质量评价 …………………………………… 266
  9.3 通风与空调工程质量评价 ……………………………………… 269
  9.4 电梯安装工程质量评价 ………………………………………… 273
  9.5 智能建筑工程质量评价 ………………………………………… 278
10 单位工程质量综合评价 ………………………………………… 281
  10.1 工程结构质量评价 …………………………………………… 281
  10.2 单位工程质量评价 …………………………………………… 283
  10.3 单位工程各项目评分汇总及分析 …………………………… 284
  10.4 工程质量评价报告 …………………………………………… 285
本标准用词说明 ……………………………………………………… 286
条文说明 ……………………………………………………………… 287

1 总　　则

1.0.1 为促进工程质量管理工作的发展，统一建筑工程施工质量评价的基本指标和方法，鼓励施工企业创优，规范创优活动，制订本标准。
1.0.2 本标准适用于建筑工程在工程质量合格后的施工质量优良评价。工程创优活动应在优良评价的基础上进行。
1.0.3 施工质量优良评价的基础是《建筑工程施工质量验收统一标准》及其配套的各专业工程质量验收规范。
1.0.4 建筑工程施工质量优良评价除执行本标准外，尚应符合现行国家有关标准、规范的规定。

2 术　　语

2.0.1 建筑工程　building engineering
　　新建、改建或扩建房屋建筑物和附属构筑物所进行的规划、勘察、设计和施工、竣工等各项技术工作和完成的工程实体。
2.0.2 建筑工程质量　quality of building engineering
　　反映建筑工程满足相关标准规定或合同约定的要求，包括其在安全、使用功能及其在耐久性能、环境保护等方面所有明显和隐含能力的特性总和。
2.0.3 建筑装饰装修　building decoration
　　为保护建筑物的主体结构、完善建筑物的使用功能和美化建筑物，采用装饰装修材料或饰物，对建筑物的内外表面及空间进行的各种处理。
2.0.4 施工现场质量保证条件　in site quality assurance condition
　　为确保施工过程各项活动的有效开展和达到预定的质量目标所需要的控制准则和方法，使每个过程符合规定的要求和过程标准，以达到每个过程期望的结果或为实现这些过程策划的结果和对这些过程持续改进实施必要措施的文件、物资及环境。
2.0.5 性能检测　inspection
　　对检验项目中的各项性能进行量测、检查、试验等，并将检测结果与设计要求或标准规定进行比较，以确定每项性能是否达到规定要求所进行的活动。
2.0.6 质量记录　quality records

参与工程建设的责任主体和检测单位在工程建设过程中，为证明工程质量的状况，按照国家有关法律、法规和技术标准的规定，在参与工程建设活动中所形成的有关确保工程质量的措施、材质证明、施工记录、检测检验报告及所做工作的成果记录等文字及音像文件。

2.0.7 优良工程　fine building engineering

建筑工程质量在满足相关标准规定和合同约定的合格基础上，经过评价在结构安全、使用功能、环境保护等内在质量、外表实物质量及工程资料方面，达到本标准规定的质量指标的建筑工程。

2.0.8 尺寸偏差及限值实测　dimensional deviation measured on the spot

对一些主要的允许偏差项目及有关尺寸限值项目进行尺量等量测，并将量测结果与规范规定值进行比较，以表明每项偏差值是否满足规定，以及满足规定的程度所进行的活动。

2.0.9 观感质量　impressional quality

对一些不便用数据表示的布局、表面、色泽、整体协调性、局部做法及使用的方便性等质量项目由有资格的人员通过目测、体验或辅以必要的量测，根据检查项目的总体情况，综合对其质量项目给出的评价。

2.0.10 权重值　weight

在质量评价过程中，为了能将有关检查项目满足规定要求的程度用数据表示出来，按各项目所占工作量的大小及影响整体能力重要程度，分别对各项目规定的所占比例分值。

2.0.11 质量评价　quality evaluation

对工程实体具备的满足规定要求能力的程度所做的系统检查。对工程质量而言，评价可以是对有关建设活动、过程、组织、体系、资料或承担工程人员的能力，以及工程实体质量所进行的检验评定活动。

3 基本规定

3.1 评价基础

3.1.1 建筑工程质量应实施目标管理，施工单位在工程开工前应制订质量目标，进行质量策划。实施创优良的工程，还应在承包合同中明确质量目标以及各方责任。

3.1.2 建筑工程质量应推行科学管理，强化工程项目的工序质量管理，重视管理机制的质量保证能力及持续改进能力。

3.1.3 建筑工程质量控制的重点应突出原材料、过程工序质量控制及功能效果测试。应重视提高管理效率及操作技能。

3.1.4 建筑工程施工质量优良评价应综合检查评价结构的安全性、使用功能和观感质量效果等。

3.1.5 建筑工程施工质量优良评价应注重科技进步、环保和节能等先进技术的应用。

3.1.6 建筑工程施工质量优良评价，应在工程质量按《建筑工程施工质量验收统一标准》及其配套的各专业工程质量验收规范验收合格基础上评价优良等级。

3.2 评价框架体系

3.2.1 建筑工程施工质量评价应根据建筑工程特点按照工程部位、系统分为地基及桩基工程、结构工程、屋面工程、装饰装修工程及安装工程等五部分，其框架体系应符合表 3.2.1 的规定。

表 3.2.1 工程质量评价框架体系

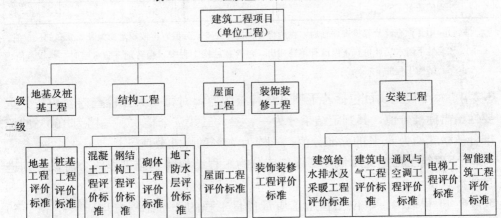

3.2.2 每个工程部位、系统应根据其在整个工程中所占工作量大小及重要程度给出相应的权重值，工程部位、系统权重值分配应符合表 3.2.2 的规定。

表 3.2.2 工程部位、系统权重值分配表

工程部位	权重分值
地基及桩基工程	10
结构工程	40
屋面工程	5
装饰装修工程	25
安装工程	20

注：安装工程有五项内容：建筑给水排水及采暖工程、建筑电气、通风与空调、电梯、智能建筑工程各 4 分。缺项时按实际工作量分配但应为整数。

3.2.3 每个工程部位、系统按照工程质量的特点，其质量评价应包括施工现场质量保证条件、性能检测、质量记录、尺寸偏差及限值实测、观感质量等五项评价内容。

每项评价内容应根据其在该工程部位、系统内所占的工作量大小及重要程度给出相应的权重值，各项评价内容的权重值分配应符合表3.2.3的规定。

表3.2.3 评价项目权重值分配表

序号	评价项目	地基及桩基工程	结构工程	屋面工程	装饰装修工程	安装工程
1	施工现场质量保证条件	10	10	10	10	10
2	性能检测	35	30	30	20	30
3	质量记录	35	25	20	20	30
4	尺寸偏差及限值实测	15	20	20	10	10
5	观感质量	5	15	20	40	20

注：1 用各检查评分表检查评分后，将所得分值换算为本表分值，再按规定变为表3.2.2的权重值。

2 地下防水层评价权重值没有单独列出，包含在结构工程中，当有地下防水层时，其权重值占结构工程的5%。

3.2.4 每个检查项目包括若干项具体检查内容，对每一具体检查内容应按其重要性给出标准分值，其判定结果分为一、二、三共三个档次。一档为100%的标准分值；二档为85%的标准分值；三档为70%的标准分值。

3.2.5 建筑工程施工质量优良评价应分为工程结构和单位工程两个阶段分别进行评价。

3.2.6 工程结构、单位工程施工质量优良工程的评价总得分均应大于等于85分。总得分达到92分及其以上时为高质量等级的优良工程。

3.3 评价规定

3.3.1 建筑工程实行施工质量优良评价的工程，应在施工组织设计中制定具体的创优措施。

3.3.2 建筑工程施工质量优良评价，应先由施工单位按规定自行检查评定，然后由监理或相关单位验收评价。评价结果应以验收评价结果为准。

3.3.3 工程结构和单位工程施工质量优良评价均应出具评价报告。

3.3.4 工程结构施工质量优良评价应在地基及桩基工程、结构工程以及附属的地下防水层完工，且主体工程质量验收合格的基础上进行。

3.3.5 工程结构施工质量优良评价，应在施工过程中对施工现场进行必要的抽查，以验证其验收资料的准确性。多层建筑至少抽查一次，高层、超高层、规模较大工程及结构较复杂的工程应增加抽查次数。

现场抽查应做好记录，对抽查项目的质量状况进行详细记载。

现场抽查采取随机抽样的方法。

3.3.6 单位工程施工质量优良评价应在工程结构施工质量优良评价的基础上，经过竣工验收合格之后进行，工程结构质量评价达不到优良的，单位工程施工质量不能评为优良。

3.3.7 单位工程施工质量优良的评价，应对工程实体质量和工程档案进行全面的检查。

3.4 评 价 内 容

3.4.1 工程结构、单位工程施工质量优良评价的内容应包括工程质量评价得分，科技、环保、节能项目加分和否决项目。

3.4.2 工程结构施工质量优良评价应按本标准第4～6章的评价表格，按施工现场质量保证条件、地基及桩基工程、结构工程的评价内容逐项检查。结合施工现场的抽查记录和各检验批、分项、分部（子分部）工程质量验收记录，进行统计分析，按规定对相应表格的各项检查项目给出评分。

3.4.3 单位工程施工质量优良评价应按本标准第4～9章的评价表格，按各表格的具体项目逐项检查，对工程的抽查记录和验收记录，进行统计分析，按规定对相应表格的各项检查项目给出评分。

3.4.4 工程结构、单位工程施工质量凡出现下列情况之一的不得进行优良评价：

 1 使用国家明令淘汰的建筑材料、建筑设备、耗能高的产品及民用建筑挥发性有害物质含量释放量超过国家规定的产品。

 2 地下工程渗漏超过有关规定、屋面防水出现渗漏、超过标准的不均匀沉降、超过规范规定的结构裂缝，存在加固补强工程以及施工过程出现重大质量事故的。

 3 评价项目中设置否决项目，确定否决的条件是：其评价得分达不到二档，实得分达不到85%的标准分值；没有二档的为一档，实得分达不到100%的标准分值。设置的否决项目为：

地基及桩基工程：地基承载力、复合地基承载力及单桩竖向抗压承载力；

结构工程：混凝土结构工程实体钢筋保护层厚度、钢结构工程焊缝内部质量及高强度螺栓连接副紧固质量；

安装工程：给水排水及采暖工程承压管道、设备水压试验，电气安装工程接地装置、防雷装置的接地电阻测试，通风与空调工程通风管道严密性试验，电梯安装工程层门与轿门试验，智能建筑工程系统检测等。

3.4.5 有以下特色的工程可适当加分，加分为权重值计算后的直接加分，加分只限一次。

1 获得部、省级及其以上科技进步奖，以及使用节能、节地、环保等先进技术获得部、省级奖的工程可加0.5～3分；

2 获得部、省级科技示范工程或使用先进施工技术并通过验收的工程可加0.5～1分。

3.5 基本评价方法

3.5.1 性能检测检查评价方法应符合下列规定：

检查标准：检查项目的检测指标（参数）一次检测达到设计要求及规范规定的为一档，取100%的标准分值；按有关规范规定，经过处理后达到设计要求及规范规定的为三档，取70%的标准分值。

检查方法：现场检测或检查检测报告。

3.5.2 质量记录检查评价方法应符合下列规定：

检查标准：材料、设备合格证（出厂质量证明书）、进场验收记录、施工记录、施工试验记录等资料完整、数据齐全并能满足设计及规范要求，真实、有效、内容填写正确，分类整理规范，审签手续完备的为一档，取100%的标准分值；资料完整、数据齐全并能满足设计及规范要求，真实、有效，整理基本规范，审签手续基本完备的为二档，取85%的标准分值；资料基本完整并能满足设计及规范要求，真实、有效，内容审签手续基本完备的为三档，取70%的标准分值。

检查方法：检查资料的数量及内容。

3.5.3 尺寸偏差及限值实测检查评价方法应符合下列规定：

检查标准：检查项目为允许偏差项目时，项目各测点实测值均达到规范规定值，且有80%及其以上的测点平均实测值小于等于规范规定值0.8倍的为一档，取100%的标准分值；检查项目各测点实测值均达到规范规定值，且有50%及其以上，但不足80%的测点平均实测值小于等于规范规定值0.8倍的为二档，取85%的标准分值；检查项目各测点实测值均达到规范规定的为三档，取70%的标准分值。

检查项目为双向限值项目时，项目各测点实测值均能满足规范规定值，且其中有50%及其以上测点实测值接近限值的中间值的为一档，取100%的标准分值；各测点实测值均能满足规范规定限值范围的为二档，取85%的标准分值；凡有测点经过处理后达到规范规定的为三档，取70%的标准分值。

检查项目为单向限值项目时，项目各测点实测值均能满足规范规定值的为一档，取100%的标准分值；凡有测点经过处理后达到规范规定的为三档，取70%的标准分值。

当允许偏差、限值两者都有时，取较低档项目的判定值。

检查方法：在各相关同类检验批或分项工程中，随机抽取10个检验批或分项工程，不足10个的取全部进行分析计算。必要时，可进行现场抽测。

3.5.4 观感质量检查评价方法应符合下列规定：

检查标准：每个检查项目的检查点按"好"、"一般"、"差"给出评价，项目检查点90%及其以上达到"好"，其余检查点达到一般的为一档，取100%的标准分值；项目检查点"好"的达到70%及其以上但不足90%，其余检查点达到"一般"的为二档，取85%的标准分值；项目检查点"好"的达到30%及其以上但不足70%，其余检查点达到"一般"的为三档，取70%的标准分值。

检查方法：观察辅以必要的量测和检查分部（子分部）工程质量验收记录，并进行分析计算。

4 施工现场质量保证条件评价

4.1 施工现场质量保证条件检查评价项目

4.1.1 施工现场应具备基本的质量管理及质量责任制度：
1 现场项目部组织机构健全，建立质量保证体系并有效运行；
2 材料、构件、设备的进场验收制度和抽样检验制度；
3 岗位责任制度及奖罚制度。

4.1.2 施工现场应配置基本的施工操作标准及质量验收规范：
1 建筑工程施工质量验收规范的配置；
2 施工工艺标准（企业标准、操作规程）的配置。

4.1.3 施工前应制定较完善的施工组织设计、施工方案。

4.1.4 施工前应制定质量目标及措施。

4.2 施工现场质量保证条件检查评价方法

4.2.1 施工现场质量保证条件应符合下列检查标准：

1 质量管理及责任制度健全，能落实的为一档，取100%的标准分值；质量管理及责任制度健全，能基本落实的为二档，取85%的标准分值；有主要质量管理及责任制度，能基本落实的为三档，取70%的标准分值。

2 施工操作标准及质量验收规范配置。工程所需的工程质量验收规范齐全、主要工序有施工工艺标准（企业标准、操作规程）的为一档，取100%的标准分值；工程所需的工程质量验收规范齐全、1/2及其以上主要工序有施工工艺标准（企业标准、操作规程）的为二档，取85%的标准分值；主要项目有相应的工程质量验收规范、主要工序施工工艺标准(企业标准、操作规程)达到1/4不足1/2为三档,取70%的标准分值。

3 施工组织设计、施工方案编制审批手续齐全、可操作性好、针对性强,并认真落实的为一档,取100%的标准分值;施工组织设计、施工方案、编制审批手续齐全,可操作性、针对性较好,并基本落实的为二档,取85%的标准分值;施工组织设计、施工方案经过审批,落实一般的为三档,取70%的标准分值。

4 质量目标及措施明确、切合实际、措施有效性好,实施好的为一档,取100%的标准分值;实施较好的为二档,取85%的标准分值;实施一般的为三档,取70%的标准分值。

4.2.2 施工现场质量保证条件检查方法应符合下列规定:
检查有关制度、措施资料,抽查其实施情况,综合进行判定。

4.2.3 施工现场质量保证条件评分应符合表4.2.3的规定。

表4.2.3 施工现场质量保证条件评分表

工程名称			施工阶段			检查日期	年 月 日	
施工单位				评价单位				
序号	检查项目		应得分	判定结果			实得分	备注
				100%	85%	70%		
1	施工现场质量管理及质量责任制度	现场组织机构、质保体系,材料、设备进场验收制度、抽样检验制度,岗位责任制及奖罚制度	30					
2	施工操作标准及质量验收规范配置		30					
3	施工组织设计、施工方案		20					
4	质量目标及措施		20					
检查结果	权重值10分。 应得分合计: 实得分合计: $$施工现场质量保证条件评分 = \frac{实得分}{应得分} \times 10 =$$							
						评价人员:	年 月 日	

5 地基及桩基工程质量评价

5.1 地基及桩基工程性能检测

5.1.1 地基及桩基工程性能检测应检查的项目包括：
1 地基强度、压实系数、注浆体强度；
2 地基承载力；
3 复合地基桩体强度(土和灰土桩、夯实水泥土桩测桩体干密度)；
4 复合地基承载力；
5 单桩竖向抗压承载力；
6 桩身完整性。

5.1.2 地基及桩基工程性能检测检查评价方法应符合下列规定：
1 检查标准：

　　1）地基强度、压实系数、承载力；复合地基桩体强度或桩体干密度及承载力；桩基承载力。

检查标准和方法应符合本标准第 3.5.1 条的规定。

　　2）桩身完整性。桩身完整性一次检测 95% 及其以上达到Ⅰ类桩，其余达到Ⅱ类桩时为一档，取 100% 的标准分值；一次检测 90% 及其以上，不足 95% 达到Ⅰ类桩，其余达到Ⅱ类桩时为二档，取 85% 的标准分值；一次检测 70% 及其以上不足 90% 达到Ⅰ类桩，且Ⅰ、Ⅱ类桩合计达到 98% 及以上，且其余桩验收合格的为三档，取 70% 的标准分值。

2 检查方法：检查有关检测报告。

5.1.3 地基及桩基工程性能检测评分应符合表 5.1.3 的规定。

表 5.1.3 地基及桩基工程性能检测评分表

工程名称			施工阶段		检查日期		年 月 日	
施工单位					评价单位			
序号	检查项目		应得分	判定结果			实得分	备注
				100%	85%	70%		
1	地基	地基强度、压实系数、注浆体强度	50					
		地基承载力	50					
2	复合地基	桩体强度、桩体干密度	(50)					
		复合地基承载力	(50)					

续表

工程名称			施工阶段			检查日期	年 月 日	
施工单位				评价单位				
序号	检查项目		应得分	判定结果			实得分	备注
				100%	85%	70%		
3	桩基	单桩竖向抗压承载力	(50)		/			
		桩身完整性	(50)		/			
检查结果	权重值35分。 应得分合计： 实得分合计： 地基及桩基工程性能检测评分＝$\dfrac{实得分}{应得分}\times 35=$ 评价人员：　　　　　　　　　　　　　　　年　月　日							

5.2 地基及桩基工程质量记录

5.2.1 地基及桩基工程质量记录应检查的项目包括：

   1 材料、预制桩合格证（出厂试验报告）及进场验收记录及水泥、钢筋复试报告。

   2 施工记录：
   1）地基处理、验槽、钎探施工记录；
   2）预制桩接头施工记录；
   3）打（压）桩试桩记录及施工记录；
   4）灌注桩成孔、钢筋笼及混凝土灌注检查记录及施工记录；
   5）检验批、分项、分部（子分部）工程质量验收记录。

   3 施工试验：
   1）各种地基材料的配合比试验报告；
   2）钢筋连接试验报告；
   3）混凝土强度试验报告；
   4）预制桩龄期及强度试验报告。

5.2.2 地基及桩基工程质量记录检查评价方法应符合本标准第3.5.2条的规定。

5.2.3 地基及桩基工程质量记录评分应符合表5.2.3的规定。

附录4 建筑工程施工质量评价标准 GB/T 50375—2006

表 5.2.3 地基及桩基工程质量记录评分表

工程名称			施工阶段			检查日期	年 月 日	
施工单位			评价单位					
序号	检查项目		应得分	判定结果			实得分	备注
				100%	85%	70%		
1	材料、预制桩合格证(出厂试验报告)及进场验收记录	材料合格证(出厂试验报告)及进场验收记录及钢筋、水泥复试报告	30					
		预制桩合格证(出厂试验报告)及进场验收记录	(30)					
2	施工记录	地基处理、验槽、钎探施工记录	30					
		预制桩接头施工记录	(10)					
		打(压)桩试桩记录及施工记录	(20)					
		灌注桩成孔、钢筋笼、混凝土灌注检查记录及施工记录	(30)					
		检验批、分项、分部(子分部)工程质量验收记录	10					
3	施工试验	灰土、砂石、注浆桩及水泥、粉煤灰、碎石桩配合比试验报告	30					
		钢筋连接试验报告	(15)					
		混凝土试件强度试验报告	(15)					
		预制桩龄期及试件强度试验报告	(30)					

检查结果：

权重值35分。
应得分合计：
实得分合计：

$$\text{地基及桩基工程质量记录评分} = \frac{\text{实得分}}{\text{应得分}} \times 35 =$$

评价人员： 年 月 日

5.3 地基及桩基工程尺寸偏差及限值实测

5.3.1 地基及桩基工程尺寸偏差及限值实测应检查的项目包括：

1 天然地基基槽工程尺寸偏差及限值实测检查项目：

基底标高允许偏差-50mm；长度、宽度允许偏差+200mm、-50mm。

2 复合地基工程尺寸偏差及限值实测检查项目：

桩位允许偏差：振冲桩允许偏差≤100mm；高压喷射注浆桩允许偏差≤0.2D；水泥土搅拌桩允许偏差＜50mm；土和灰土挤密桩、水泥粉煤灰碎石桩、夯实水泥土桩的满堂桩允许偏差≤0.4D。

注：D为桩体直径或边长。

3 打（压）入桩工程尺寸偏差及限值实测检查项目：

桩位允许偏差应符合表5.3.1-1的规定。

表5.3.1-1 预制桩（钢桩）桩位允许偏差

序号	项 目	允许偏差(mm)
1	盖有基础梁的桩： (1) 垂直基础梁的中心线 (2) 沿基础梁的中心线	100+0.01H 150+0.01H
2	桩数为1～3根桩中的桩	100
3	桩数为4～16根桩基中的桩	1/2桩径或边长
4	桩数大于16根桩基中的桩： (1) 最外边的桩 (2) 中间桩	1/3桩径或边长 1/2桩径或边长

注：H为施工现场地面标高与桩顶设计标高的距离。

4 灌注桩工程尺寸偏差及限值实测检查项目：

灌注桩允许偏差应符合表5.3.1-2的规定。

表5.3.1-2 灌注桩桩位允许偏差(mm)

序号	成孔方法		1～3根、单排桩基垂直于中心线方向和群桩基础的边桩	条形桩基沿中心线方向和群桩基础的中间桩
1	泥浆护壁钻孔桩	D≤1000mm	D/6，且不大于100	D/4，且不大于150
		D>1000mm	100+0.01H	150+0.01H
2	套管成孔灌注桩	D≤500mm	70	150
		D>500mm	100	150
3	人工挖孔桩	混凝土护壁	50	150
		钢套管护壁	100	200

注：1 D为桩径。

2 H为施工现场地面标高与桩顶设计标高的距离。

5.3.2 地基及桩基工程尺寸偏差及限值实测检查评价方法应符合本标准第3.5.3条的规定。

5.3.3 地基及桩基工程尺寸偏差及限值实测检查评分应符合表5.3.3的规定。

表5.3.3 地基及桩基工程尺寸偏差及限值实测评分表

工程名称			施工阶段			检查日期	年 月 日
施工单位				评价单位			
序号	检查项目		应得分	判定结果		实得分	备注
				100%	85%	70%		
1	天然地基标高及基槽宽度偏差		100					
2	复合地基桩位偏差		(100)					
3	打(压)桩桩位偏差		(100)					
4	灌注桩桩位偏差		(100)					
检查结果	权重值15分。 应得分合计： 实得分合计： 地基及桩基工程尺寸偏差及限值实测评分＝$\frac{实得分}{应得分}×15=$						
	评价人员：						年 月 日

5.4 地基及桩基工程观感质量

5.4.1 地基及桩基工程观感质量应检查的项目包括：
  1 地基、复合地基：标高、表面平整、边坡等。
  2 桩基：桩头、桩顶标高、场地平整等。

5.4.2 地基及桩基工程观感质量检查评价方法应符合本标准第3.5.4条的规定。

5.4.3 地基及桩基工程观感质量检查评分应符合表5.4.3的规定。

表 5.4.3 地基及桩基工程观感质量评分表

工程名称			施工阶段			检查日期	年 月 日	
施工单位				评价单位				
序号	检查项目		应得分	判定结果			实得分	备注
				100%	85%	70%		
1	地基、复合地基	标高、表面平整、边坡	100					
2	桩基	桩头、桩顶标高、场地平整	(100)					
检查结果	权重值5分。 应得分合计： 实得分合计：　　　地基及桩基工程观感质量评分＝$\dfrac{实得分}{应得分}\times 5=$ 　　　　　　　　　评价人员：　　　　　　　　　　　　　　　年 月 日							

6 结构工程质量评价

6.1 结构工程性能检测

6.1.1 结构工程性能检测应检查的项目包括：

1 混凝土结构工程

1）结构实体混凝土强度；

2）结构实体钢筋保护层厚度。

2 钢结构工程

1）焊缝内部质量；

2）高强度螺栓连接副紧固质量；

3）钢结构涂装质量。

3 砌体工程

1）砌体每层垂直度；

2）砌体全高垂直度。

4 地下防水层渗漏水。

6.1.2 结构工程性能检测检查评价方法应符合下列规定：

1 混凝土结构工程

1）结构实体混凝土强度

检查标准：同条件养护试件检验结果符合规范要求的为一档，取100%的标准分值；同条件养护试件检验结果达不到要求，经采用非破损或局部破损检测符合有关标准的为三档，取70%的标准分值。

检查方法：检查检测报告。

2）结构实体钢筋保护层厚度检测

检查标准：对梁类、板类构件纵向受力钢筋的保护层厚度允许偏差：梁类构件为＋10mm，－7mm；板类构件为＋8mm，－5mm。一次检测合格率达到100%时为一档，取100%的标准分值；一次检测合格率达到90%及以上时为二档，取85%的标准分值；一次检测合格率小于90%但不小于80%时，可再抽取相同数量的构件进行检测，当按两次抽样总和计算合格率为90%及以上时为三档，取70%的标准分值。

检查方法：检查检测报告。

2 钢结构工程

1）焊缝内部质量检测

检查标准：设计要求全焊透的一、二级焊缝应采用无损探伤进行内部缺陷的检验，其质量等级、缺陷等级及探伤比例应符合表6.1.2-1的规定。

当焊缝经检验后返修率≤2%时为一档，取100%的标准分值；2%＜返修率≤5%时为二档，取85%的标准分值；返修率＞5%时为三档，取70%的标准分值。所有焊缝经返修后均应达到合格质量标准。

表6.1.2-1 一、二级焊缝质量等级及缺陷分级

焊缝质量等级		一级	二级
内部缺陷超声波探伤	评定等级	Ⅱ	Ⅲ
	检验等级	B级	B级
	探伤比例	100%	20%
内部缺陷射线探伤	评定等级	Ⅱ	Ⅲ
	检验等级	AB级	AB级
	探伤比例	100%	20%

检查方法：检查超声波或射线探伤记录并统计计算。

2）高强度螺栓连接副紧固质量检测

检查标准：高强度螺栓连接副终拧完成1h后，48h内应进行紧固质量检查，其检查标准应符合表6.1.2-2的规定。

当全部高强螺栓连接副紧固质量检测点好的点达到95%及以上，其余点达到合格点时为一档，取100%的标准分值；当检测点好的点达到85%及以上，但不足95%，其余点达到合格点时为二档，取85%的标准分值；当检测点好的点不足85%，其余点均达到合格点时为三档，取70%的标准分值。

表 6.1.2-2 高强度螺栓连接副紧固质量检测标准

紧固方法	判定结果	
	好的点	合格点
扭矩法紧固	终拧扭矩偏差 $\Delta T \leqslant 5\% T$	终拧扭矩偏差 $5\% T < \Delta T \leqslant 10\% T$
转角法紧固	终拧角度偏差 $\Delta \theta \leqslant 5°$	终拧角度偏差 $5° < \Delta \theta \leqslant 10°$
扭剪型高强度螺栓施工扭矩	尾部梅花头未拧掉比例 $\Delta \leqslant 2\%$	尾部梅花头未拧掉比例 $2\% < \Delta \leqslant 5\%$

注：T 为扭矩法紧固时终拧扭矩值。

检查方法：检查扭矩法或转角法紧固检测报告并统计计算。

3) 钢结构涂装质量检测

检查标准：钢结构涂装后，应对涂层干漆膜厚度进行检测，其检测标准应符合表 6.1.2-3 的规定。

表 6.1.2-3 钢结构涂装漆膜厚度质量检测标准

涂装类型	判定结果	
	好的点	合格点
防腐涂料	干漆膜总厚度允许偏差(Δ) $\Delta \leqslant -10\mu m$	干漆膜总厚度允许偏差(Δ) $-10\mu m < \Delta \leqslant -25\mu m$
薄涂型防火涂料	涂层厚度(δ)允许偏差(Δ) $\Delta \leqslant -5\%\delta$	涂层厚度(δ)允许偏差(Δ) $-5\%\delta < \Delta \leqslant -10\%\delta$
厚涂型防火涂料	90%及以上面积应符合设计厚度，且最薄处厚度不应低于设计厚度的90%	80%及以上面积应符合设计厚度，且最薄处厚度不应低于设计厚度的85%

当全部涂装漆膜厚度检测点好的点达到95%及以上，其余点达到合格点时为一档，取100%的标准分值；当检测点好的点达到85%及以上，其余点达到合格点时为二档，取85%的标准分值；当检测点好的点不足85%，其余点均达到合格点时为三档，取70%的标准分值。

检查方法：用干漆膜测厚仪检查或检查检测报告，并统计计算。

3 砌体结构工程

检查标准：

1) 砌体每层垂直度允许偏差≤5mm；
2) 全高≤10m时垂直度允许偏差≤10mm。

全高＞10m时垂直度允许偏差≤20mm。

每层垂直度允许偏差各检测点检测值均达到规范规定值，且其平均值≤3mm时为一档，取100%的标准分值；其平均值≤4mm时为二档，取85%的标准分值；其各检测点均达到规范规定值时为三档，取70％的标准分值。

全高垂直度允许偏差各检测点检测值均达到规范规定值，当层高≤10m时，其平均值≤6mm、当层高>10m时，其平均值≤12mm时为一档，取100％的标准分值；当层高≤10m时，其平均值≤8mm、当层高>10m时，其平均值≤16mm时为二档，取85％的标准分值；其各检测点均达到规范规定值时为三档，取70％的标准分值。

检查方法：尺量检查、检查分项工程质量验收记录，并进行统计计算。

4　地下防水层渗漏水检验

检查标准：无渗水，结构表面无湿渍的为一档，取100％的标准分值；结构表面有少量湿渍，整个工程湿渍总面积不大于总防水面积的1‰，单个湿渍面积不大于0.1m²，任意100m²防水面积不超过1处的为三档，取70％的标准分值。

检查方法：现场全面观察检查。

6.1.3 结构工程性能检测检查评分应符合表6.1.3的规定。

表6.1.3　结构工程性能检测评分表

工程名称				施工阶段			检查日期	年 月 日
施工单位				评价单位				
序号	检查项目			应得分	判定结果		实得分	备注
					100％	85％	70％		
1	混凝土	实体混凝土强度		50				
		结构实体钢筋保护层厚度		50				
2	钢结构	焊缝内部质量		(60)				
		高强度螺栓连接副紧固质量		60				
		钢结构涂装	防腐	20				
			防火	20				
3	砌体	砌体垂直度	每层	50				
			全高 ≤10m	50				
			>10m	(50)				
4	地下防水层渗漏水			(100)				
检查结果	权重值30分。 应得分合计： 实得分合计： 结构工程性能检测评分＝$\frac{实得分}{应得分}×30$＝ 评价人员：　　　　　　　　　　　　　　　年 月 日							

注：1 当一个工程项目中同时有混凝土结构、钢结构、砌体结构，或只有其中两种时，其权重值按各自在项目中占的工程量比例进行分配，但各项应为整数。当砌体结构仅为填充墙时，只能占10％的权重值。其施工现场质量保证条件、质量记录、尺寸偏差及限值实测和观感质量的权重值分配与性能检测比例相同。

2 当有地下防水层时，其权重值占结构权重值的5％，其他项目同样按5％来计算。

6.2 结构工程质量记录

6.2.1 结构工程质量记录应检查的项目包括：

1 混凝土结构工程

　　1) 材料合格证及进场验收记录

① 砂、碎(卵)石、掺合料、水泥、钢筋、外加剂等材料出厂合格证(出厂检验报告)、进场验收记录及水泥、钢筋复试报告；

② 预制构件合格证(出厂检验报告)及进场验收记录；

③ 预应力筋用锚夹具、连接器合格证(出厂检验报告)、进场验收记录及锚夹具、连接器复试报告。

　　2) 施工记录

① 预拌混凝土合格证及进场坍落度试验报告；

② 混凝土施工记录；

③ 装配式结构吊装记录；

④ 预应力筋安装、张拉及灌浆记录；

⑤ 隐蔽工程验收记录；

⑥ 检验批、分项、分部(子分部)工程质量验收记录。

　　3) 施工试验

① 混凝土配合比试验报告；

② 混凝土试件强度评定及混凝土试件强度试验报告；

③ 钢筋连接试验报告。

2 钢结构工程

　　1) 钢结构材料合格证(出厂检验报告)及进场验收记录

① 钢材、焊材、紧固连接件材料合格证(出厂检验报告)、进场验收记录及钢材、焊接材料复试报告；

② 加工构件合格证(出厂检验报告)及进场验收记录；

③ 防腐、防火涂装材料合格证(出厂检验报告)及进场验收记录。

　　2) 施工记录

① 焊接施工记录；

② 构件吊装记录；

③ 预拼装检查记录；

④ 高强度螺栓连接副施工扭矩检验记录；

⑤ 焊缝外观及尺寸检查记录；

⑥ 柱脚及网架支座检查记录；

⑦ 隐蔽工程验收记录；

⑧检验批、分项、分部(子分部)工程质量验收记录。

　　3）施工试验

①螺栓最小荷载试验报告；

②高强螺栓预拉力复验报告；

③高强度大六角头螺栓连接副扭矩系数复试报告；

④高强度螺栓连接摩擦面抗滑移系数检验报告；

⑤网架节点承载力试验报告。

3　砌体结构工程

　　1）材料合格证（出厂检验报告）及进场验收记录

水泥、外加剂、砌块等材料合格证（出厂检验报告）、进场验收记录及水泥、砌块复试报告。

　　2）施工记录

①砌筑砂浆使用施工记录；

②隐蔽工程验收记录；

③检验批、分项、分部(子分部)工程质量验收记录。

　　3）施工试验

①砂浆配合比试验报告；

②水平灰缝砂浆饱满度检测记录；

③砂浆试件强度评定及砂浆试件强度试验报告。

4　地下防水层

　　1）防水材料合格证、进场验收记录及复试报告；

　　2）防水层施工及质量验收记录；

　　3）防水材料配合比试验报告。

6.2.2 结构工程质量记录检查评价方法应符合本标准第3.5.2条的规定。

6.2.3 结构工程质量记录检查评分应符合表6.2.3的规定。

表6.2.3　结构工程质量记录评分表

工程名称				施工阶段			检查日期		年　月　日	
施工单位					评价单位					
序号	检查项目			应得分	判定结果			实得分	备注	
					100%	85%	70%			
1	混凝土结构	材料合格证及进场验收记录	砂、碎(卵)石、掺合料、水泥、钢筋、外加剂合格证(出厂检验报告)、进场验收记录及水泥、钢筋复试报告	10					

续表

工程名称				施工阶段		检查日期		年 月 日	
施工单位				评价单位					

序号	检查项目		应得分	判定结果			实得分	备注
				100%	85%	70%		
1	混凝土结构	材料合格证及进场验收记录	预制构件合格证(出厂检验报告)及进场验收记录	10					
			预应力锚夹具、连接器合格证(出厂检验报告)、进场验收记录及复试报告	10					
		施工记录	预拌混凝土合格证及进场坍落度试验报告	5					
			混凝土施工记录	5					
			装配式结构吊装记录	10					
			预应力筋安装、张拉及灌浆记录	5					
			隐蔽工程验收记录	5					
			检验批、分项、分部(子分部)工程质量验收记录	10					
		施工试验	混凝土配合比试验报告	10					
			混凝土试件强度评定及混凝土试件强度试验报告	10					
			钢筋连接试验报告	10					
2	钢结构	材料合格证及进场验收记录	钢材、焊材、紧固连接件原材料出厂合格证(出厂检验报告)及进场验收记录和钢材、焊接材料复试报告	10					
			加工件出厂合格证(出厂检验报告)及进场验收记录	10					
			防火、防腐涂装材料出厂合格证(出厂检验报告)及进场验收记录	10					
		施工记录	焊接施工记录	5					
			构件吊装记录	5					
			预拼装检查记录	5					
			高强度螺栓连接副施工扭矩检验记录	5					
			焊缝外观及焊缝尺寸检查记录	5					

附录4 建筑工程施工质量评价标准 GB/T 50375—2006

续表

工程名称			施工阶段		检查日期	年 月 日	
施工单位			评价单位				
序号	检查项目		应得分	判定结果			实得分	备注
				100%	85%	70%		
2	钢结构	施工记录	柱脚及网架支座检查记录	5					
			隐蔽工程验收记录	5					
			检验批、分项、分部（子分部）工程质量验收记录	5					
		施工试验	螺栓最小荷载试验报告	5					
			高强螺栓预拉力复验报告	5					
			高强度大六角头螺栓连接副扭矩系数复试报告	5					
			高强度螺栓连接摩擦面抗滑移系数检验报告	5					
			网架节点承载力试验报告	10					
3	砌体结构	材料合格证及进场验收记录	水泥、砌块、外加剂合格证（出厂检验报告）、进场验收记录及水泥、砌块复试报告	30					
		施工记录	砌筑砂浆使用施工记录	10					
			隐蔽工程验收记录	15					
			检验批、分项、分部（子分部）工程质量验收记录	15					
		施工试验	砂浆配合比试验报告	10					
			砂浆试件强度评定及砂浆试件强度试验报告	10					
			水平灰缝砂浆饱满度检测记录	10					
4	地下防水层	材料合格证及进场验收记录	防水材料合格证、进场验收记录及复试报告	(30)					
		施工记录	防水层施工及质量验收记录	(40)					
		施工试验	防水材料配合比试验报告	(30)					

检查结果：权重值25分。
应得分合计：
实得分合计：

$$结构工程质量记录评分 = \frac{实得分}{应得分} \times 25 =$$

评价人员：

年 月 日

6.3 结构工程尺寸偏差及限值实测

6.3.1 结构工程尺寸偏差及限值实测项目应符合表6.3.1的规定。

表6.3.1 结构工程尺寸偏差及限值实测项目表

序号	项 目			允许偏差(mm)
1	混凝土结构	钢筋	受力钢筋保护层厚度 柱、梁	±5
			受力钢筋保护层厚度 板、墙、壳	±3
		混凝土	轴线位置 独立基础	10
			轴线位置 墙、柱、梁	8
			标高 层高	±10
			标高 全高	±30
2	钢结构	结构尺寸	单层结构整体垂直度	$H/1000$，且$\leqslant 25$
			多层结构整体垂直度	$(H/2500+10)$，且$\leqslant 50$
		网格结构	总拼完成后挠度值	$\leqslant 1.15$倍设计值
			屋面工程完成后挠度值	$\leqslant 1.15$倍设计值
3	砌体结构	轴线位置偏移	砖砌体、混凝土小型空心砌块砌体	10
		砌体表面平整度		8
4	地下防水层	防水卷材、塑料板搭接宽度		−10

6.3.2 结构工程尺寸偏差及限值实测检查评价方法应符合本标准第3.5.3条的规定。

6.3.3 结构工程尺寸偏差及限值实测检查评分应符合表6.3.3的规定。

附录4 建筑工程施工质量评价标准 GB/T 50375—2006

表 6.3.3　结构工程尺寸偏差及限值实测检查评分表

工程名称				施工阶段		检查日期		年　月　日	
施工单位						评价单位			
序号	检查项目			应得分	判定结果			实得分	备注
					100%	85%	70%		
1	混凝土结构	钢筋	受力钢筋保护层厚度　柱、梁 ±5mm	20					
			板、墙、壳 ±3mm	20					
		混凝土	轴线位置　独立基础 10mm	20					
			墙、柱、梁 8mm	20					
			标高　层高 ±10mm	10					
			全高 ±30mm	10					
2	钢结构	结构尺寸	单层结构整体垂直度 $H/1000$，且≤25mm	50					
			多层结构整体垂直度（$H/2500+10$），且≤50mm	(50)					
		网格结构	总拼完成后挠度值≤1.15倍设计值(mm)	50					
			屋面工程完成后挠度值≤1.15倍设计值(mm)	(50)					
3	砌体结构	轴线位移	10mm	50					
		砌体表面平整度	8mm	50					
4	地下防水层	卷材、塑料板搭接宽度	−10mm	(100)					

检查结果	权重值20分。 应得分合计： 实得分合计：结构工程尺寸偏差及限值实测评分＝$\dfrac{\text{实得分}}{\text{应得分}}×20=$

评价人员：　　　　　　　　　年　月　日

6.4 结构工程观感质量

6.4.1 结构工程观感质量应检查的项目包括：

1. 混凝土结构工程观感质量检查项目
    1) 露筋；
    2) 蜂窝；
    3) 孔洞；
    4) 夹渣；
    5) 疏松；
    6) 裂缝；
    7) 连接部位缺陷；
    8) 外形缺陷；
    9) 外表缺陷。

2. 钢结构工程观感质量检查项目
    1) 焊缝外观质量；
    2) 普通紧固件连接外观质量；
    3) 高强度螺栓连接外观质量；
    4) 钢结构表面质量；
    5) 钢网架结构表面质量；
    6) 普通涂层表面质量；
    7) 防火涂层表面质量；
    8) 压型金属板安装质量；
    9) 钢平台、钢梯、钢栏杆安装外观质量。

3. 砌体工程观感质量检查项目
    1) 砌筑留槎；
    2) 组砌方法；
    3) 马牙槎拉结筋；
    4) 砌体表面质量；
    5) 网状配筋及位置；
    6) 组合砌体拉结筋；
    7) 细部质量（脚手眼留置、修补、洞口、管道、沟槽留置、梁垫及楼板顶面找平、灌浆等）。

4. 地下防水层
    1) 表面质量；
    2) 细部处理。

6.4.2 结构工程观感质量检查评价方法应符合本标准 3.5.4 条的规定。
6.4.3 结构工程观感质量评分应符合表 6.4.3 的规定。

表 6.4.3 结构工程观感质量评分表

工程名称		施工阶段		检查日期		年 月 日	
施工单位				评价单位			

序号	检查项目		应得分	判定结果			实得分	备注
				100%	85%	70%		
1	混凝土结构	露筋	10					
		蜂窝	10					
		孔洞	10					
		夹渣	10					
		疏松	10					
		裂缝	15					
		连接部位缺陷	15					
		外形缺陷	10					
		外表缺陷	10					
2	钢结构	焊缝外观质量	10					
		普通紧固件连接外观质量	10					
		高强度螺栓连接外观质量	10					
		钢结构表面质量	10					
		钢网架结构表面质量	10					
		普通涂层表面质量	15					
		防火涂层表面质量	15					
		压型金属板安装质量	10					
		钢平台、钢梯、钢栏杆安装外观质量	10					
3	砌体结构	砌筑留槎	20					
		组砌方法	10					
		马牙槎拉结筋	20					
		砌体表面质量	10					
		网状配筋及位置	10					
		组合砌体拉结筋	10					
		细部质量	20					

续表

工程名称			施工阶段		检查日期	年 月 日	
施工单位				评价单位			
序号	检查项目		应得分	判定结果			实得分	备注
				100%	85%	70%		
4	地下防水层	表面质量	(50)					
		细部处理	(50)					
检查结果	权重值15分。 应得分合计： 实得分合计： 结构工程观感质量评分＝$\dfrac{实得分}{应得分}\times 15=$							
	评价人员： 年 月 日							

7 屋面工程质量评价

7.1 屋面工程性能检测

7.1.1 屋面工程性能检测应检查的项目包括：

1 屋面防水层淋水、蓄水试验。

2 保温层厚度测试。

7.1.2 屋面工程性能检测检查评价方法应符合下列规定：

1 检查标准：

  1）防水层淋水或雨后检查，防水层及细部无渗漏和积水现象的为一档，取100%的标准分值；防水层及细部无渗漏，但局部有少量积水，水深不超过30mm的为二档，取85%的标准分值；经返修后达到无渗漏的为三档，取70%的标准分值；

  2）保温层厚度抽样测试达到＋10%、－3%为一档，取100%的标准分值；抽样检测达到＋10%，－5%为二档，取85%的标准分值；抽样检测80%点达到要求＋10%、－5%，其余测点经返修达到厚度95%的为三档，取70%的标准分值。

2 检查方法：检查检测记录。

7.1.3 屋面工程性能检测评分应符合表 7.1.3 的规定。

表 7.1.3 屋面工程性能检测评分表

工程名称		施工阶段			检查日期	年 月 日
施工单位					评价单位	
序号	检查项目	应得分	判定结果			实得分	备注
			100%	85%	70%		
1	屋面防水层淋水、蓄水试验	60					
2	保温层厚度测试	40					
检查结果	权重值30分。 应得分合计： 实得分合计：屋面工程性能检测评分＝$\dfrac{实得分}{应得分}\times 30=$ 　　　　　　　　　　　　　　评价人员：　　年 月 日							

7.2 屋面工程质量记录

7.2.1 屋面工程质量记录应检查的项目包括：

1 材料合格证（出厂检测报告）及进场验收记录

　1) 瓦及混凝土预制块出厂合格证（出厂试验报告）及进场验收记录；

　2) 防水卷材、涂膜防水材料、密封材料合格证（出厂试验报告）、进场验收记录及复试报告；

　3) 保温材料合格证（出厂试验报告）及进场验收记录。

2 施工记录

　1) 卷材、涂膜防水层的基层施工记录；

　2) 天沟、檐沟、泛水和变形缝等细部做法施工记录；

　3) 卷材、涂膜防水层和附加层施工记录；

　4) 刚性保护层与卷材、涂膜防水层之间设置的隔离层施工记录；

　5) 隐蔽工程验收记录；

　6) 检验批、分项、分部（子分部）工程质量验收记录。

3 施工试验

　1) 细石混凝土配合比试验报告；

　2) 防水涂料、密封材料配合比试验报告。

7.2.2 屋面工程质量记录检查评价方法应符合本标准第3.5.2条的规定。

7.2.3 屋面工程质量记录评分应符合表 7.2.3 的规定。

表 7.2.3 屋面工程质量记录评分表

工程名称			施工阶段		检查日期		年 月 日
施工单位					评价单位		
序号	检查项目		应得分	判定结果			实得分	备注
				100%	85%	70%		
1	材料合格证及进场验收记录	瓦及混凝土预制块合格证及进场验收记录	10					
		卷材、涂膜材料、密封材料合格证、进场验收记录及复试报告	10					
		保温材料合格证及进场验收记录	10					
2	施工记录	卷材、涂膜防水层的基层施工记录	5					
		天沟、檐沟、泛水和变形缝等细部做法施工记录	5					
		卷材、涂膜防水层和附加层施工记录	10					
		刚性保护层与防水层之间隔离层施工记录	5					
		隐蔽工程验收记录	5					
		检验批、分项、分部（子分部）工程质量验收记录	10					
3	施工试验	细石混凝土配合比试验报告	15					
		防水涂料、密封材料配合比试验报告	15					
检查结果	权重值20分。 应得分合计： 实得分合计： 屋面工程质量记录评分＝$\frac{实得分}{应得分}$×20＝							

评价人员： 年 月 日

7.3 屋面工程尺寸偏差及限值实测

7.3.1 屋面工程尺寸偏差及限值实测项目应符合表 7.3.1 的规定。

7.3.2 屋面工程尺寸偏差及限值实测检查评价方法应符合本标准第 3.5.3 条的规定。

7.3.3 屋面工程尺寸偏差及限值实测评分应符合表 7.3.3 的规定。

表7.3.1 屋面工程尺寸偏差及限值实测项目

序号	检查项目		尺寸要求、允许偏差（mm）
1	找平层及排水沟排水坡度		1%～3%
2	卷材防水层卷材搭接宽度		-10
3	涂料防水层厚度		不小于设计厚度80%
4	瓦屋面	压型板纵向搭接及泛水搭接长度、挑出墙面长度	≥200
		脊瓦搭盖坡瓦宽度	≥40
		瓦伸入天沟、檐沟、檐口的长度	50～70
5	细部构造	防水层贴入水落口杯长度	≥50
		变形缝、女儿墙防水层立面泛水高度	≥250

表7.3.3 屋面工程尺寸偏差及限值实测评分表

工程名称			施工阶段		检查日期		年 月 日
施工单位				评价单位			

序号	检查项目		应得分	判定结果			实得分	备注
				100%	85%	70%		
1	找平层及排水沟排水坡度		20					
2	防水卷材搭接宽度		20					
3	涂料防水层厚度		(40)					
4	瓦屋面	压型板纵向搭接及泛水搭接长度、挑出墙面长度	(40)					
		脊瓦搭盖坡瓦宽度	(20)					
		瓦伸入天沟、檐沟、檐口的长度	(20)					
5	细部构造	防水层伸入水落口杯长度	30					
		变形缝、女儿墙防水层立面泛水高度	30					
检查结果	权重值20分。 应得分合计： 实得分合计： 屋面工程尺寸偏差及限值实测评分＝$\frac{实得分}{应得分}×20=$ 评价人员： 年 月 日							

7.4 屋面工程观感质量

7.4.1 屋面工程观感质量应检查的项目包括:
1 卷材屋面:
   1) 卷材铺设质量;
   2) 排气道设置质量;
   3) 保护层铺设质量及上人屋面面层。
2 金属板材屋面金属板材铺设质量。
3 平瓦及其他屋面铺设质量。
4 细部构造。

7.4.2 屋面工程观感质量检查评价方法应符合本标准第3.5.4条的规定。

7.4.3 屋面工程观感质量检查评分应符合表7.4.3的规定。

表7.4.3 屋面工程观感质量评分表

工程名称			施工阶段			检查日期		年 月 日
施工单位						评价单位		

序号	检查项目		应得分	判定结果			实得分	备注
				100%	85%	70%		
1	卷材屋面	卷材铺设质量	20					
		排气道设置质量	20					
		保护层铺设质量及上人屋面面层	10					
2	瓦屋面	金属板材铺设质量	(50)					
		平瓦及其他屋面	(50)					
3	细部构造		50					
检查结果	权重值20分。 应得分合计: 实得分合计: 屋面工程观感质量评分 = $\dfrac{实得分}{应得分} \times 20 =$							

评价人员: 　　　　　　　年　月　日

8 装饰装修工程质量评价

8.1 装饰装修工程性能检测

8.1.1 装饰装修工程性能检测应检查的项目包括:
  1 外窗传热性能及建筑节能检测(设计有要求时);
  2 幕墙工程与主体结构连接的预埋件及金属框架的连接检测;
  3 外墙块材镶贴的粘结强度检测;
  4 室内环境质量检测。

8.1.2 装饰装修工程性能检测检查评价方法应符合本标准第3.5.1条的规定。

8.1.3 装饰装修工程性能检测评分应符合表8.1.3的规定。

表8.1.3 装饰装修工程性能检测评分表

工程名称		施工部位		检查日期		年 月 日
施工单位			评价单位			

序号	检查项目	应得分	判定结果 100%	判定结果 70%	实得分	备注
1	外窗传热性能及建筑节能检测(设计有要求时)	30				
2	幕墙工程与主体结构连接的预埋件及金属框架的连接检测	20				
3	外墙块材镶贴的粘结强度检测	20				
4	室内环境质量检测	30				

检查结果	权重值20分。 应得分合计: 实得分合计: 装饰装修工程性能检测评分 = $\dfrac{\text{实得分}}{\text{应得分}} \times 20 =$ 评价人员: 年 月 日

8.2 装饰装修工程质量记录

8.2.1 装饰装修工程质量记录应检查的项目包括：
1. 材料合格证及进场验收记录
   1) 装饰装修、节能保温材料合格证、进场验收记录；
   2) 幕墙的玻璃、石材、板材、结构材料合格证及进场验收记录，门窗及幕墙抗风压、水密性、气密性、结构胶相容性试验报告；
   3) 有环境质量要求的材料合格证、进场验收记录及复试报告。
2. 施工记录
   1) 吊顶、幕墙、外墙饰面板(砖)、各种预埋件及粘贴施工记录；
   2) 节能工程施工记录；
   3) 检验批、分项、分部(子分部)工程质量验收记录。
3. 施工试验
   1) 有防水要求的房间地面蓄水试验记录；
   2) 烟道、通风道通风试验记录；
   3) 有关胶料配合比试验单。

8.2.2 装饰装修工程质量记录检查评价方法应符合本标准第3.5.2条的规定。

8.2.3 装饰装修工程质量记录评分应符合表8.2.3的规定。

表8.2.3 装饰装修工程质量记录评分表

工程名称			施工部位		检查日期		年 月 日	
施工单位					评价单位			
序号	检查项目		应得分	判定结果			实得分	备注
				100%	85%	70%		
1	材料合格证、进场验收记录	装饰装修、节能保温材料合格证、进场验收记录	10					
		幕墙的玻璃、石材、板材、结构材料合格证及进场验收记录，门窗及幕墙抗风压、水密性、气密性、结构胶相容性试验报告	10					
		有环境质量要求的材料合格证、进场验收记录及复试报告	10					

附录 4 建筑工程施工质量评价标准 GB/T 50375—2006

续表

工程名称			施工部位		检查日期		年 月 日
施工单位				评价单位			
序号	检查项目		应得分	判定结果			实得分	备注
				100%	85%	70%		

序号		检查项目	应得分	100%	85%	70%	实得分	备注
2	施工记录	吊顶、幕墙、外墙饰面板(砖)、预埋件及粘贴施工记录	15					
		节能工程施工记录	15					
		检验批、分项、分部(子分部)工程质量验收记录	10					
3	施工试验	有防水要求的房间地面蓄水试验记录	10					
		烟道、通风道通风试验记录	10					
		有关胶料配合比试验单	10					
检查结果	权重值 20 分。 应得分合计： 实得分合计： 装饰装修工程质量记录评分＝$\dfrac{实得分}{应得分}\times 20=$ 评价人员： 年 月 日							

8.3 装饰装修工程尺寸偏差及限值实测

8.3.1 装饰装修工程尺寸偏差及限值实测检查项目应符合表 8.3.1 的规定。

表 8.3.1 装饰装修工程尺寸偏差及限值实测检查项目表

序号	子分部	检查项目		留缝限值、允许偏差(mm)	
				普通	高级
1	抹灰工程	立面垂直度		4	3
		表面平整度		4	3
2	门窗工程	门窗框正、侧面垂直度		2	1
3	幕墙工程	幕墙垂直度	幕墙高度≤30m	10	
			30m＜幕墙高度≤60m	15	
			60m＜幕墙高度≤90m	20	
			幕墙高度＞90m	25	
4	地面工程	整体地面	表面平整度	4	2
		板块地面	表面平整度	4	1

8.3.2 装饰装修工程尺寸偏差及限值实测检查评价方法应符合本标准 3.5.3 条的规定。

8.3.3 装饰装修工程尺寸偏差及限值实测评分应符合表 8.3.3 的规定。

表 8.3.3 装饰装修工程尺寸偏差及限值实测评分表

工程名称			施工部位		检查日期		年 月 日	
施工单位				评价单位				
序号	检查项目		应得分	判定结果			实得分	备注
				100%	85%	70%		
1	抹灰工程	立面垂直度、表面平整度	30					
2	门窗工程	门窗框正、侧面垂直度	20					
3	幕墙工程	幕墙垂直度	20					
4	地面工程	表面平整度	30					
检查结果	权重值 10 分。 应得分合计： 实得分合计： 装饰装修工程尺寸偏差及限值实测评分＝$\frac{实得分}{应得分}\times 10$＝ 评价人员：　　　　　　年 月 日							

8.4 装饰装修工程观感质量

8.4.1 装饰装修工程观感质量应检查的项目包括：

   1 地面；

   2 抹灰；

   3 门窗；

   4 吊顶；

   5 轻质隔墙；

   6 饰面板(砖)；

   7 幕墙；

   8 涂饰工程；

   9 裱糊与软包；

   10 细部工程；

   11 外檐观感；

   12 室内观感。

8.4.2 装饰装修工程观感质量检查评价方法应符合本标准第 3.5.4 条的规定。

8.4.3 装饰装修工程观感质量评分应符合表 8.4.3 的规定。

表 8.4.3 装饰装修工程观感质量评分表

工程名称				施工部位			检查日期	年 月 日	
施工单位							评价单位		
序号	检查项目		应得分	判定结果			实得分	备注	
				100%	85%	70%			
1	地面	表面、分格缝、图案、有排水要求的地面的坡度	10						
2	抹灰	表面、护角、阴阳角、分格缝、滴水线	10						
3	门窗	固定、配件、位置、构造、密封等	10						
4	吊顶	图案、颜色、灯具设备安装位置、交接缝处理、吊杆龙骨外观	5						
5	轻质隔墙	位置、墙面平整、连接件、接缝处理	5						
6	饰面板(砖)	表面质量、排砖、勾缝嵌缝、细部	10						
7	幕墙	主要构件外观、节点做法、打胶、配件、开启密闭	10						
8	涂饰工程	分色规矩、色泽协调	5						
9	裱糊与软包	端正、边框、拼角、接缝	5						
10	细部工程	柜、盒、护罩、栏杆、花式等安装、固定和表面质量	5						
11	外檐观感	室外墙面、大角、墙面横竖线(角)及滴水槽(线)、散水、台阶、雨罩、变形缝和泛水等	15						
12	室内观感	面砖、涂料、饰物、线条及不同做法的交接过渡	10						
检查结果	权重值 40 分。 应得分合计： 实得分合计： 装饰装修工程观感质量评分＝$\dfrac{实得分}{应得分}\times 40=$								

评价人员： 　　　　　年 月 日

9 安装工程质量评价

9.1 建筑给水排水及采暖工程质量评价

9.1.1 建筑给水排水及采暖工程性能检测应检查的项目包括:
1 生活给水系统管道交用前水质检测;
2 承压管道、设备系统水压试验;
3 非承压管道和设备灌水试验及排水干管管道通球、通水试验;
4 消火栓系统试射试验;
5 采暖系统调试、试运行、安全阀、报警装置联动系统测试。

9.1.2 建筑给水排水及采暖工程性能检测检查评价方法应符合本标准第3.5.1条的规定。

9.1.3 建筑给水排水及采暖工程性能检测评分应符合表9.1.3的规定。

表9.1.3 建筑给水排水及采暖工程性能检测评分表

工程名称		施工阶段		检查日期		年 月 日	
施工单位				评价单位			
序号	检查项目	应得分	判定结果 100%	判定结果 70%	实得分	备注	
1	生活给水系统管道交用前水质检测	10					
2	承压管道、设备系统水压试验	30					
3	非承压管道和设备灌水试验、排水干管管道通球、通水试验	30					
4	消火栓系统试射试验	20					
5	采暖系统调试、试运行、安全阀、报警装置联动系统测试	10					
检查结果	权重值30分。 应得分合计: 实得分合计: 建筑给水排水及采暖工程性能检测评分 = $\frac{实得分}{应得分} \times 30 =$						
	评价人员:					年 月 日	

附录4 建筑工程施工质量评价标准 GB/T 50375—2006

9.1.4 建筑给水排水及采暖工程质量记录应检查的项目包括：

1 材料合格证及进场验收记录
  1）材料及配件出厂合格证及进场验收记录；
  2）器具及设备出厂合格证及进场验收记录。

2 施工记录
  1）主要管道施工及管道穿墙、穿楼板套管安装施工记录；
  2）补偿器预拉伸记录；
  3）给水管道冲洗、消毒记录；
  4）隐蔽工程验收记录；
  5）检验批、分项、分部（子分部）工程质量验收记录。

3 施工试验
  1）阀门安装前强度和严密性试验；
  2）给水系统及卫生器具交付使用前通水、满水试验；
  3）水泵安装试运转。

9.1.5 建筑给水排水及采暖工程质量记录检查评价方法应符合本标准第3.5.2条的规定。

9.1.6 建筑给水排水及采暖工程质量记录评分应符合表9.1.6的规定。

表9.1.6 建筑给水排水及采暖工程质量记录评分表

工程名称		施工阶段		检查日期		年 月 日	
施工单位				评价单位			
序号	检查项目		应得分	判定结果			实得分	备注
				100%	85%	70%		
1	材料合格证、进场验收记录	材料及配件出厂合格证及进场验收记录	15					
		器具及设备出厂合格证及进场验收记录	15					
2	施工记录	主要管道施工及管道穿墙、穿楼板套管安装施工记录	5					
		补偿器预拉伸记录	5					
		给水管道冲洗、消毒记录	10					
		隐蔽工程验收记录	10					
		检验批、分项、分部（子分部）工程质量验收记录	10					

续表

工程名称		施工阶段		检查日期			年 月 日	
施工单位				评价单位				
序号	检查项目		应得分	判定结果			实得分	备注
				100%	85%	70%		
3	施工试验	阀门安装前强度和严密性试验	10					
		给水系统及卫生器具交付使用前通水、满水试验	10					
		水泵安装试运转	10					
检查结果	权重值30分。 应得分合计： 实得分合计： 建筑给水排水及采暖工程质量记录评分＝$\frac{实得分}{应得分}\times 30=$							
	评价人员： 年 月 日							

9.1.7 建筑给水排水及采暖工程尺寸偏差及限值实测应检查的项目包括：

1 给水、排水、采暖管道坡度按设计要求或下列规定检查：生活污水排水管道坡度：铸铁的为5‰～35‰，塑料的为4‰～25‰；给水管道坡度：2‰～5‰；采暖管道坡度：气(汽)水同向流动为2‰～3‰，气(汽)水逆向流动为不小于5‰；散热器支管的坡度为1％，坡向利于排气和泄水方向。

2 箱式消火栓安装位置，按设计安装高度安装允许偏差：距地±20mm，垂直度3mm。

3 卫生器具按设计安装高度安装允许偏差±15mm；淋浴器喷头下沿高度允许偏差±15mm。

9.1.8 建筑给水排水及采暖工程尺寸偏差及限值实测检查评价方法应符合本标准第3.5.3条的规定。

9.1.9 建筑给水排水及采暖工程尺寸偏差及限值实测评分应符合表9.1.9的规定。

9.1.10 建筑给水排水及采暖工程观感质量应检查的项目包括：

1 管道及支架安装；

2 卫生洁具及给水配件安装；

3 设备及配件安装；

4 管道、支架及设备的防腐及保温；

5 有排水要求的设备机房、房间地面的排水口及地漏。

附录4 建筑工程施工质量评价标准 GB/T 50375—2006

表9.1.9 建筑给水排水及采暖工程尺寸偏差及限值实测评分表

工程名称		施工阶段			检查日期		年 月 日	
施工单位					评价单位			
序号	检查项目		应得分	判定结果			实得分	备注
				100%	85%	70%		
1	给水、排水、采暖管道坡度		50					
2	箱式消火栓安装位置		20					
3	卫生器具安装高度		30					
检查结果	权重值10分。 应得分合计： 实得分合计： 建筑给水排水及采暖工程尺寸偏差及限值实测评分 $= \dfrac{\text{实得分}}{\text{应得分}} \times 10 =$							
	评价人员： 年 月 日							

9.1.11 建筑给水排水及采暖工程观感质量检查评价方法应符合本标准第3.5.4条的规定。

9.1.12 建筑给水排水及采暖工程观感质量评分应符合表9.1.12的规定。

表9.1.12 建筑给水排水及采暖工程观感质量评分表

工程名称		施工阶段			检查日期		年 月 日	
施工单位					评价单位			
序号	检查项目		应得分	判定结果			实得分	备注
				100%	85%	70%		
1	管道及支架安装		20					
2	卫生洁具及给水配件安装		20					
3	设备及配件安装		20					
4	管道、支架及设备的防腐及保温		20					
5	有排水要求的设备机房、房间地面的排水口及地漏		20					
检查结果	权重值20分。 应得分合计： 实得分合计： 建筑给水排水及采暖工程观感质量评分 $= \dfrac{\text{实得分}}{\text{应得分}} \times 20 =$							
	评价人员： 年 月 日							

9.2 建筑电气安装工程质量评价

9.2.1 建筑电气安装工程性能检测应检查的项目包括：
1 接地装置、防雷装置的接地电阻测试；
2 照明全负荷试验；
3 大型灯具固定及悬吊装置过载测试。

9.2.2 建筑电气安装工程性能检测检查评价方法应符合本标准第 3.5.1 条的规定。

9.2.3 建筑电气安装工程性能检测评分应符合表 9.2.3 的规定。

表 9.2.3 建筑电气安装工程性能检测评分表

工程名称		施工阶段		检查日期	年 月 日	
施工单位				评价单位		
序号	检查项目	应得分	判定结果		实得分	备注
			100%	70%		
1	接地装置、防雷装置的接地电阻测试	40				
2	照明全负荷试验	30				
3	大型灯具固定及悬吊装置过载测试	30				
检查结果	权重值 30 分。 应得分合计： 实得分合计： 建筑电气安装工程性能检测评分＝$\frac{实得分}{应得分}×30=$					
	评价人员：				年 月 日	

9.2.4 建筑电气安装工程质量记录应检查的项目包括：
1 材料、设备出厂合格证及进场验收记录
　1）材料及元件出厂合格证及进场验收记录；
　2）设备及器具出厂合格证及进场验收记录。
2 施工记录
　1）电气装置安装施工记录；
　2）隐蔽工程验收记录；
　3）检验批、分项、分部（子分部）工程质量验收记录。
3 施工试验
　1）导线、设备、元件、器具绝缘电阻测试记录；

2）电气装置空载和负荷运行试验记录。

9.2.5 建筑电气安装工程质量记录检查评价方法应符合本标准第3.5.2条的规定。

9.2.6 建筑电气安装工程质量记录评分应符合表9.2.6的规定。

表9.2.6 建筑电气安装工程质量记录评分表

工程名称			施工阶段			检查日期	年 月 日	
施工单位						评价单位		
序号	检查项目		应得分	判定结果			实得分	备注
				100%	85%	70%		
1	材料、设备合格证、进场验收记录	材料及元件出厂合格证及进场验收记录	15					
		设备及器具出厂合格证及进场验收记录	15					
2	施工记录	电气装置安装施工记录	10					
		隐蔽工程验收记录	10					
		检验批、分项、分部（子分部）工程质量验收记录	20					
3	施工试验	导线、设备、元件、器具绝缘电阻测试记录	15					
		电气装置空载和负荷运行试验记录	15					
检查结果	权重值30分。 应得分合计： 实得分合计： 建筑电气安装工程质量记录评分＝$\frac{实得分}{应得分}\times 30$＝							
	评价人员： 年 月 日							

9.2.7 建筑电气安装工程尺寸偏差及限值实测检查项目见表9.2.7。

表9.2.7 建筑电气安装工程尺寸偏差及限值实测检查项目

序号	项目	允许偏差
1	柜、屏、台、箱、盘安装垂直度	1.5‰
2	同一场所成排灯具中心线偏差	5mm
3	同一场所的同一墙面，开关、插座面板的高度差	5mm

9.2.8 建筑电气安装工程尺寸偏差及限值实测检查评价方法应符合本标准第3.5.3条的规定。

9.2.9 建筑电气安装工程尺寸偏差及限值实测评分应符合表9.2.9的规定。

表9.2.9 建筑电气安装工程尺寸偏差及限值实测评分表

工程名称		施工阶段		检查日期	年 月 日	
施工单位				评价单位		
序号	检查项目	应得分	判定结果			实得分	备注
			100%	85%	70%		
1	柜、屏、台、箱、盘安装垂直度	30					
2	同一场所成排灯具中心线偏差	30					
3	同一场所的同一墙面,开关、插座面板的高度差	40					
检查结果	权重值10分。 应得分合计: 实得分合计: 建筑电气安装工程尺寸偏差及限值实测评分=$\dfrac{实得分}{应得分} \times 10=$						
	评价人员: 年 月 日						

9.2.10 建筑电气安装工程观感质量应检查的项目包括:
 1 电线管(槽)、桥架、母线槽及其支吊架安装;
 2 导线及电缆敷设(含色标);
 3 接地、接零、跨接、防雷装置;
 4 开关、插座安装及接线;
 5 灯具及其他用电器具安装及接线;
 6 配电箱、柜安装及接线。

9.2.11 建筑电气安装工程观感质量检查评价方法应符合本标准第3.5.4条的规定。

9.2.12 建筑电气安装工程观感质量评分应符合表9.2.12的规定。

表 9.2.12 建筑电气安装工程观感质量评分表

工程名称		施工阶段			检查日期	年 月 日
施工单位					评价单位	

序号	检查项目	应得分	判定结果			实得分	备注
			100%	85%	70%		
1	电线管(槽)、桥架、母线槽及其支吊架安装	20					
2	导线及电缆敷设(含色标)	10					
3	接地、接零、跨接、防雷装置	20					
4	开关、插座安装及接线	20					
5	灯具及其他用电器具安装及接线	20					
6	配电箱、柜安装及接线	10					
检查结果	权重值20分。 应得分合计： 实得分合计： 建筑电气安装工程观感质量评分＝$\dfrac{实得分}{应得分}\times 20=$						

评价人员： 年 月 日

9.3 通风与空调工程质量评价

9.3.1 通风与空调工程性能检测应检查的项目包括：

1 空调水管道系统水压试验；

2 通风管道严密性试验；

3 通风、除尘、空调、制冷、净化、防排烟系统无生产负荷联合试运转与调试。

9.3.2 通风与空调工程性能检测检查评价方法应符合本标准第3.5.1条的规定。

9.3.3 通风与空调工程性能检测评分应符合表9.3.3的规定。

9.3.4 通风与空调工程质量记录应检查的项目包括：

1 材料、设备出厂合格证及进场验收记录

  1）材料、风管及部件出厂合格证及进场验收记录；

  2）仪表、设备出厂合格证及进场验收记录。

2 施工记录

  1）风管及部件加工制作记录；

表 9.3.3 通风与空调工程性能检测评分表

工程名称		施工阶段		检查日期		年 月 日
施工单位				评价单位		

序号	检查项目	应得分	判定结果 100%	判定结果 70%	实得分	备注
1	空调水管道系统水压试验	20				
2	通风管道严密性试验	30				
3	通风、除尘系统联合试运转与调试	15				
	空调系统联合试运转与调试	15				
	制冷系统联合试运转与调试	10				
	净化空调系统联合试运转与调试	(10)				
	防排烟系统联合试运转与调试	10				
检查结果	权重值30分。 应得分合计： 实得分合计： 　　　　通风与空调工程性能检测评分＝$\frac{实得分}{应得分}×30=$					
				评价人员：		年 月 日

2) 风管系统、管道系统安装记录；

3) 防火阀、防排烟阀、防爆阀等安装记录；

4) 设备(含水泵、风机、空气处理设备、空调机组和制冷设备等)安装记录；

5) 隐蔽工程验收记录；

6) 检验批、分项、分部(子分部)工程质量验收记录。

3 施工试验

1) 空调水系统阀门安装前试验；

2) 设备单机试运转及调试；

3) 防火阀、排烟阀(口)启闭联动试验。

9.3.5 通风与空调工程质量记录检查评价方法应符合本标准第3.5.2条的规定。

9.3.6 通风与空调工程质量记录评分应符合表9.3.6的规定。

表9.3.6 通风与空调工程质量记录评分表

工程名称			施工阶段		检查日期		年 月 日	
施工单位					评价单位			

序号	检查项目		应得分	判定结果			实得分	备注
				100%	85%	70%		
1	材料、设备出厂合格证及进场验收记录	材料、风管及部件出厂合格证及进场验收记录	15					
		仪表、设备出厂合格证及进场验收记录	15					
2	施工记录	风管及其部件加工制作记录	5					
		风管系统、管道系统安装记录	10					
		防火阀、防排烟阀、防爆阀等安装记录	10					
		设备（含水泵、风机、空气处理设备、空调机组和制冷设备等）安装记录	5					
		隐蔽工程验收记录	5					
		检验批、分项、分部（子分部）工程质量验收记录	5					
3	施工试验	空调水系统阀门安装前试验	10					
		设备单机试运转及调试	10					
		防火阀、排烟阀（口）启闭联动试验	10					

检查结果	权重值30分。 应得分合计： 实得分合计： 通风与空调工程质量记录评分 = $\dfrac{实得分}{应得分} \times 30 =$ 评价人员：　　　　　　　　　　　年　月　日

9.3.7 通风与空调工程尺寸偏差及限值实测应检查的项目包括：

1 风口尺寸允许偏差：圆形 $\phi \leqslant 250mm$，$0 \sim -2mm$；$\phi > 250mm$，$0 \sim -3mm$。矩形，边长$<300mm$，$0 \sim -1mm$；边长$300 \sim 800mm$，$0 \sim -2mm$；边长$>800mm$，$0 \sim -3mm$。

2 风口水平安装水平度偏差$\leqslant 3/1000$；风口垂直安装的垂直度偏差$\leqslant 2/1000$。

3 防火阀距墙表面的距离不宜大于200mm。

9.3.8 通风与空调工程尺寸偏差及限值实测检查评价方法应符合本标准第3.5.3条的规定。

9.3.9 通风与空调工程尺寸偏差及限值实测评分应符合表9.3.9的规定。

表9.3.9 通风与空调工程尺寸偏差及限值实测评分表

工程名称		施工阶段			检查日期		年 月 日
施工单位				评价单位			
序号	检查项目		应得分	判定结果			实得分	备注
				100%	85%	70%		
1	风口尺寸		40					
2	风口水平安装的水平度，风口垂直安装的垂直度		30					
3	防火阀距墙表面的距离		30					
检查结果	权重值10分。 应得分合计： 实得分合计： 通风与空调工程尺寸偏差及限值实测评分 = $\dfrac{实得分}{应得分} \times 10 =$ 评价人员： 年 月 日							

9.3.10 通风与空调工程观感质量应检查的项目包括：

1 风管制作；
2 风管及其部件、支吊架安装；
3 设备及配件安装；
4 空调水管道安装；
5 风管及管道保温。

9.3.11 通风与空调工程观感质量检查评价方法应符合本标准第3.5.4条的规定。

9.3.12 通风与空调工程观感质量评分应符合表9.3.12的规定。

表9.3.12 通风与空调工程观感质量评分表

工程名称		施工阶段		检查日期		年 月 日	
施工单位			评价单位				
序号	检查项目	应得分	判定结果			实得分	备注
			100%	85%	70%		
1	风管制作	20					
2	风管及其部件、支吊架安装	20					
3	设备及配件安装	20					
4	空调水管道安装	20					
5	风管及管道保温	20					
检查结果	权重值20分。 应得分合计： 实得分合计： 通风与空调工程观感质量评分＝$\frac{实得分}{应得分}×20=$						

评价人员： 年 月 日

9.4 电梯安装工程质量评价

9.4.1 电梯安装工程性能检测应检查的项目包括：
  1 电梯、自动扶梯(人行道)电气装置接地、绝缘电阻测试；
  2 层门与轿门试验；
  3 曳引式电梯空载、额定载荷运行测试；
  4 液压式电梯超载和额定载荷运行测试；
  5 自动扶梯(人行道)制停距离测试。

9.4.2 电梯安装工程性能检测检查评价方法应符合本标准第3.5.1条的规定。

9.4.3 电梯安装工程性能检测评分应符合表9.4.3的规定。

9.4.4 电梯安装工程质量记录应检查的项目包括：
  1 设备、材料出厂合格证、安装使用技术文件和进场验收记录
    1) 土建布置图；
    2) 电梯产品(整机)出厂合格证；
    3) 重要(安全)零(部)件和材料的产品出厂合格证及型式试验证书；

表9.4.3 电梯安装工程性能检测评分表

工程名称		施工阶段		检查日期		年 月 日	
施工单位				评价单位			

序号	检查项目	应得分	判定结果 100%	判定结果 70%	实得分	备注
1	电梯、自动扶梯(人行道)电气装置接地、绝缘电阻测试	30				
2	层门与轿门试验	40				
3	曳引式电梯空载、额定载荷运行测试	30				
4	液压电梯超载和额定载荷运行测试	(30)				
5	自动扶梯(人行道)制停距离测试	(30)				
检查结果	权重值30分。 应得分合计： 实得分合计： 电梯安装工程性能检测评分＝$\dfrac{实得分}{应得分}\times 30=$ 评价人员： 年 月 日					

4) 安装说明书(图)和使用维护说明书；

5) 动力电路和安全电路的电气原理图、液压系统图(如有液压电梯时)；

6) 装箱单；

7) 设备、材料进场(含开箱)检查验收记录。

2 施工记录

1) 机房(如有时)、井道土建交接验收检查记录；

2) 机械、电气、零(部)件安装隐蔽工程验收记录；

3) 机械、电气、零(部)件安装施工记录；

4) 分项、分部(子分部)工程质量验收记录。

3 施工试验

1) 安装过程的机械、电气零(部)件调整测试记录；

2) 整机运行试验记录。

9.4.5 电梯工程质量记录检查评价方法应符合本标准第3.5.2条的规定。

9.4.6 电梯安装工程质量记录评分应符合表9.4.6的规定。

9.4.7 电梯安装工程尺寸偏差及限值实测应检查的项目包括：

1 层门地坎至轿厢地坎之间水平距离；

附录4 建筑工程施工质量评价标准 GB/T 50375—2006

表9.4.6 电梯安装工程质量记录评分表

工程名称			施工阶段			检查日期	年 月 日	
施工单位						评价单位		
序号	检查项目		应得分	判定结果			实得分	备注
				100%	85%	70%		
1	设备、材料出厂合格证、安装使用技术文件和进场验收记录	土建布置图	5					
		电梯产品(整机)出厂合格证	5					
		重要(安全)零(部)件和材料的产品出厂合格证及型式试验证书	5					
		安装说明书(图)和使用维护说明书	3					
		动力电路和安全电路的电气原理图、液压系统图	5					
		装箱单	2					
		设备、材料进场(含开箱)检查验收记录	5					
2	施工记录	机房、井道土建交接验收检查记录	10					
		机械、电气、零(部)件安装隐蔽工程验收记录	10					
		机械、电气、零(部)件安装施工记录	10					
		分项、分部(子分部)工程质量验收记录	10					
3	施工试验	安装过程的机械、电气零(部)件调整测试记录	15					
		整机运行试验记录	15					
检查结果	权重值30分。 应得分合计： 实得分合计： 电梯安装工程质量记录评分＝$\dfrac{实得分}{应得分}\times 30=$							

评价人员： 年 月 日

2 平层准确度；

3 扶手带的运行速度相对梯级、踏板或胶带的速度允许偏差。

9.4.8 电梯安装工程尺寸偏差及限值实测项目检查评价方法应符合下列规定：

1 检查标准：

1）层门地坎至轿厢地坎之间的水平距离偏差为 0～+1mm，且最大距离≤35mm 为一档，取 100% 的标准分值；偏差超过 +1mm，但不超过 +3mm 的为三档，取 70% 的标准分值。

2）平层准确度。

额定速度 $V \leqslant 0.63$m/s 的交流双速电梯和其他交直流调速方式的电梯：平层准确度偏差不超过 ±5mm 的为一档，取 100% 的标准分值；偏差超过 ±5mm，但不超过 ±10mm 的为二档，取 85% 的标准分值；偏差超过 ±10mm，但不超过 ±15mm 的为三档，取 70% 的标准分值。

0.63m/s＜额定速度 $V \leqslant 1.0$m/s 的交流双速电梯：平层准确度偏差不超过 ±10mm 的为一档，取 100% 的标准分值；偏差超过 ±10mm，但不超过 ±20mm 的为二档，取 85% 的标准分值；偏差超过 ±20mm，但不超过 ±30mm 的为三档，取 70% 的标准分值。

3）扶手带的运行速度相对梯级、踏板或胶带的速度允许偏差：偏差值在 0～+0.5% 的为一档，取 100% 的标准分值；偏差值在 0～+(0.5～1)% 为二档，取 85% 的标准分值；偏差值在 0～+(1～2)% 的为三档，取 70% 的标准分值。

2 检查方法：抽测和检查检查记录，并进行统计计算。

9.4.9 电梯安装工程尺寸偏差及限值实测评分应符合表 9.4.9 的规定。

表 9.4.9 电梯安装工程尺寸偏差及限值实测评分表

工程名称		施工阶段		检查日期			年 月 日	
施工单位				评价单位				
序号	检查项目		应得分	判定结果			实得分	备注
				100%	85%	70%		
1	层门地坎至轿厢地坎之间水平距离		50					
2	平层准确度		50					
3	扶手带的运行速度相对梯级、踏板或胶带的速度差		(100)					
检查结果	权重值 10 分。 应得分合计： 实得分合计：							
	电梯安装工程尺寸偏差及限值实测评分＝$\frac{实得分}{应得分}\times 10=$							
	评价人员：						年 月 日	

9.4.10 电梯安装工程观感质量应检查的项目包括：
 1 曳引式、液压式电梯
  1）机房（如有时）及相关设备安装；
  2）井道及相关设备安装；
  3）门系统和层站设施安装；
  4）整机运行。
 2 自动扶梯（人行道）
  1）外观；
  2）机房及其设备安装；
  3）周边相关设施；
  4）整机运行。

9.4.11 电梯安装工程观感质量检查评价方法应符合本标准第3.5.4条的规定。

9.4.12 电梯安装工程观感质量评分应符合表9.4.12的规定。

表9.4.12 电梯安装工程观感质量评分表

工程名称		施工阶段		检查日期		年 月 日		
施工单位				评价单位				
序号	检查项目		应得分	判定结果			实得分	备注
				100%	85%	70%		
1	曳引式、液压式电梯	机房（如有时）及相关设备安装	30					
		井道及相关设备安装	30					
		门系统和层站设施安装	20					
		整机运行	20					
2	自动扶梯（人行道）	外观	(30)					
		机房及其设备安装	(20)					
		周边相关设施	(30)					
		整机运行	(20)					
检查结果	权重值20分。 应得分合计： 实得分合计： 电梯安装工程观感质量评分＝$\dfrac{\text{实得分}}{\text{应得分}}\times 20=$							

评价人员：   年 月 日

9.5 智能建筑工程质量评价

9.5.1 智能建筑工程性能检测应检查的项目包括：
　　1 系统检测；
　　2 系统集成检测；
　　3 接地电阻测试。

9.5.2 智能建筑工程性能检测检查评价方法应符合下列规定：
　　1 检查标准：火灾自动报警、安全防范、通信网络等系统应由专业检测机构进行检测，按先各系统后系统集成进行检测。系统检测、系统集成检测一次检测主控项目达到合格，一般项目中有不超过10%的项目（且不超过3项）经整改后达到合格的为一档，取100%的标准分值；主控项目有一项不合格或一般项目超过10%，不超过20%，且不超过5项，整改后达到合格的为三档，取70%的标准分值。

　　接地电阻测试一次检测达到设计要求的为一档，取100%的标准分值；经整改达到设计要求的为三档，取70%的标准分值。
　　2 检查方法：检查承包商及专业机构出具的检验检测报告并统计计算。

9.5.3 智能建筑工程性能检测评分应符合表9.5.3的规定。

表9.5.3 智能建筑工程性能检测评分表

工程名称		施工阶段			检查日期	年　月　日
施工单位					评价单位	
序号	检查项目	应得分	判定结果		实得分	备注
			100%	70%		
1	系统检测	60				
2	系统集成检测	30				
3	接地电阻测试	10				
检查结果	权重值30分。 应得分合计： 实得分合计： 智能建筑工程性能检测评分＝$\dfrac{实得分}{应得分}\times 30=$ 评价人员：　　　　　　　　　　　　　　　　年　月　日					

9.5.4 智能建筑工程质量记录应检查的项目包括：
　　1 材料、设备、软件合格证及进场验收记录
　　　　1）材料出厂合格证及进场验收记录；

  2) 设备、软件出厂合格证及进场验收记录；
  3) 随机文件：设备清单、产品说明书、软件资料清单、程序结构说明、安装调试说明书、使用和维护说明书、装箱清单及开箱检查验收记录。
 2 施工记录
  1) 系统安装施工记录；
  2) 隐蔽工程验收记录；
  3) 检验批、分项、分部(子分部)工程质量验收记录。
 3 施工试验
  1) 硬件、软件产品设备测试记录；
  2) 系统运行调试记录。

9.5.5 智能建筑质量记录检查评价方法应符合本标准第3.5.2条的规定。

9.5.6 智能建筑工程质量记录评分应符合表9.5.6的规定。

表9.5.6 智能建筑工程质量记录评分表

工程名称			施工阶段		检查日期		年 月 日	
施工单位					评价单位			
序号	检查项目		应得分	判定结果 100% / 85% / 70%			实得分	备注
1	材料、设备、软件合格证及进场验收记录	材料出厂合格证及进场验收记录	10					
		设备、软件出厂合格证及进场验收记录	10					
		随机文件	10					
2	施工记录	系统安装施工记录	15					
		隐蔽工程验收记录	10					
		检验批、分项、分部(子分部)工程质量验收记录	15					
3	施工试验	硬件、软件产品设备测试记录	15					
		系统运行调试记录	15					
检查结果	权重值 30 分。 应得分合计： 实得分合计： 智能建筑工程质量记录评分＝$\dfrac{实得分}{应得分}\times 30=$							
	评价人员：						年 月 日	

9.5.7 智能建筑工程尺寸偏差及限值实测应检查的项目包括：
1 机柜、机架安装垂直度偏差≤3mm；
2 桥架及线槽水平度≤2mm/m；垂直度≤3mm。

9.5.8 智能建筑工程尺寸偏差及限值实测检查评价方法应符合本标准第3.5.3条的规定。

9.5.9 智能建筑工程尺寸偏差及限值实测评分应符合表9.5.9的规定。

表9.5.9 智能建筑工程尺寸偏差及限值实测评分表

工程名称		施工阶段		检查日期			年 月 日	
施工单位				评价单位				
序号	检查项目		应得分	判定结果			实得分	备注
				100%	85%	70%		
1	机柜、机架安装垂直度偏差		50					
2	桥架及线槽水平度、垂直度		50					
检查结果	权重值10分 应得分合计： 实得分合计： 智能建筑工程尺寸偏差及限值实测评分＝$\dfrac{实得分}{应得分}\times 10=$							
	评价人员：						年 月 日	

9.5.10 智能建筑工程观感质量应检查的项目包括：
1 综合布线、电源及接地线等安装；
2 机柜、机架、配线架安装；
3 模块、信息插座等安装。

9.5.11 智能建筑工程观感质量检查评价方法应符合本标准第3.5.4条的规定。

9.5.12 智能建筑工程观感质量评价应符合表9.5.12的规定。

表 9.5.12 智能建筑工程观感质量评分表

工程名称		施工阶段		检查日期			年 月 日	
施工单位					评价单位			
序号	检查项目		应得分	判定结果			实得分	备注
				100%	85%	70%		
1	综合布线、电源及接地线等安装		35					
2	机柜、机架和配线架安装		35					
3	模块、信息插座安装		30					
检查结果	权重值 20 分 应得分合计： 实得分合计： 智能建筑工程观感质量评分＝$\dfrac{实得分}{应得分}\times 20=$							
	评价人员：						年 月 日	

10 单位工程质量综合评价

10.1 工程结构质量评价

10.1.1 工程结构质量评价包括地基及桩基工程、结构工程（含地下防水层），应在主体结构验收合格后进行。

10.1.2 评价人员应在结构抽查的基础上，按有关评分表格内容进行核查，逐项作出评价。

10.1.3 工程结构凡出现本标准第 3.4.4 条规定否决项目之一的不得评优。

10.1.4 工程结构凡符合本标准第 3.4.5 条特色工程加分项目的，可按规定在综合评价后直接加分。加分只限一次。

10.1.5 工程结构质量综合评价应符合下列规定：

工程结构质量评价评分应按表 10.1.5 进行。

工程结构评价得分应符合下式规定：

$$P_{结}=\dfrac{A+B}{0.50}+F$$

式中　$P_{结}$——工程结构评价得分；

A——地基与桩基工程权重值实得分；
　　B——结构工程权重值实得分；
　　F——工程特色加分。
　0.5系地基与桩基工程、结构工程在工程权重值中占的比例10％、40％之和。

10.1.6 当工程结构有混凝土结构、钢结构和砌体结构工程的二种或三种时，工程结构评价得分应是每种结构在工程中占的比重及重要程度来综合结构的评分。

　　如：有一工程结构中有混凝土结构、钢结构及砌体结构三种结构工程，其中混凝土结构工程量占70％，钢结构占15％、砌体（填充墙）占15％，按本标准6.1.3条规定，按砌体工程只能占10％、混凝土工程占70％、钢结构占20％的比重来综合结构工程的评分。即：

表10.1.5　工程结构质量综合评价表

序号	检查项目	地基与桩基工程评价得分		结构工程评价得分（含地下防水层）		备注
		应得分	实得分	应得分	实得分	
1	现场质量保证条件	10		10		
2	性能检测	35		30		
3	质量记录	35		25		
4	尺寸偏差及限值实测	15		20		
5	观感质量	5		15		
6	合计	(100)		(100)		
7	各部位权重值实得分	A＝地基与桩基工程评分×0.10＝		B＝结构工程评分×0.40＝		
8	工程结构质量评分($P_{结}$)： 特色工程加分项目加分值(F)： $$P_{结} = \frac{A+B}{0.50} + F$$ $$P_{结} = \frac{A+B_1+B_2+B_3}{0.5} + F$$ $$P_{结} = \frac{A+B+G}{0.5} + F$$					

评价人员：　　　　　　　　　　　　年　月　日

$$P_{结}=\frac{A+B_1+B_2+B_3}{0.5}+F$$

式中　B_1——混凝土结构工程评价得分；

　　　B_2——钢结构工程评价得分；

　　　B_3——砌体结构工程评价得分。

10.1.7　当有地下防水层时，工程结构评价得分应符合下式规定：

$$P_{结}=\frac{A+B+G}{0.5}+F$$

式中　G——地下防水层评价得分，占结构工程权重值的5%。

10.2　单位工程质量评价

10.2.1　单位工程质量评价包括地基及桩基工程、结构工程（含地下防水层）、屋面工程、装饰装修工程及安装工程，应在工程竣工验收合格后进行。

10.2.2　评价人员应在工程实体质量和工程档案资料全面检查的基础上，分别按有关表格内容进行查对，逐项作出评价。

10.2.3　单位工程凡出现本标准第3.4.4条规定否决项目之一的不得评优。

10.2.4　单位工程凡符合本标准第3.4.5条特色工程加分项目的，可在单位工程质量评价后按规定直接加分。工程结构和单位工程特色加分，只限加一次，选取一个最大加分项目。

10.2.5　单位工程质量综合评价应符合下列规定：

　　单位工程质量评价评分应按表10.2.5进行。

　　单位工程质量评价评分应符合下式规定：

$$P_{竣}=A+B+C+D+E+F$$

式中　$P_{竣}$——单位工程质量评价得分；

　　　C——屋面工程权重值实得分；

　　　D——装饰装修工程权重值实得分；

　　　E——安装工程权重值实得分；

　　　F——特色工程加分。

10.2.6　安装工程权重值得分计算与调整应符合下列规定：

　　安装工程包括五项内容，当工程安装项目全有时每项权重值为4分；当安装工程项目有缺项时可按安装项目的工作量进行调整，调整时总分值为20分，但各项应当为整数。

表 10.2.5 单位工程质量综合评价表

序号	检查项目	地基及桩基工程评价得分		结构工程评价得分（含地下防水层）		屋面工程评价得分		装饰装修工程评价得分		安装工程评价得分		备注
		应得分	实得分	应得分	实得分	应得分	实得分	应得分	实得分	应得分	实得分	
1	现场质量保证条件	10		10		10		10		10		
2	性能检测	35		30		30		20		30		
3	质量记录	35		25		20		20		30		
4	尺寸偏差及限值实测	15		20		20		10		10		
5	观感质量	5		15		20		40		20		
6	合　计	(100)		(100)		(100)		(100)		(100)		
7	各部位权重值实得分	A＝地基及桩基工程评分×0.10＝		B＝结构工程评分×0.40＝		C＝屋面工程评分×0.05＝		D＝装饰装修工程评　分×0.25＝		E＝安装工程评分×0.20＝		
8	单位工程质量评分（$P_竣$）： 特色工程加分项目加分值（F）： $$P_竣 = A + B + C + D + E + F$$											

评价人员：　　　　　　　　　　　　　　　　　　年　月　日

10.3　单位工程各项目评分汇总及分析

10.3.1 单位工程各工程部位、系统评分汇总应符合下列规定：

各项目评价得分应按表 10.3.1 进行汇总。

10.3.2 单位工程各部位、系统评分及分析应符合下列规定：

工程部位、系统的评价项目实际得分（即竖向部分）相加，可根据得分情况评价分析工程部位、系统的质量水平程度。

10.3.3 单位工程各项目评价得分及评价分析应符合下列规定：

各工程部位、系统相同项目实际评价得分（即横向部分）相加，可根据得分情况评价分析项目的质量水平程度；各项目实际评价得分（即竖向部分）相加，可根据得分情况评价分析工程部位、系统的质量水平程度。

表 10.3.1 单位工程质量各项目评价得分汇总表

序号	检查项目	地基及桩基工程	结构工程(含地下防水层)	屋面工程	装饰装修工程	安装工程	合计	备注
1	现场质量保证条件							
2	性能检测							
3	质量记录							
4	尺寸偏差及限值实测							
5	观感质量							
	合计							

10.4 工程质量评价报告

10.4.1 工程结构、单位工程质量评价后均应出具评价报告，评价报告应由评价机构编制，应包括下列内容：

　　1　工程概况。

　　2　工程评价情况。

　　3　工程竣工验收情况；附建设工程竣工验收备案表和有关消防、环保等部门出具的认可文件。

　　4　工程结构质量评价情况及结果。

　　5　单位工程质量评价情况及结果。

10.4.2 工程质量评价报告应符合下列要求：

　　1　工程概况中应说明建设工程的规模、施工工艺及主要的工程特点、施工过程的质量控制情况。

　　2　工程质量评价情况应说明委托评价机构，在组织、人员及措施方面所进行的准备工作和评价工作过程。

　　3　说明建设、监理、设计、勘察、施工等单位的竣工验收评价结果和意见，并附评价文件。

　　4　工程结构和单位工程评价应重点说明工程评价的否决条件及加分条件等审查情况。

　　5　工程结构和单位工程质量评价得分及等级情况。

本标准用词说明

1 执行本标准条文时，根据要求严格程度不同的用词说明如下，以便在执行中区别对待：

　　1）表示很严格，非这样做不可的：
　　　　正面词采用"必须"，反面词采用"严禁"。
　　2）表示严格，在正常情况下均应这样做的：
　　　　正面词采用"应"，反面词采用"不应"或"不得"。
　　3）表示允许稍有选择，在条件许可时应首先这样做的：
　　　　正面词采用"宜"，反面词采用"不宜"。
　　表示有选择，在一定条件下可以这样做的，采用"可"。

2 标准中指定按其他标准、规范的规定执行时，写法为"应按……执行"或"应符合……的规定（要求）"。

中华人民共和国国家标准

建筑工程施工质量评价标准

GB/T 50375—2006

条文说明

目　次

1 总则 …………………………………………………………………… 290
2 术语 …………………………………………………………………… 290
3 基本规定 ……………………………………………………………… 290
　3.1 评价基础 ………………………………………………………… 290
　3.2 评价框架体系 …………………………………………………… 291
　3.3 评价规定 ………………………………………………………… 292
　3.4 评价内容 ………………………………………………………… 292
　3.5 基本评价方法 …………………………………………………… 292
4 施工现场质量保证条件评价 ………………………………………… 292
　4.1 施工现场质量保证条件检查评价项目 ………………………… 292
　4.2 施工现场质量保证条件检查评价方法 ………………………… 293
5 地基及桩基工程质量评价 …………………………………………… 293
　5.1 地基及桩基工程性能检测 ……………………………………… 293
　5.2 地基及桩基工程质量记录 ……………………………………… 294
　5.3 地基及桩基工程尺寸偏差及限值实测 ………………………… 294
　5.4 地基及桩基工程观感质量 ……………………………………… 294
6 结构工程质量评价 …………………………………………………… 294
　6.1 结构工程性能检测 ……………………………………………… 294
　6.2 结构工程质量记录 ……………………………………………… 295
　6.3 结构工程尺寸偏差及限值实测 ………………………………… 295
　6.4 结构工程观感质量 ……………………………………………… 295
7 屋面工程质量评价 …………………………………………………… 295
　7.1 屋面工程性能检测 ……………………………………………… 295
　7.2 屋面工程质量记录 ……………………………………………… 296
　7.3 屋面工程尺寸偏差及限值实测 ………………………………… 296
　7.4 屋面工程观感质量 ……………………………………………… 296
8 装饰装修工程质量评价 ……………………………………………… 296
　8.1 装饰装修工程性能检测 ………………………………………… 296
　8.2 装饰装修工程质量记录 ………………………………………… 297
　8.3 装饰装修工程尺寸偏差及限值实测 …………………………… 297

  8.4 装饰装修工程观感质量 …………………………………… 297
9 安装工程质量评价 ………………………………………………… 297
10 单位工程质量综合评价 …………………………………………… 298
  10.1 工程结构质量评价 …………………………………………… 298
  10.2 单位工程质量评价 …………………………………………… 299
  10.3 单位工程各项目评分汇总及分析 …………………………… 299
  10.4 工程质量评价报告 …………………………………………… 299

1 总　　则

1.0.1 本条是本标准编制的目的。现行建筑工程施工质量验收规范只规定了质量合格标准，这是政府必须管理的，因为工程质量关系着人民生命财产安全和社会稳定，达不到合格的工程就不能交付使用。但目前施工单位的管理水平、技术水平差距较大，有的工程达到合格之后，为了提高企业的竞争力和信誉，还要将工程质量水平再提高。也有些建设单位为了本单位的自身利益，要求高水平的工程质量。本标准的编制就是为这些企业的创优提供一个有统一基本评价指标和方法的评价标准，以增加建设单位与施工单位的协调性，增强施工单位之间的可比性，同时为各省、市创建优质工程提供一个评价基础，以便相互之间有较好的可比性。

1.0.2 本条是本标准的适用范围。本标准适用于建筑工程施工质量优良评价，而且是在符合《建筑工程施工质量验收统一标准》及其配套的各专业工程质量验收规范基础上进行评价的。省、市、国家优质工程应在优良工程的基础上择优评定。

1.0.3 本条说明了本标准评价首先要通过《建筑工程施工质量验收统一标准》及其配套的各专业工程质量验收规范验收合格。

1.0.4 本条是说明建筑工程施工质量优良评价的方法及体系，除本标准自身规定外，很多具体质量要求还应符合现行的有关标准、规范的规定。

2 术　　语

本章提出了本标准常用的 11 个术语，以便使用更方便、表达意思更一致。这些术语主要在本标准范围中使用，在其他地方仅供参考。

3 基 本 规 定

3.1 评 价 基 础

3.1.1 本条是工程项目质量目标，是工程项目的主要管理目标之一，实现工程项目质量目标是进行工程质量评价的根本目的，应与已确定的工程项目施工的有关要求相适应。质量策划是寻求并确定实现工程项目质量目标的具体途径，从技术、管理、组织、协调等方面采取措施，实施质量评价的工程一定要事前制定质量目标，明确质量责任。

3.1.2 本条要求被评价的工程项目要开展有效的质量管理。为科学、有效地进行项目质量管理，项目部应建立质量信息制度，对收集的质量信息进行汇总分析，确定工程质量管理过程和工程实物质量特性、发展趋势和改进要求，及时采取预防措施和纠正措施，持续改进项目质量管理能力，不断提高工程实物质量。

3.1.3 本条规定了进行质量评价的工程的质量控制要求。建筑工程质量的评价，提倡事前计划、过程控制、竣工验收，确保工程质量一次达标，反对进行过多的返工和修补，造成经济上的浪费。

3.1.4 本条规定了工程评价总的质量要求。建筑工程质量评价把涉及安全和使用功能的地基与桩基工程、结构工程的安全性、质量均质性、涉及安全和重要使用功能和建筑效果的完美性作为工程质量评价重点。

3.1.5 本条规定了开展工程质量评价的工程项目应遵守政府颁布的有关持续发展的政策，如建筑节能、节地、科技及环保等。不仅考虑一次投入，也要考虑长期使用的投入。在注重高新技术运用，确保工程质量的同时，应注重保护生态环境，施工环境，防止施工对环境造成污染。对保障工程质量的先进技术，作为特色工程给予加分。

3.1.6 本评价是在满足《建筑工程施工质量验收统一标准》及其配套的各专业工程质量验收规范基础上进行。

3.2 评价框架体系

3.2.1 本条文划分了工程质量评价步骤，第一步按专业性质和建筑部位将其划分为五个部分。

3.2.2 将五部分根据其在整个工程中所占工作量大小及重要程度给出其权重值。

3.2.3 第二步是将每个部位、系统划分为五项内容来评价，并给出每项评价内容的权重值。

3.2.4 本条检查项目中的每项内容评价结果分为一、二、三个档次。全部达到规范、设计要求的为一档，得 100% 的标准分值；较好达到要求的为二档，得 85% 的标准分值；基本达到要求的为三档，得 70% 的标准分值。

3.2.5 本条规定了工程结构和单位工程两个阶段的评价，以突出对结构质量的重视。

3.2.6 本条规定了优良工程和高等级优良工程等级得分。

3.3 评价规定

3.3.1 本条规定了评价工程要先判定创优措施。

3.3.2 本条规定了评价的基本原则，先由施工单位自评，再由监理单位或其他评价机构验收评价。

3.3.3 本条规定了不论是监理单位还是其他评价机构，评价结果应出具评价报告。

3.3.4 本条规定了工程结构评价的主要内容。

3.3.5 本条规定了工程结构质量评价，除了检查资料外，还应对实物工程质量进行抽查。

3.3.6 本条规定了单位工程质量评价应在竣工验收合格及工程结构质量评为优良之后，否则单位工程不能评优。

3.3.7 单位工程质量评价应对实物质量和工程资料进行全面核查。

3.4 评价内容

3.4.1 本条规定了工程结构质量评价的内容。

3.4.2、3.4.3 本条规定了工程结构评价的具体评价方法。

3.4.4 本条规定了工程结构、单位工程评价的否决项目。

3.4.5 本条规定了工程结构、单位工程评价的加分项目。

3.5 基本评价方法

3.5.1 本条规定了性能检测项目的基本评价方法。

3.5.2 本条规定了质量记录项目的基本评价方法。

3.5.3 本条规定了尺寸偏差及限值项目的基本评价方法。

3.5.4 本条规定了观感质量项目的基本评价方法。

4 施工现场质量保证条件评价

4.1 施工现场质量保证条件检查评价项目

4.1.1 本条规定工程项目现场应具有基本质量管理及质量责任制度，保证工程一开工就得到有效的管理来保证工程质量，是质量评价的基本条件。现场项目部是履行工程承包合同的管理主体，它的组织形式、人员素质、专业配套应与工程项目的规模、结构复杂程度相适应。应满足法律法规及工程项目施工管理的需要，其人员应持有效资格证书上岗。

为确保质量保证体系有效运行，应明确项目部与工程质量有关人员的职责和权限，制定项目质量责任制，并有相应的奖罚制度。

4.1.2 本条文规定对施工现场配备规范和标准的要求，现场应配备相应工序的施工工艺或操作规程以保证工程质量，并应配备相应的国家工程质量验收规范，这是基本的要求。

4.1.3 本条规定了对施工组织设计、施工方案的要求。施工组织设计、施工方案是质量策划的基础文件，是组织施工的重要依据。由工程项目部编写，应针对工程项目的特点，结合工程项目与施工现场实际情况编制，由施工企业组织审核批准。当情况发生变化时，应相应改变措施；有重大改变时，还应重新进行审批。

4.1.4 本条要求项目部应有具体的质量目标及措施。项目部应根据已确定的质量要求，制定工程项目的质量目标，并形成文件。针对工程项目的特点，建立相应的组织机构，明确质量职责，对施工方案、施工组织和质量管理活动的措施作出具体安排，确保质量目标的落实和实现。

4.2 施工现场质量保证条件检查评价方法

4.2.1 本条是现场质量保证条件评价标准，检查有关资料的项目、数量及资料中的有关数据的完整程度，给出一、二、三档三个档次。

4.2.2 本条规定了评价的方法。

4.2.3 本条是评价得分计算，根据4.2.1条的评价标准、4.2.2条的评价方法，按表4.2.3逐项进行评价，评出各项目的应得分、实得分及项目评分，评价人员签字负责。

5 地基及桩基工程质量评价

5.1 地基及桩基工程性能检测

5.1.1 本条规定的地基及桩基工程性能检测检查评价项目，是依据现行国家标准《建筑地基基础工程施工质量验收规范》和《建筑地基基础设计规范》确定的。各种指标和检验方法按现行行业标准《建筑地基处理技术规范》及《建筑基桩检测技术规范》规定执行。

5.1.2 本条规定地基及桩基工程性能检测项目的评价标准和方法同3.5.1条，规定各性能检测项目一次检测达到规范、设计要求的为一档，取100%的标准分值，经处理二次检测达到设计要求的为基本分，取三档70%的标准分值。

5.1.3 本条为性能检测项目评价得分计算，按表5.1.3逐项进行评价，评出各项目的应得分、实得分及项目评分及评价得分，评价人员签字负责。

5.2 地基及桩基工程质量记录

5.2.1 本条为工程质量记录检查评价项目，将其分为三部分，材料、构件合格证及进场验收记录；施工记录；施工试验等。各部分根据工程特点列出具体的质量记录检查项目。

5.2.2 本条为质量记录项目的检查评价方法，其方法同3.5.2条说明。

5.2.3 本条为质量记录得分计算，按表5.2.3逐项进行评价，评出各项目的应得分、实得分及项目评分，评价人员签字负责。

5.3 地基及桩基工程尺寸偏差及限值实测

5.3.1 本条为地基及桩基工程尺寸偏差及限值实测评价项目。是从验收规范中摘出的主要的允许偏差项目来作为评价的项目。

5.3.2 本条为地基及桩基工程尺寸偏差及限值实测的评价方法，每个项目按测点实测值的情况分为三个等级，其得分值分别为100%、85%、70%的标准分。

5.3.3 本条为尺寸偏差及限值实测项目得分计算，按表5.3.3逐项进行评分，评出各项目应得分、实得分及项目评分，评价人员签字负责。

5.4 地基及桩基工程观感质量

5.4.1 本条为观感质量检查评价项目，是依据验收规范的观感质量项目进行宏观检查。

5.4.2 本条为观感质量项目检查方法，观察检查并辅以必要的量测，每个检查点按好、一般、差给出评价，然后再依据各点评价好的项目比例给出三个等级，其得分值分别为100%、85%、70%的标准分值。

5.4.3 本条为观感质量项目评价得分计算，按表5.4.3逐项进行评价，评出各项目应得分、实得分及项目评分，评价人员签字负责。

6 结构工程质量评价

6.1 结构工程性能检测

6.1.1 本条规定了结构工程的性能检测评价项目，并将混凝土结构工程、钢结构工程、砌体工程、地下防水层等项目分别列出。由于目前木结构用的很少，故没有列出其项目。

6.1.2 本条规定了结构工程性能检测检查评价检查标准及方法。

6.1.3 本条规定了结构工程性能检测检查评价评分计算，按表6.1.3逐项进行评分，评出各项目应得分、实得分及项目评分，评价人员签字负责。

6.2 结构工程质量记录

6.2.1 本条规定了结构工程的质量记录检查评价项目，并按混凝土结构、钢结构工程、砌体工程、地下防水层分别列出。

6.2.2 本条规定了结构工程质量记录检查评价方法及评价标准。

6.2.3 本条规定了结构工程质量记录检查评价得分计算，按表6.2.3逐项进行评分，评出各项目应得分、实得分及项目评分，评价人员签字负责。

6.3 结构工程尺寸偏差及限值实测

6.3.1 本条规定了结构工程的尺寸偏差及限值实测评价项目。并按混凝土、钢结构、砌体工程、地下防水层分别列出。

6.3.2 本条规定了结构工程尺寸偏差及限值实测检查评价标准及评价方法。

6.3.3 本条规定了结构工程尺寸偏差及限值实测检查评价得分计算，按表6.3.3逐项进行评分，评出各项目应得分、实得分及项目评分，评价人员签字负责。

6.4 结构工程观感质量

6.4.1 本条规定了结构工程观感质量检查评价项目。是对混凝土工程、钢结构工程、砌体工程、地下防水层等质量验收规范的主要观感质量内容进行选择，宏观进行检查评价。

6.4.2 本条规定了结构工程观感质量的检查评价方法及检查标准。

6.4.3 本条为结构工程观感质量检查评价得分计算，按表6.4.3逐项进行评分，评出各项目应得分、实得分及项目评分，评价人员签字负责。

7 屋面工程质量评价

7.1 屋面工程性能检测

7.1.1 本条规定了屋面工程性能检测评价项目，主要为屋面验收规范规定的竣工后的性能检测项目。

7.1.2 本条规定了屋面工程性能检测项目检查标准和检查方法。

7.1.3 本条规定了屋面工程性能检测项目评价得分计算，按表7.1.3逐项进行评分，评出各项目应得分、实得分及项目评分，评价人员签字负责。

7.2 屋面工程质量记录

7.2.1 本条规定了屋面工程质量记录检查评价项目，主要包括材料合格证、进场验收报告；施工记录；施工试验三个方面的项目。

7.2.2 本条规定了屋面工程质量记录、检查标准和检查方法。

7.2.3 本条规定了屋面工程质量记录评价得分计算，按表7.2.3逐项进行评价，评出各项目应得分、实得分及项目评分，评价人员签字负责。

7.3 屋面工程尺寸偏差及限值实测

7.3.1 本条为屋面工程的尺寸偏差及限值实测检查项目，依据验收规范选择了部分允许偏差及限值项目进行评价。

7.3.2 本条规定了屋面工程尺寸偏差及限值实测检查方法和检查标准。

7.3.3 本条规定了屋面工程尺寸偏差及限值实测评价得分计算，按表7.3.3逐项进行评分，评出各项目应得分、实得分及项目评分，评价人员签字负责。

7.4 屋面工程观感质量

7.4.1 本条为屋面工程观感质量检查评价项目。

7.4.2 本条为屋面观感质量项目检查方法及检查标准。

7.4.3 本条规定了屋面工程观感质量检查评价得分计算，按表7.4.3逐项进行评分，评出各项目应得分、实得分及项目评分，评价人员签字负责。

8 装饰装修工程质量评价

8.1 装饰装修工程性能检测

8.1.1 本条为装饰装修工程性能检测检查评价项目。主要选择了影响建筑功能及安全方面的内容，某些项目有一定超前性，可在设计有要求时才进行。

8.1.2 本条为装饰装修工程性能检测检查方法及检查标准。

8.1.3 本条为装饰装修工程性能检测评价得分计算，按表8.1.3逐项进行评分，评出各项目应得分、实得分及项目评分，评价人员签字负责。

8.2 装饰装修工程质量记录

8.2.1 本条为装饰装修工程质量记录检查评价项目，包括材料合格证、施工记录、施工试验等项目的质量文件。

8.2.2 本条为装饰装修工程质量记录检查方法及检查标准。

8.2.3 本条为装饰装修工程质量记录评价得分计算，按表8.2.3逐项进行评分，评出各项目应得分、实得分及项目评分，评价人员签字负责。

8.3 装饰装修工程尺寸偏差及限值实测

8.3.1 本条为装饰装修工程尺寸偏差及限值实测评价项目，将影响使用功能及体现操作水平的主要允许偏差及限值项目进行评价。

8.3.2 本条为装饰装修工程尺寸偏差及限值实测检查方法及检查标准。

8.3.3 本条为装饰装修工程尺寸偏差及限值实测评价得分计算，按表8.3.3逐项进行评分，评出各项目应得分、实得分及项目评分，评价人员签字负责。

8.4 装饰装修工程观感质量

8.4.1 本条为装饰装修工程观感质量检查评价项目，主要是建筑装饰装修的综合项目，本节是本章检查的重点。

8.4.2 本条为装饰装修工程观感质量检查方法及检查标准。

8.4.3 本条为装饰装修工程观感质量评价得分计算，按表8.4.3逐项进行评分，评出各项目应得分、实得分及项目评分，评价人员签字负责。

9 安装工程质量评价

安装工程共分五节，包括：建筑给水排水及采暖工程、电气安装工程、通风与空调工程、电梯安装工程及智能建筑工程的五个专业质量评价。每节各有12个条文，各条文内容性质基本相同。由于其评价内容、程序等方面都基本相同，条文说明也基本相同，所以不再分开叙述。现将其统一进行说明。

9.1.1、9.2.1、9.3.1、9.4.1、9.5.1的条文规定了各自的性能检测项目，主要是各系统的使用功能质量及安全方面的项目。

9.1.2、9.2.2、9.3.2、9.4.2、9.5.2的条文是各性能检测项目检查评价方法和检查标准。

9.1.3、9.2.3、9.3.3、9.4.3、9.5.3的条文是各性能检测项目评价得分计算，分别按表9.1.3、表9.2.3、表9.3.3、表9.4.3、表9.5.3逐项进行评分，评出各项目应得分、实得分及项目评分，评价人员签字负责。

9.1.4、9.2.4、9.3.4、9.4.4、9.5.4的条文规定了各系统质量记录检查项目，主要是各系统的原材料、设备、仪表的质量资料；施工过程的施工记录；质量验收记录；材料复试、施工试配、试验、系统调试记录等施工试验资料文件。

9.1.5、9.2.5、9.3.5、9.4.5、9.5.5的条文是各系统质量记录检查评价方法及检查标准。

9.1.6、9.2.6、9.3.6、9.4.6、9.5.6的条文是各系统质量记录评价得分计算，分别按表9.1.6、表9.2.6、表9.3.6、表9.4.6及表9.5.6逐项进行评分，评出各项目应得分、实得分及项目评分，评价人员签字负责。

9.1.7、9.2.7、9.3.7、9.4.7、9.5.7的条文规定了各系统尺寸偏差及限值实测评价项目，是根据验收规范中的允许偏差及限值项目的一些实测项目，来评价安装工程的施工安装精度。

9.1.8、9.2.8、9.3.8、9.4.8、9.5.8的条文规定了各系统尺寸偏差及限值实测检查评价方法及检查标准。

9.1.9、9.2.9、9.3.9、9.4.9、9.5.9的条文分别规定了各系统尺寸偏差及限值实测评价得分计算，分别按表9.1.9、表9.2.9、表9.3.9、表9.4.9及表9.5.9逐项进行评分，评出各项目应得分、实得分及项目评分，评价人员签字负责。

9.1.10、9.2.10、9.3.10、9.4.10、9.5.10的条文分别规定了各系统观感质量检查评价项目，是依据验收规范的观感质量项目进行的宏观检查。

9.1.11、9.2.11、9.3.11、9.4.11、9.5.11的条文规定了各系统观感质量项目检查方法及检查标准。

9.1.12、9.2.12、9.3.12、9.4.12、9.5.12的条文分别规定了各系统观感质量项目评价得分计算，分别按表9.1.12、表9.2.12、表9.3.12、表9.4.12及表9.5.12逐项进行评分，评出各项目应得分、实得分及项目评分，评价人员签字负责。

10 单位工程质量综合评价

10.1 工程结构质量评价

10.1.1 本条规定了工程结构质量评价的基本内容。
10.1.2 本条规定了工程结构质量评价的步骤和方法。

10.1.3 本条强调了在工程结构质量评价时,必须严格执行否决项目的规定。凡出现否决项目时,不得评价优良。

10.1.4 本条规定了工程结构加分项目,凡有其规定项目可直接进行加分。

10.1.5 本条规定了工程结构质量综合评价的评分计算方法,即按照表10.1.5内容进行逐项评分,并计算分值,评价人员签字负责。

10.2 单位工程质量评价

10.2.1 本条规定了单位工程质量评价的基本内容。

10.2.2 本条规定了竣工工程质量评价的步骤和方法。应在对工程实物质量和工程档案资料进行全面检查的基础上,按照有关评价表格内容进行逐项检查和评价。

10.2.3 本条规定了进行单位工程质量评价时,凡出现否决项目之一的不得评优。

10.2.4 本条规定了单位工程加分项目,凡有其规定项目可直接进行加分。

10.2.5 本条规定了单位工程质量综合评价的评分计算方法,即按照表10.2.5内容进行逐项评分,并计算分值,评价人员签字负责。

10.2.6 本条规定了安装工程权重值调整的方法。

10.3 单位工程各项目评分汇总及分析

10.3.1 本条规定各工程部位、系统评分汇总的方法,按表10.3.1进行汇总。

10.3.2 本条规定按表10.3.1竖向将各项评分相加,可分析工程部位、系统的质量水平。

10.3.3 本条规定按表10.3.1横向将各项评分相加,可分析各项目的质量水平。

10.4 工程质量评价报告

10.4.1 本条规定了工程质量评价机构出具工程结构和竣工工程质量评价报告的主要内容。

10.4.2 本条规定了编制工程质量评价报告的要求。

参 考 文 献

[1] 李君，李果编著. 建筑企业质量管理体系的运作与认证. 北京：中国建筑工业出版社，2001年.
[2] 李君主编. 工程建设企业管理体系内审员培训丛书. 北京：中国标准出版社，2005年.
[3] 吴涛，丛培经主编. 建设工程项目管理实施手册. 北京：中国建筑工业出版社，2006年.
[4] 《国际工程承包实用手册编写组》编写. 国际工程承包实用手册. 北京：中国铁路出版社，2007年.
[5] 李君主编. 工程建设企业内部审核员培训习题集. 北京：中国标准出版社，2005年.
[6] 《质量 标准化 计量百科全书》编写组. 质量 标准化 计量百科全书. 北京：中国大百科全书出版社，2001年.
[7] 中国建筑业协会. 工程建设企业质量管理体系审核指导. 北京：中国标准化出版社，2001年.
[8] 顾慰慈. 工程监理质量控制. 北京：中国建材工业出版社，2001年.
[9] 全国监理工程师培训教材编写委员会. 工程建设质量控制. 北京：中国建筑工业出版社，1997年.
[10] 施骞，胡文发. 工程质量管理. 上海：同济大学出版社，2006年.
[11] GB/T 19000—2000、GB/T 19001—2000、GB/T 19004—2000 质量管理体系标准. 国家质量技术监督局，2000年.
[12] 蒋鸿章著. 《2000版 ISO 9000 族质量管理体系国际标准应用指南》. 北京：国防工业出版社，2001年.
[13] 全国质量管理和质量保证标准化技术委员会秘书处、中国质量体系认证机构国家认可委员会秘书处编著. 《2000版质量管理体系国家标准理解与实施》. 北京：中国标准出版社，2001年.
[14] 罗国英，林修齐主编. 《质量管理体系教程》. 北京：中国经济出版社，2001年.
[15] 建设部政策法规司编. 《建设系统合同示范文本汇编》. 北京：中国建筑工业出版社，2001年.
[16] 张检身编著. 《工程质量管理指南》. 北京：中国计划出版社，2001年.
[17] 徐一骐主编. 《工程建设标准化·计量·质量管理基础理论》. 北京：中国建筑工业出版社，2000年.